本書得到國家古籍整理出版專項經費資助

道教典籍選刊

登真隱訣輯校

〔梁〕陶弘景 撰
王家葵 輯校

中華書局

圖書在版編目(CIP)數據

登真隱訣輯校/(梁)陶弘景撰;王家葵輯校.—北京:中華書局,2011.8(2023.11 重印)
(道教典籍選刊)
ISBN 978-7-101-07946-3

Ⅰ.登…　Ⅱ.①陶…②王…　Ⅲ.道教　Ⅳ.B95

中國版本圖書館 CIP 數據核字(2011)第 065289 號

責任編輯:朱立峰
責任印製:管　斌

道教典籍選刊
登真隱訣輯校
〔梁〕陶弘景 撰
王家葵 輯校
*
中華書局出版發行
(北京市豐臺區太平橋西里 38 號　100073)
http://www.zhbc.com.cn
E-mail:zhbc@zhbc.com.cn
三河市博文印刷有限公司印刷
*
850×1168 毫米 1/32・12⅞印張・2 插頁・240 千字
2011 年 8 月第 1 版　2023 年 11 月第 5 次印刷
印數:7501-9000 册　定價:56.00 元

ISBN 978-7-101-07946-3

道教典籍選刊緣起

道教是我國土生土長的宗教，歷史悠久，可以溯源到戰國時期的方術，甚至更古的巫術，而正式形成於東漢時期。它是我國傳統文化的重要組成部分，對我國人民的思維方式、生活方式，對古代科學、技術的發展，都產生過重要之影響，並波及社會政治、經濟等各方面。

道教典籍極爲豐富，就道藏而言，多達五千餘卷，是有待進一步發掘、清理和利用的文化遺産之一。爲便於國内外學術界對道教及其影響的研究，便於廣大讀者瞭解道教的概貌，我們初步擬訂了道教典籍選刊的整理出版計劃。其中既有道教最基本的典籍，也包括各種流派的代表作，有不少書與哲學、思想史關係密切。所有項目，都選用較好的版本作爲底本，進行校勘標點。

由於我們缺乏經驗，工作中難免有失誤之處，亟盼關心此項工作的專家和廣大讀者給以指導與幫助。

中華書局編輯部

一九八八年二月

目録

前言

真誥與登真隱訣互爲表裏之作，此二書的關係，確如賈嵩華陽陶隱居内傳所論：「隱訣以析綱目，真誥以旌降授。」但真誥在流傳過程中，雖卷帙由七卷衍爲二十卷，其内容基本完整，而今正統道藏中之登真隱訣只有寥寥三卷，約爲原帙二十四（五）卷的八分之一。茲將有關登真隱訣撰著、卷帙、内容、流傳、輯佚等問題簡要討論如次〔一〕。

一、登真隱訣的撰著

陶弘景撰登真隱訣的目的乃在於輔翼真經，登真隱訣序云：

夫經之爲言徑也。經者，常也，通也，謂常通而無滯。亦猶布帛之有經矣，必須銓綜緯緒，僅乃成功。若機關疎越，杼軸乖謬，安能斐然成文。真人立象垂訓，本不爲朦狡設言，故每標通衢，而恒略曲徑。知可教之士，自當觀其隅轍。凡五經子史，爰及賦頌，尚歷代注釋，猶不能辯，況玄妙之祕

〔一〕本文在舊著陶弘景叢考第三章第五節真誥與登真隱訣基礎上修訂而成。兩稿觀點相異處甚多，以本文爲定。

途，絶領之奇篇，而可不探括沖隱，窮思寂昧者乎。

此即晁公武郡齋讀書後志卷二所言：

> (陶弘景)以爲學其訣者，當由階而登。真文多隱，非訣莫登，故以名書。

撰著登真隱訣的準備工作實際開始於陶弘景入山以前，登真隱訣序云：

> 昔在人間，已鈔撰真經脩事兩卷，于時亦麤謂委密。頃巖居務靜，頗得恭潔，試就遵用，猶多闕略。今更反覆研構，表裏洞洽，預是真學之理，使(便)了然無滯，一字一句，皆有事旨。或論有以入無，或據顯而知隱，或推機而得宗，或引彼以明此。

由此知登真隱訣乃是在真經脩事的基礎上完成者。登真隱訣之正式動筆，大約在齊永明十年(四九二)陶弘景棄官入山後不久。三卷本登真隱訣卷下討論「二朝」的時日推算，陶弘景舉例説：

> 假令人以宋孝建三年丙申歲四月三十日甲寅日生者，至六月十三日得丙申日，即是第一本命日也，其八月十三日之丙申自空過去，非復始本命矣。一丙申相去輒六十日，今用九十日，故長三十日也。今若絓取一丙申便用，正恐是向空中者爲始，則非第一本命也，至後永成差僻，誤人不小。前丙申至癸酉年十二月二十二日丙申，是第七十七，因以起朝，計後九十日，至甲戌年三月二十一日丙寅平旦又朝，明日丁卯又起數，九十日得丙申，旦又朝。

據華陽隱居先生本起録，可知上文例證中這位生於「宋孝建三年丙申歲四月三十日甲寅日」者，正是陶弘景本人，按照一般行文習慣，文中出現的「癸酉年十二月二十二日」和「甲戌年三月二十一日」，應該與本文的著作時間相近。

在這段注釋以後，陶弘景繼續舉例説：

> 假令前丙申人四月三十日生，數至十一月四日，得百八十二日，夜半爲第一朝，至今癸酉年十月六日得第七十六朝爲始也。

此句直接稱「至今癸酉年」，尤其證明上述推斷不誤。癸酉爲齊永明十一年（四九三），即陶弘景入山之次年。

至於登真隱訣的完成時間，陶弘景從子陶翊在齊末所撰華陽隱居先生本起録中已經提到「登真隱訣三秩」，並注釋説：「二十四卷，此一訣皆是修行上真道經要妙祕事，不以出世。」按此説法，登真隱訣在齊末（五〇二年以前）已經完成。不過，現存登真隱訣佚文却顯示，入梁以後，此書仍有修訂和增補，如證類本草卷十二引本草圖經載陶弘景登真隱訣佚文云：

> 天監三年，上將合神仙飯，奉敕論牡荆曰：荆，花白多子，子粗大，歷歷疏生，不過三兩莖，多不能圓，或褊或異，或多似竹節，葉與餘荆不殊。蜂多采牡荆，牡荆汁冷而甜。餘荆被燒，則煙火氣苦，牡荆體慢汁實，煙火不入其中。主治心風第一。于時即遠近尋覓，遂不值，猶用荆葉，今之所有者云。

這段文字乃是太極真人青精乾石䬾飯上仙靈方的注釋，相關佚文散見於三洞珠囊、太平御覽、證類本草、茅山志，内容皆可以互參，其爲登真隱訣佚文没有問題。

涉及年代更晚的佚文主要見於賈嵩華陽陶隱居内傳，其内容多數與陶弘景入梁以後的活動有關，如云：

壬辰年六月，便乘海還永嘉。木溜嶼乃大有古舊田墌，孤立海中，都無人居，甚可營合。八月，至木溜，見其可居，始上岸起屋。十月，司徒慧明至。于時願得且停木溜，與慧明商榷，往復積日，永不敢許，於是相隨而還也。

據華陽陶隱居内傳，陶弘景爲梁武帝煉丹無成，乃於天監七年（五〇八）化名王外兵，從茅山出走，先後輾轉東陽、永寧，渡海至霍山（今浙江岱山縣），天監十一年壬辰（五一二）到永嘉，擇近海孤島木溜嶼煉丹。賈嵩因此引登真隱訣如上。另據太平寰宇記卷九十九「瑞安縣玉環山」條説：「玉環山一名木陋嶼，又名地脉山，在海中。」並引登真隱訣云：

郗司空先立别墅於此中，自東晉居人數百家，至今湖田見在。山多蛇虎。

這與賈嵩所引登真隱訣相吻合，乃是記録陶弘景當時在木溜嶼之所見，由此證明賈嵩引文之可信。華陽陶隱居内傳引文年代最晚者是此條，云：

鄧先生初去，顔色如故，後三日安輿中，停置積日，尸不毁壞。

這是記述南嶽道士鄧郁之死，據南史卷七十六，鄧於天監十四年「無病而終」。此年以後，陶弘景是否繼續修訂登真隱訣，没有確切證據。另據中華道藏第二十一册根據敦煌殘卷整理的陶弘景著作陶公傳授儀（擬）提到：

若入山及山居住止，諸施用符印，大有法用，並別在登真隱訣巡山定室卷中。

陶公傳授儀作於天監年間，這由篇中傳授五嶽真形圖文之傳授語「梁天監厶年太歲厶」可以證明。既然如此，登真隱訣尚成於此陶公傳授儀之前，故也應在天監十八年（五一九）以前完成〔二〕。

〔二〕我進一步認爲，陶弘景在天監十六年（五一七）向梁武帝呈送周氏冥通記，是陶弘景思想轉變的重要標誌。在此之前，他以極其虔誠的心思搜集楊許真跡，注釋真誥、編纂登真隱訣，因爲他確切地相信，這些經書是南嶽夫人等「上真」以降授的方式，傳授給楊羲及許謐、許翽父子的「仙界」信息。我不同意胡適在陶弘景的真誥考中認爲真誥中的降辭是陶弘景僞造的觀點（參陶弘景叢考第二〇八—二一九頁），但周氏冥通記則確實是陶弘景編造弟子周子良接真通神的故事，然後模仿真誥的體例杜撰而成。陶弘景這樣做當然有其不得已的原因，但不論如何，他編造周氏冥通記，表明他已經明白當年楊許「接真」的真相。在此情況下，我不以爲陶弘景還有任何心思，繼續「虔誠」地修訂真誥或者登真隱訣。因此，我傾向於以天監十六年爲陶弘景所有道教著作的成書下限。

二、登真隱訣的卷帙

華陽隱居先生本起録提到：

登真隱訣三秩，二十四卷。此一訣皆是修行上真道經要妙祕事，不以出世。

此後兩本唐志皆作二十五卷，較陶翊記載多出一卷，宋人所見登真隱訣似乎也以二十五卷本爲主，郡齋讀書後志以及歷世真仙體道通鑑所載南宋道士劉烈抄寫者也爲二十五卷。如果確定二十四卷的記載出於齊末陶翊之手的話，那麽或許可以考慮，這多出的一卷是陶弘景入梁以後仿照葛洪抱朴子外篇自叙的體例，撰寫的「自叙」。賈嵩華陽陶隱居内傳多處引用登真隱訣記述陶弘景梁代天監初年行蹤的文字，應該出於這份殿於二十四卷登真隱訣之末的第二十五卷「自叙」。

需要説明的是，此書崇文總目作六十卷，通志亦作六十卷，宋志則作三十五卷，此或是數目字傳寫之訛，或是原書經後人析分所致，未可確知。今道藏洞玄部玉訣類「遜」字號存登真隱訣三卷，這究竟是二十五卷、三十五卷或六十卷的殘篇，甚或係明代編修道藏時，收拾殘餘，重新編輯者，實未可知。不過從三卷本内容來看，最後一種情况的可能性較大。

陶弘景對數字「七」有特殊的好感，他在真誥叙録中説：

仰尋道經，上清上品，事極高真之業，佛經妙法蓮花，理會一乘之致，仙書莊子内篇，義窮玄任之境，此三道足以包括萬象，體具幽明。而並各二十卷（應作「七卷」）〔二〕者，當是璇璣七政，以齊八方故也。隱居所製登真隱訣，亦爲七貫。今述此真誥，復成七日，五七之數，物理備矣。

陶弘景説「七卷」，其實是「七篇」的意思。以真誥爲例，這七篇分别是：「運題象第一」、「甄命授第二」、「協昌期第三」、「稽神樞第四」、「闡幽微第五」、「握真輔第六」、「翼真檢第七」。真誥七篇的内容多寡不一，其中「運題象第一」、「甄命授第二」、「稽神樞第四」，篇幅皆是其他部分的兩倍，至少在裝幀上需要被分爲「運題象第一上」、「運題象第一下」，「甄命授第二上」、「甄命授第二下」，「稽神樞第四上」、「稽神樞第四下」〔三〕。唐宋以來，真誥被著録爲十卷，原因即在於此。

相對於真誥，登真隱訣的篇幅更加龐大。如果接受陶翊的説法：「登真隱訣三秩，二十四卷；真誥一秩，七卷。」按比例計算，登真隱訣的篇幅將是真誥的三倍，若考慮到真誥部分篇章被分爲上下兩部

〔二〕道藏本真誥此處作「二十卷」，據吉川忠夫、麥谷邦夫編，朱越利譯真誥校注提到，唯俞安期刻本作「七卷」。今按，真誥既欲比擬莊子内篇、妙法蓮華經，莊子内篇有七，鳩摩羅什所譯法華經亦七卷，故真誥凡七篇，此云「二十卷」者，當係編道藏時將本書析分爲二十卷，後人篡改所致。

〔三〕晁公武最早注意真誥卷帙變化，郡齋讀書志卷三下云：「後人析第一、第二、第四各爲上下。」

分的事實，則二十四（或二十五）卷的登真隱訣，依然是七卷（事實上是十卷）真誥的兩倍半。即使按照今天真誥的卷帙二十卷進行比較，登真隱訣的篇幅也較真誥龐大。

不管用哪種方法計算，我們確信，登真隱訣如陶弘景所説，由七部分組成，而且在陶弘景生前就被分裝成二十四卷，或加上「自叙」，成爲二十五卷。

三、登真隱訣的内容

郡齋讀書後志卷二著録登真隱訣二十五卷，並專門指出：「凡七篇，十七條。隋志云。」隋志雖然提到登真隱訣，却没有記載卷帙，但晁公武這幾句話，確實爲瞭解登真隱訣的結構提供了線索。

由晁説可以確定，登真隱訣由七篇、十七部分構成，但此七篇的篇名、十七部分的標目，今天能够確切探知者僅有數條，至於具體内容，不可知者居其大半。

（一）第一篇

上清道類事相卷二云：「登真隱訣第一有玉宇洞房，上清中品經在其内也。」該書卷三云：「登真隱訣第四云：　玄真白龜臺，明堂玄真經在其中。」

據道門經法相承次序卷中，潘師正答唐高宗云：「諸天宮館，各有方所，或大或細，不可勝言。」該書據洞真經及登真隱訣詳細羅列諸天宮館的名稱。除此之外，太平御覽、上清道類事相保存這類佚文亦多〔二〕。因此可以肯定，登真隱訣中有專門篇幅記載諸天宮館，但這些内容究竟收録在登真隱訣第一篇還是第四篇中，難於確定，只能循此書的編輯思路推測，諸天宮館居第一篇的可能性最大。

除諸天宮館外，真靈位業經也應是本篇的一個組成部分，其佚文見本書「佚文匯綜」第1則。第一篇還包括上清派的神仙傳記，上清衆經諸真聖祕卷七「洞真疏略」條説：

右卷中有諸高真上聖、女真、洞宮主職仙真名諱，或備或略，並已在登真隱訣卷中具載，此不復重出。

此可證明登真隱訣確實收載有仙真人物傳記。仙真傳記部分在今本登真隱訣中完全亡佚，諸書引録佚文尚有二十餘則〔三〕，其中可注意的是三洞珠囊卷八相好品引文：

登真隱訣立功品云： 生而青骨，通神接真。

雖然引文只有八個字，通過檢索，知道其出自上清後聖道君列紀，陶弘景從此書中引録了多少内容不得而知，但登真隱訣第一篇中，有一部分的標目爲「立功品」，則可以確定。

至於第一篇的篇名，或許可以擬定爲「真傳」，主要依據茅山志叙録所説：「按登真隱訣真傳例，

〔二〕 見本書「佚文匯綜」第5—28則。

〔三〕 見本書「佚文匯綜」第41—63則。

列聖道君稱紀，餘真稱傳。」

(二)第二篇

第二篇篇名或許是「遵戒」。三卷本登真隱訣卷上陶注説：「此二事最爲難辯，吾第二卷遵戒序中，論之備詳矣。」陶説「第二卷」，實爲「第二篇」之意。

本篇至少包括兩部分，雲笈七籤卷四十五「祕要訣法」之「避忌第四」引「登真戒忌」云云〔二〕，當屬於此部分。本部分或以「戒忌」爲標目。另一部分爲「經傳條例」，上清大洞真經玉訣音義後有陳景元跋云：

按登真隱訣第二經傳條例云：大洞真經今世中有兩本，一則大卷，前有回風混合之道，而辭旨假附，多是浮僞，一本唯有三十九章，其中乃有數語，與右英所説者同，而互相混糅，不可分別。唯須親見真本，乃可遵用。又聞有得楊、許三十九章者，與世中小本不殊。自既未經眼見，不測是非。且宜繕寫以補品目。又有玉注一卷，即是略釋洞經中旨，亦可録也。

又檢道藏本紫陽真人内傳後有注云「貞白條例云有三千四百八十八字」，此處所稱「貞白條例」，應即「經傳條例」。

〔二〕見本書「佚文匯綜」第147則。

根據陳景元提供的線索，我們確定「經傳條例」主要記載上清派經典的流傳及楊、許手書保存情況，可舉真誥叙録爲參證，云：

又按三君手書作字有異今世者，有龜、龍、虚、華、顯、服、寫、辭、闕、關之例，三君同爾。其楊「飛」、掾「飛」。楊「我」、掾「我」。楊「靈」、長史「靈」、掾「靈」。楊「真」、長史「真」。楊「師」、掾「師」。楊「惡」，長史「惡」〔一〕。此其自相爲異者。又鬼魔字皆作摩；浄潔皆作盛潔；盛貯皆作請貯。凡大略如此，亦不可備記，恐後人以世手傳寫，必隨世改動，故標示其例，令相承謹按爾。此諸同異，悉已具載在登真隱訣中。

以上有關諸經書所在，楊、許手寫經書，以及楊、許使用異體字的情況，應皆在「經傳條例」中〔二〕。

（三）第三篇

登真隱訣第三篇似乎主要是真誥中修煉方術的注釋，如真誥卷九「清靈真人説寶神經」條有陶注云：

凡修行此道及卷中諸雜事，並甚有節度，悉以別撰在登真隱訣中，今不可備皆注釋。

〔一〕文中「龜」、「龍」、「虚」、「飛」、「我」、「靈」諸字，道藏本真誥已作正體，故無從區別。

〔二〕據三洞珠囊卷三服食品引登真隱訣第二云：「服雲芽，可絶穀去尸也。」（見本書「佚文匯綜」第122則）似乎也應該是「遵戒」中的佚文，但有關服食的句子以何種方式出現在「戒忌」或「經傳條例」篇目之下，實在無法猜度。

今三卷本登真隱訣卷中，以及法藏敦煌卷子P.2732，應該屬於本篇。而且，對照真誥陶注，可以確定，有關真誥的注釋，在登真隱訣中屬於第三篇〔二〕。檢真誥陶注，稱「第三篇」者，有如下條文：

此服霧法，已別抄用，事在第三篇中，今猶疑存此，與本文相隨也。（卷十三）

玄白事已重抄出在第三篇修用中。（卷十三）

此法亦以重抄書，在第三篇修有（用）〔三〕事中。（卷十三）

又別云，曾爲漢尚書郎，善解地理，以塚宅爲意。此亦在第三篇。（卷十三）

洞宮官寮，司察吴越非民，在任不過此四丞也。其下則有四師，事在第三篇中。（卷十三）

此一遍咒訖，六啄齒，畢，又咒，如此三過乃卧耳。此法已重抄在第三篇修事中耳。（卷十五）

此四條並是可承用，事已別抄在第三篇中。（卷十五）

尸解之説復有多條，已抄記在第三篇中耳。（卷十六）

夢塚墓祝，今在第三篇。（卷十八）

綜合真誥陶注，登真隱訣第三之篇名當是「修用」。本篇至少包括兩部分。三卷本登真隱訣卷中

〔二〕真誥陶注所稱「第三篇」與登真隱訣卷中及敦煌卷子P.2732內容比較，詳陶弘景叢考，此不繁引。

〔三〕道藏本真誥此處作「在第三篇修有事中」，據吉川忠夫、麥谷邦夫編，朱越利譯真誥校注提到，唯俞安期刻本作「在第三篇修用事中」。

末後云：「右衆真嗳訣三條，凡五十二事。」此部分標目爲「衆真嗳訣」。敦煌卷子P.2732應該也屬於此部分，惜卷子首尾殘缺，如何銜接不得而知〔一〕。

除此部分外，三卷本登真隱訣卷下陶注提到：

又別有用日之訣，受之玄旨，不可得言。其詳論此事，具在第三卷中。

檢三洞珠囊卷七引「登真隱訣時日詮次訣」云云〔二〕，應即陶弘景所説第三卷（篇）中的「用日之訣」。

（四）第四篇

第四篇篇名不詳，三洞珠囊稱引「登真隱訣第四」的佚文多數與服雲芽有關〔三〕，可以確定，服雲芽法是本篇之一部分，具體標目不詳。可注意的是三洞珠囊卷三中的一條，云：

登真第七云：　五石雲腴。青童君曰：　五公之腴，鎮生五藏，鍊貌易軀。已下出五石雲腴訣第四，登真隱訣注而引之。

〔一〕按照晁公武的記載，登真隱訣七篇，十七部分，二十五卷（不含叙録則二十四卷），因此必有一些部分佔有兩卷，甚至兩卷以上，比如有關真誥的注釋，佔用的篇幅可能較多。

〔二〕見本書「佚文匯綜」第160則。

〔三〕三洞珠囊稱引「登真隱訣第四」與服雲芽有關的佚文可分兩類，一類直接稱述雲芽，見本書「佚文匯綜」第124—132則；另一類出自太極真人服四極雲牙神仙上方，見「佚文匯綜」第47、50、51則。

從文句來看，「已下出五石雲腴訣第四，登真隱訣注而引之」，應該是引用者王懸河加的按語，不知是否可以理解爲登真隱訣第四篇包含有「五石雲腴訣」。

（五）第五篇

關於第五篇的情況瞭解甚少，真誥卷十八正文云「大洞真玄，張鍊三魂」、「太上高精，三帝丹靈」，陶注前者「出惡夢祝」，後者「出善夢祝」，並說：

此二條事本經並應出大丹中，今以抄出，別已在第五篇中。

檢上清握中訣卷上保存有此「惡夢」、「善夢」之咒，是否屬於「第五篇」，不敢遽定。

（六）第六篇

三卷本登真隱訣卷中，正文云「明堂内經開心辟妄符，王君撰用」，陶注曰：「符在第六卷符圖訣中。」其後討論服日月象，陶亦注釋說：「皆別有立成法，在符圖訣中。」

前引陶公傳授儀提到：「若入山及山居住止，諸施用符印，大有法用，並別在登真隱訣巡山定室卷中。」其中「巡山定室」似爲本篇的篇名，「符圖訣」爲本篇標目之一。

另據道法會元卷一百七十一引登真巡山隱訣記茅山形勝云云〔二〕，應是本篇符圖訣之外的另一部

〔二〕 見本書「佚文匯綜」第29則。

分，具體標目不詳。

（七）第七篇

第七篇篇名不詳，三洞珠囊稱引「登真隱訣第七」的佚文多數與服食有關，其中涉及青精飿飯方者最多。三洞珠囊卷四提到南燭說：「此方亦出登真隱訣第十也。」其中「第十」當是「第七」之訛。因太極真人青精乾石飿飯上仙良方篇幅甚長，從現存佚文看〔一〕，陶弘景對此方注釋極爲詳細，或許可以判定，此方在本篇中爲單獨一部分，但具體標目不詳。

晁公武説登真隱訣七篇十七條，七篇勉别恢復其大概，十七條僅能得十二條左右。另外，三卷本登真隱訣卷上之「玄洲上卿蘇君傳訣」、卷下之「魏傳訣」，位置當如何安排；見於上清明堂元真經訣之「茅傳訣」、「王傳訣」等，如何分條；敦煌卷子「紫文行事決（訣）」、「九真八道決（訣）」，是否爲登真隱訣佚文，凡此諸事，一概未知。

四、登真隱訣的流傳

華陽隱居先生本起録説登真隱訣「不以出世」，大約是指流傳不廣的意思。陶翊所説可能是實情，

〔一〕 見本書「佚文匯綜」第97—108則。

南北朝時期，此書或許没有流傳到北方，故無上祕要引録上清派文獻中，並没有包括登真隱訣在内〔一〕。唐初，茅山道士王遠知受知於唐高祖和唐太宗，上清派的地位大爲提高，陶弘景的這兩部書也因此而知名。隋書經籍志將登真隱訣作爲道書類的例子來舉，云：

故言陶弘景者，隱于句容，好陰陽五行，風角星算，修辟穀導引之法，受道經符籙，武帝素與之遊。及禪代之際，弘景取圖讖之文，合成「景梁」字以獻之，由是恩遇甚厚。又撰登真隱訣，以證古有神仙之事。又言神丹可成，服之則能長生，與天地永畢。

潘師正爲王遠知的法嗣，道門經法相承次序記録了他與唐天皇（即唐高宗）有關道教内容的談話，這篇文獻中，潘四次引用登真隱訣〔三〕，可見其對此書的推重。

上清道類事相和三洞珠囊是唐代道士王懸河編輯的兩部類書，兩書引用登真隱訣六十餘條，尤其可貴的是，部分引文注明了登真隱訣的篇目，對瞭解登真隱訣的結構極有幫助。

〔一〕　我最初以爲無上祕要不僅未引登真隱訣，亦未引真誥，承西南民族大學周作明先生告，無上祕要卷二十、四十二、六十五、六十六、一百皆引有真誥。此屬我失察，特致感謝。此外，本書「疑似道經」部分從無上祕要中選取了兩部分内容，即「諸天宫府」、「仙真紀傳」，這些内容原出洞真經、真授、真跡，證據顯示，陶弘景將這些經文作爲登真隱訣正文收入書中，故本書予以輯録，並非認爲無上祕要直接引自登真隱訣也。

〔三〕　其中一則見於今本登真隱訣卷上，另三則見本書「佚文匯綜」第1、5、133則。

唐代外書引用登真隱訣尚不普遍，宋代太平御覽則廣泛引用，風氣一開，登真隱訣居然成爲「顯學」。蘇軾詩和猶子遲贈孫志舉有句：「新年得異書，西郭有逸民。」自注：「陽行先以登真隱訣見借。」對蘇軾借書之舉，晁説之不以爲然，景迂生集卷十八題東坡試袁紹先筆借登真隱訣説：

袁紹先筆予近亦得試之。登真隱訣在道藏中，公何必苦求耶。靖康元年十一月二十二日，晁説之題。

可見登真隱訣在北宋之普遍流行，此風氣至南宋未衰，可舉歷世真仙體道通鑑卷五十一所載卒於乾道九年（一一七三）的道士劉烈爲例，云：

道士劉烈，號虚谷子，初生時母感異夢，長而有超卓之才。肆業於廬山太平興國宫，交遊不雜，王公大人嘆其貌有太古淳風，必異日之道器也。……後居山十載，至乾道九年六月，不食四十餘日，惟飲冷水。至七月十四日，將親書登真隱訣二十五卷，並上經九卷，送入本宫藏史。次日中元節，親筆留詩頌。

登真隱訣在元代似乎仍有流傳，但已屬罕見之籍。元劉大彬茅山志卷十二記茅山派卒於至元十八年（一二八一）的第三十八代宗師蔣宗瑛得道的故事，恰好與劉烈鈔登真隱訣之事形成對照，云：

沖妙先生姓蔣諱宗瑛，字大玉，毗陵人。幼習舉子業，長游四方，居越之金庭山二年。嘗於石壁間得登真隱訣一書，私甚異之，遂挾書來華陽，從湯先生游。

這一故事的真實性不得而知，不過以登真隱訣作爲傳法得道的標誌，足見其珍罕程度。儘管茅山志尚引用此書，但劉大彬所見是否全帙，已不敢保證。明代正統年間重修道藏，於登真隱訣僅得殘篇三卷，其數量又少於劉大彬所見者。

三卷本登真隱訣入藏以後，没有單行本，亦未搜訪到有輯本傳世。晚近所出點校本，如中華道藏等，皆以正統道藏爲底本。

五、登真隱訣的輯佚

舊作陶弘景叢考，曾經從道藏上清派經典、太平御覽，以及本草書中搜羅登真隱訣佚文百餘條，在此基礎上撰成該書「真誥叢考」之第五節「真誥與登真隱訣」。當時雖然有心恢復登真隱訣的原貌，但面對浩如煙海的文獻，終究膽怯，於是作罷。這次承南京大學趙益教授的舉薦與中華書局的信任，使我有機會繼續這項輯佚工作，高興莫名。

電子文檔對考據工作幫助之大，超乎想像。利用四庫全書檢索系統，基本肯定，外書引用登真隱訣，以太平御覽爲最多，宋以後著作提到登真隱訣，幾乎都從太平御覽轉引。

我没有覓到合適的道藏檢索文檔，感謝祁小春博士餽贈大淵忍爾、石井昌子二氏編輯的六朝唐宋の古文獻所引道教典籍目録・索引，提供了部分佚文線索。另外還獲得一份不完整的中華道藏文本文件，令人遺憾的是，這份文檔恰好缺少主要收録上清派經典的第二册。因此尤其感謝洪伯堅道長，在他的道教學術資訊網站上能够找到這些經典中的大部分，我又自己補足其餘部分。這樣一來，外書和道藏中的登真隱訣佚文雖不能説收羅備至，所遺漏者應該只有十之一二了。

這部登真隱訣輯校本由三部分構成。

第一部分爲道藏本文，這是三卷本登真隱訣的校點本。此書已有汪桂平先生中華道藏標點本在先，凡利用汪本成果者，皆在校注文字中説明，與汪本不一致處，一般未予指出。因爲有檢索之便利，所以很容易找到陶弘景所據本經的其他傳本，並用來作爲參校，具體情況皆見各條。此外，還可以利用登真隱訣來證明或校勘一些相關的道教文獻，舉例如下。

登真隱訣卷下「請官」，陶弘景引用千二百官儀爲注釋，其中一條云：

飛注入腹，著人胸脇背，請南上君，官將百二十人，治倉果宫，主開生門，益壽命，令病者三日差，除殃去注。貺錢絹。

這條在今本正一法文經章官品卷二中可以找得到出處，但錯訛甚多，當用登真隱訣校正之，云：

南上君官將一百二十人，治（食）［倉］果室。主開（主）［生］門。（蓋）［益］人壽長，令（短）［病］三日差去。（非痊）［飛注］不得病人胸脅。

又如赤松子章曆卷二「請官」，經對照，全部内容都鈔自登真隱訣卷下「請官」條，乃至末後有「右請官治病，以應二十四神」云云，也是照搬陶注，故知此書的年代必在陶弘景之後。

第二部分爲「佚文匯綜」，利用上述手段共獲得登真隱訣佚文近兩百條，去重複及已見於今本的内容，共得佚文一百七十三則，根據内容大致歸類編排。

第三部分爲「疑似道經」。劉師培讀道藏記「登真隱訣」條云：

此僅三卷，蓋係殘書。故唐宋諸道書所引，其爲此三卷所無者，不下數百則。又本藏遜字號六列上清明堂元真經訣一卷，與此書體例悉同。（原注：此訣前半爲茅傳訣，後半爲王傳訣。茅傳訣夾注有云，此訣真誥别授，則書出隱居明甚。）遜字號四列上清三真旨要玉訣一卷，亦與此書體例近，惟無夾注。疑均缺卷之别標書名者。

劉師培懷疑明代編輯道藏之時，登真隱訣的部分篇章被誤作他書，單獨收入。我最初也有這樣的懷疑，因此在整理「佚文匯綜」的時候，對每條佚文都進行了檢索，希望能發現隱没在道藏中的登真隱訣卷帙，最終一無所獲，甚至通過對佚文中陶注的比對，確定劉師培所指認的上清明堂元真經訣也非登真隱訣原篇〔二〕。

〔二〕　見本書「疑似道經」上清明堂元真經訣題注。

本部分共收入九篇文獻，因爲没有一篇能够確定無疑地指認爲登真隱訣遺篇，故取名爲「疑似道經」。

第一篇爲敦煌卷子P·2732。饒宗頤論敦煌殘本登真隱訣（P·2732），認定本文爲登真隱訣遺篇〔二〕，儘管有不同意見，但這確實是現存文獻中最近似登真隱訣遺篇者。

第二篇由敦煌卷子S·4314、S·6193、P·2751綴合，原卷標題紫文行事決（訣）。本篇大字經文，小字注釋，體例十分類似登真隱訣卷上，但卷末完整地保留有篇名「紫文行事決（訣）」，故難以遽定爲登真隱訣遺篇。

第三篇爲上清握中訣三卷。此書通志著録爲三卷，陶弘景撰。其後茅山志亦用此説。據太平御覽卷六百六十六云：「握中祕訣，門人罕能見之，（陶隱居）唯傳孫韜與桓闓二人而已。」則上清握中訣成於陶弘景之手，應該不是無根之言。不能肯定此書一定是登真隱訣遺篇，但其内容與今本登真隱訣及諸書引用登真隱訣佚文有相合處，故輯録於此。

第四篇爲上清明堂元真經訣一卷，此即劉師培讀道藏記提到的登真隱訣遺篇。此篇大字經文，小

〔二〕 饒宗頤論敦煌殘本登真隱訣（P·2732），敦煌學第四輯，第一〇—一二頁。

字注釋，體例類似登真隱訣，但據三洞珠囊卷三引「登真隱訣第四」云：

太極真人服四極雲牙神仙上方。挹五方元晨之暉，食九霞之精也。注云：謂清晨之元氣，始暉之霞精。日，陽數九，是曰九霞。

本文云：所以神光内曜，朱華外陳，體生玉瑛。注云：形與明。挹晨暉以止渴，食霞精以充糧。藏府與神光合曜，色貌隨朱華共鮮。玉潤映體，和氣明形。皆五晨之靈鋒，六澧之淵液所能致也。

三洞珠囊此段引文，正文皆見於上清明堂元真經訣之太極真人服四極雲牙神仙上方大字正文，所引注釋，完全不與該經中太極真人服四極雲牙神仙上方小字部分相同，則劉師培説上清明堂元真經訣爲登真隱訣遺篇，實有可疑。「疑似道經」收載此經，除便於研究劉説外，其中太極真人服四極雲牙神仙上方係登真隱訣之本經（即大字正文），故輯録作爲參考。

第五篇諸天宮府。此篇内容係摘録無上祕要卷二十一「仙都宮室品」、卷二十二「三界宮府品」中引用洞真經部分。如前所論，無上祕要並没有收録登真隱訣，但潘師正答唐高宗問，引用洞真及登真隱訣云云，因確定登真隱訣有此部分内容，且根據道門經法相承次序引文，幾乎都能與無上祕要相合，因此録出作爲參考。

第六篇爲仙真紀傳。前引上清衆經諸真聖祕卷七、仙苑編珠序、茅山志叙録，都證明登真隱訣與道學傳一樣，有仙真人物傳記。仙真傳記部分在今本登真隱訣中完全亡佚，諸書引録佚文尚有二十餘則〔二〕，其中多數能與無上祕要卷八十三、八十四内容相吻合。所遺憾者，無上祕要此兩卷恰未注明文獻出處，但從内容來看，多數神鬼仙真皆爲上清派獨有，其爲上清派之「神仙傳」，應該没有問題。據真誥卷十七楊羲致許謐信札透露，許謐有編輯仙傳之打算，真誥中亦留下多條神仙人物事蹟，但據陶弘景注釋説：「長史此仙傳遂不顯世。」因知許謐仙傳並未成書，换言之，許謐不是無上祕要這兩卷人物傳記之作者。畢竟這是一部上清派神仙目録，原書應不出顧歡真跡、陶弘景登真隱訣之外。——當然，爲顧歡真跡的可能性更大。但從現存登真隱訣佚文看，陶弘景顯然也將之轉録入登真隱訣中了。故全文引録入「疑似道經」部分，以俟研究，並擬標題「仙真紀傳」。

第七篇爲甘草丸方。佚文多處提到魏夫人傳中甘草丸方，處方原文載三洞珠囊卷三，雖没有陶注，但實爲登真隱訣所引據之本經，故收入「道經疑似」中。

第八篇爲長生四鎮丸。本草圖經引登真隱訣提到此方，原方載雲笈七籤卷七十七，雖没有陶注，但實爲登真隱訣所引據之本經，故收入「疑似道經」中。

第九篇爲太極真人青精乾石䬪飯上仙靈方。登真隱訣佚文與本方有關者甚多，原方載雲笈七籤卷

〔二〕見本書「佚文匯綜」第41—63則。

七十四，雖没有陶注，但實爲登真隱訣所引據之本經，故收入「疑似道經」中。

六、輯校參考書目

1 道藏，文物出版社、上海書店、天津古籍出版社影印，一九八八年。
2 胡道静主編藏外道書，巴蜀書社影印，一九九四年。
3 李德範輯敦煌道藏，中華全國圖書館文獻縮微複製中心，一九九九年。
4 張繼禹主編中華道藏，華夏出版社，二〇〇四年。
5 胡道静、陳蓮笙、陳耀庭選輯道藏要籍選刊，上海古籍出版社，一九八九年。
6 梁陶弘景靈寶真靈位業圖，商務印書館，叢書集成初編影印本。
7 唐徐堅初學記，中華書局排印本，一九六二年。
8 宋李昉太平御覽，商務印書館，四部叢刊三編影印本。
9 宋樂史太平寰宇記，中華書局，二〇〇七年。
10 宋晁公武昭德先生郡齋讀書志，商務印書館，四部叢刊三編影印本。
11 明張溥編漢魏六朝百三名家集陶隱居集，江蘇廣陵古籍刻印社影印，一九九〇年。
12 大淵忍爾、石井昌子編六朝唐宋の古文獻所引道教典籍目録・索引，國書刊行會，一九八八年。

13 吉川忠夫、麥谷邦夫編，朱越利譯真誥校注，中國社會科學出版社，二〇〇六年。
14 小林正美著、李慶譯六朝道教史研究，四川人民出版社，二〇〇一年。
15 陳國符道藏源流考，中華書局，一九六三年。
16 任繼愈主編道藏提要修訂本，中國社會科學出版社，一九九一年。
17 朱越利道藏分類解題，華夏出版社，一九九六年。
18 丁培仁編著增注新修道藏目録，巴蜀書社，二〇〇八年。
19 王卡敦煌道教文獻研究——綜述・目録・索引，中國社會科學出版社，二〇〇四年。
20 王卡道教經史論叢，巴蜀書社，二〇〇七年。
21 王家葵陶弘景叢考，齊魯書社，二〇〇三年。

王家葵

二〇〇九年四月二日

登真隱訣序〔一〕

昔在人間，已鈔撰真經脩事兩卷〔二〕，于時亦麤謂委密。頃巖居務静，頗得恭潔，試就遵用，猶多闕略。今更反覆研構〔三〕，表裏洞洽，預是真學之理，使了然無滯〔四〕。一字一句〔五〕，皆有事旨〔六〕。或論有以入無，或據顯而知隱，或推機而得宗，或引彼以明此。自非閑鍊經書，精涉道數者〔七〕，率然覽之，猶觀海爾。必須詳究委曲，乃當曉其所以。故道備七篇，義同高品。嘗聞古言，非知之難，其在行之。意謂非學之難，解學難也。屢見有人，

〔一〕道藏本登真隱訣無本序，據道藏華陽陶隱居集補入，校以漢魏六朝百三名家集之陶隱居集，及宛委别藏之華陽陶隱居集。

〔二〕真經脩事　百三名家集本作「真經脩字」。

〔三〕反覆研構　百三名家集本作「反覆研精」。

〔四〕使了然無滯　「使」字疑是「便」字之訛。

〔五〕一字一句　百三名家集本作「一字一包」。

〔六〕皆有事旨　百三名家集本作「皆有字旨」。

〔七〕精涉道數者　百三名家集本作「精涉道教者」。

得兩三卷書，五六條事，謂理盡紙上〔一〕，便入山脩用，動積歲月，愈久愈昏〔二〕。此是未造門牆〔三〕，何由眄其帷席。試略問麤處，已自茫然。皆答言經説止如此，但謹依存行耳。乃頗復開動端萌，序導津流。若值智尚許人，脱能欣爾感悟，詢訪是非。至於愚迷矜固者，便徑道：君何以穿鑿異同，評論聖文。或有自執己見〔四〕，或云承師舊法〔五〕，永無肯發對揚之懷〔六〕。此例不少，可爲痛心。

夫經之爲言徑也。經者，常也，通也，謂常通而無滯。亦猶布帛之有經矣，必須銓綜緯緒，僅乃成功。若機關踈越，杼軸乖謬，安能斐然成文。真人立象垂訓，本不爲朦狡設言〔七〕，故每摽通衢〔八〕，而恒略曲徑。知可教之士，自當觀其隅轍。凡五經子史，爰及賦

〔一〕謂理盡紙上　百三名家集本無「上」字。
〔二〕愈久愈昏　百三名家集本作「愈久昏迷」。
〔三〕此是未造門牆　百三名家集本無「此」字。
〔四〕或有自執己見　各本皆作「已」，據文義改。
〔五〕或云承師舊法　「師」據百三名家集本增。「承師舊法」與前句「自執己見」相對。
〔六〕永無肯發對揚之懷　百三名家集本作「永無啓發對揚之懷」。
〔七〕本不爲朦狡設言　「朦狡」原作「蒙校」，據百三名家集改。「朦狡」指愚昧狡猾之人。
〔八〕故每摽通衢　百三名家集本作「故每標通衢」。

頌，尚歷代注釋，猶不能辯〔一〕，況玄妙之祕途，絶領之奇篇，而可不探括沖隱，窮思寂昧者乎。既撰此粗立，乃輟書而嘆曰：　若使顧玄平在此〔二〕，乃當知我心理所得，幾於天人之際。往矣如何，孰與言哉，方將寄之於玄會耳〔三〕。

〔一〕猶不能辯　百三名家集本作「猶不能辨」。

〔二〕若使顧玄平在此　原本「顧玄平」作「顚玄平」，百三名家集本作「顧玄子」，宛委别藏本作「顧元平」。按顧歡字玄平，在陶弘景作真誥之前，先輯有真迹。此即指顧歡，因據改。

〔三〕方將寄之於玄會耳　百三名家集本無「寄」字。

登真隱訣卷上

華陽隱居陶弘景　撰

玄洲上卿蘇君傳訣

〔一〕傳中有守一，曲碎洞穿〔二〕。經中有飛步經，略斷絶。皆學者之所難，故各加詳注，以驅疑蔽也。

真　符〔三〕

太極帝君真符。四符章皆云，太極帝君者，是太極之天帝，金闕聖君初學道所受三一之師矣。上元六符，

〔一〕玄洲上卿蘇君傳訣　雲笈七籤卷一百四有題周季通集之玄洲上卿蘇君傳，據傳稱，蘇林字子玄，先後師事琴高先生、華山仙人仇先生、真人涓子。

〔二〕曲碎洞穿　道藏本「洞」字漫漶，據中華道藏改。

〔三〕本段正文見洞真太上素靈洞元大有妙經之太上太極帝君真符寶章，文字略同，但大有妙經繪真符十六枚，本經則闕。

中元五符，下元五符。上中下元者，謂身中三元之宮，其符字各有所生也。涓子剖鯉魚所獲〔一〕，是太上召三一守形也。以符召一，令一守身，猶如紫文告三魄也。立春、春分、立夏、夏至、立秋、秋分、立冬、冬至，始日也。各以此八節日爲始。朱書，平旦向王，日呑一符。畢，再拜，祝願隨意〔二〕。初以立春日平旦，向寅朱書白紙，從上元第一始，左手執而祝，祝畢服，服畢再拜。亦可仍併畫十六符，剪置，旦旦取服。服上元符，存入上宮，上一執取之。中元存中，下元存下，皆如之。凡書服符時，先燒香於左也。按，諸經服符多有祝辭，而此云隨意者，是不必須也。亦可作四言音韻，取召見之旨而祝之，已別有立成。佩頭上，盛以錦囊，勿履汚〔三〕。五年與真一相見〔四〕。佩符亦以初守，立春之日平旦，畫符竟，未服，仍更朱書三元符白素上，剪爲三片，俱執而祝。祝畢，即各卷併内紫錦囊中，佩頭上，畢，乃服一紙符。此止立春一節書佩，便可至相見，餘節不須復作，唯更起書服者耳。呑符以八節日始，十六日止，後節復服如初。並各以節日，旦服一爲始。今符有十六枚，故服盡則止。一節相去四十五日，一氣相去十五日，則從節服符，至氣日畢。六月既存中斗，不容獨不服符，此止舉八節者，猶如

〔一〕涓子剖鯉魚所獲　大有妙經無此句。列仙傳云：「涓子釣於荷澤，得鯉魚，腹中有符。」

〔二〕祝願隨意　大有妙經則有祝辭，其辭云：「上元一真，守固泥丸。中元一真，安神絳宮。下元一真，衛我命門。三元齊景，保命長存。招靈致炁，坐降自然。變形練髓，骨化成仙。毛羽飛羅，騰翔帝晨。」

〔三〕勿履汚　大有妙經作「勿履汚穢」。

〔四〕五年與真一相見　大有妙經云：「服符五年，得與真人相見。」

後云四節共一祝事耳。謂亦必宜服符，所以今與夏至、立秋相避也。

寶　章〔一〕

太極帝君寶章〔二〕，東海青童君授涓子〔三〕，以封掌名山也。此亦剖鯉魚所得，而不言者，前符已說也。以朱書素，佩之左肘，勿經涔。佩之八年，而三一俱見矣。當以向晝服佩三元符竟，仍北向，更書白素，如金質之長廣。左手執，亦隨意立祝。祝畢，卷內紫錦囊中，佩之左肘，佩亦至相見也。若立春在故年十二月者，仍以其日書佩，至正月朔乃更服之。佩此章符，並不得以履穢。今便曲舉動〔四〕，或致忘誤，可以守一時佩之，事竟脫著寢牀器物中也。此云八年三一俱見者，則前符云五年與真一相見，是不盡皆見也。凡言與一相見者，非但見己身之三一也，謂太微中三一帝皇之君亦下見之，授子經者，亦是也。故先須守此積勤，然後能感彼之一耳。正月朔旦，青

〔一〕本段正文亦見洞真太上素靈大有妙經之太上太極帝君真符寶章。本段末句「事出太上素靈經上也」，即指大有妙經。

〔二〕太極帝君寶章　大有妙經繪有寶章樣式，本經則闕。

〔三〕東海青童君授涓子　寶章傳授次第，大有妙經叙述較煩且語不及涓子。大有妙經云：「太上寶章傳太帝君，太帝君傳天帝君，天帝君傳太微天帝君，太微天帝君傳金闕帝君，金闕帝君傳東海青童，以封掌名山，召制五嶽。」

〔四〕今便曲舉動　「便曲」無確解，據洞玄靈寶道學科儀卷下有詣圊廁便曲品，揣度其意，當是指解大小便。

書一符，此亦寶章也。既服之，便呼爲符，刻金佩帶乃成章耳。章猶印章之章，章尺度有制，不可使虧，符如詔勑，大小可得無限。今小令促〔一〕，減於章也。每歲朔旦皆服之，須見一乃止。當用好空青、曾青〔二〕，宜在細研，以水漬去銅氣，乃以膠和，薄書白紙上，勿令濃厚。亦可用黛青也〔三〕。北向再拜，吞之。北向書竟，左手執祝，訖，再拜乃吞之，亦存入上宫。凡服符以召告身神者，並須拜，若告外神，乃不拜。例皆如此。三一相見之後，以金爲質，長九寸，廣四寸，厚三分而書之〔四〕。金應用黄金，質謂所刻之本主也。如此法乃用十數斤金，非道士所辦。亦可用白金，白金即銀也。此直呼爲金，故可得兩用耳。刻鏤文字如印法，皆左書也〔五〕。尺寸並用古尺度。以封掌山川之邪神，掌五嶽之真精也〔六〕。臨時節度之序，三元真一君自將教之。封掌之事，是欲有役使，其法制來宣，須三一相見，乃可

〔一〕今小令促　疑當作「令小令促」，意謂寶章作符服時，可以縮小迫促。但作「今小令促」，理解爲「稍令迫促」亦通，故不改。

〔二〕當用好空青曾青　空青、曾青皆是孔雀石藍銅礦類礦石，主要成份爲碱式碳酸銅，可作顔料。

〔三〕亦可用黛青也　黛青疑亦是銅鹽，或即「緑青」，本草經集注緑青條陶弘景云：「此即畫緑色者，亦出空青中，相帶挾。」

〔四〕厚三分而書之　大有妙經作「刻而書之」。

〔五〕皆左書也　左書即「反左書」，今稱「反字」。

〔六〕以封掌山川之邪神，掌五嶽之真精也　此兩句在大有妙經中與「刻而書之」相連，故疑登真隱訣亦爲大字正文，道藏誤刻爲小字注文。後文「臨時節度之序」云云，「封掌之事」云云，確實像此二句之注釋。

得而受教耳。事出太上素靈經上也〔一〕。此真經未行於世，是守一之宗本矣。

九 宮〔二〕

凡頭有九宮，請先説之。方施修用，故先列其區域。兩眉間上却入三分爲守寸雙田，對鼻直上，下際眉上，辟方一寸。却者，却向後也。以入骨爲際，骨内三分以前皆守寸之域。臺闕並在其中，明堂止餘七分耳。既共立一寸之中，而兩邊併列，故名之爲守寸雙田也。左有青房，右有紫户，凡二神居之。却入一寸爲明堂宫，左有明童真君，右有明女真君，中有明鏡神君，凡三神居之〔三〕。却入二寸爲洞房宫，頭中雖通爲洞房，而此是洞房之正也。左有無英君，右有白元君，中有黄老君，凡三神居之〔四〕。按自此以後，並云却入一寸、二寸、三寸者，明知猶繼眉

〔一〕事出太上素靈經上也　大有妙經之太上道君守元丹上經開篇叙述傳授次第，然後説：「此素靈之上篇。此道奇於衆經，其法高妙，非真仙所聞。」因疑本句原作「事出太上素靈上經也」，其「經」與「上」字倒乙。

〔二〕本段正文見洞真太上素靈洞元大有妙經之太上道君守元丹上經，亦見上清素靈上篇。此外，道門經法相承次序卷上，潘尊師（潘師正）答唐天皇（唐高宗）之問，引登真隱訣云云，亦主要出於本段之前半。

〔三〕凡三神居之　大有妙經云：「明堂宫中，左有明童真君，右有明女真官，中有明鏡神君。」名稱與陶注同，尊號小有差别。

〔四〕凡三神居之　大有妙經云：「洞房中有三真，左爲無英公子，右有白元君，中爲黄老君，三人共治洞房中。」

爲本，非從三分後更一寸也。人或謂入三分始得守寸，入一寸始得明堂者，豈其然乎。今引例爲據。按五辰法云〔一〕：鎮星在黄室長谷，黄室長谷在人中中央，直入二分，星如綴懸於上。此則室小而星大，故餘出綴於皮上。若入二分方得黄室者，星何得出外耶。又云直入一寸，仍辟方一寸，亦是以助明矣。且今經亦言明堂上一寸爲天庭宫，豈應空一寸之上方爲天庭耶。明堂上二寸即是帝鄉玄宫，辰星之所在耳。此皆可以爲明證矣。若有能見真宫者，當知斯言之不虚也。

却入三寸爲丹田宫，亦名泥丸宫，左有上元赤子帝君，右有帝卿，凡二神居之〔二〕。却入四寸爲流珠宫，有流珠真神居之〔三〕。却入五寸爲玉帝宫，有玉清神母居之〔四〕。明堂上一寸爲天庭宫，此又於明堂上，於外却入一寸之中也，非必一寸正當明堂一寸矣。以人額既岸，故差出三分。度後洞房上，其宫前出入之門户，猶下守寸之中間也。其有上清真女居之也〔五〕。洞房上一寸爲極真宫，上却入二寸也，其有太極帝妃居之〔六〕。丹田

〔一〕按五辰法云　五辰法大約指見於上清紫微帝君南極元君玉經寶訣之類存五辰法。該訣有云：「存中央鎮星在金匱黄室長谷，金匱黄室長谷在人中中央直入二分，星如綴懸於上。」與陶注相合。

〔二〕凡二神居之　大有妙經云：「丹田中有上元真一帝君，帝君之卿，合三人，共治丹田宫，三元真一之道是也。」上清素靈上篇亦同。皆與陶注説「二神居之」有異。

〔三〕有流珠真神居之　大有妙經云：「流珠真神自别有經，司命之所行也。」

〔四〕有玉清神母居之　大有妙經同。

〔五〕其有上清真女居之也　大有妙經同。

〔六〕其有太極帝妃居之　大有妙經同。

上一寸爲玄丹宮，上却入三寸也，一名玄丹腦精泥丸玄宮，有中黄太一真君居之〔一〕。流珠宮上一寸爲太皇宮〔二〕，上却入四寸也，其有太上君后居之〔三〕。凡一頭中九宮也。此後八宮並各方一寸，唯明堂與守寸共方一寸。守寸非他宮，猶明堂之外臺闕耳。明堂之内，上下兩邊猶各一寸，但南北爲淺，正七分也。此九宮雖俱處一頭，而高下殊品。按第一爲玉帝宮，次太皇宮，次天庭宮，次極真宮，次玄丹宮，次洞房宮，次流珠宮，次丹田宮，次明堂宮。此其優劣之差也。其明堂、洞房、丹田、流珠四宮之經，皆神仙爲真人之道，道傳於世。按今明堂止有存想經〔四〕，略無祝説之法，疑爲未備。洞房即是今洞房先進内經者〔五〕，止有所誦一文而已，都無存用之事。其道已行於世，未見真本。丹田經即此守三元真一之道也。根源乃出素靈〔六〕，而其事已備於此，無復所闕。其流珠經〔七〕，云

〔一〕有中黄太一真君居之　大有妙經及上清素靈上篇皆作「玄丹宮有泥丸太一真君」。上清衆經諸真聖祕卷七引握中訣云：「玄丹宮有中黄太一真君。」乃與陶注相合。

〔二〕流珠宮上一寸爲太皇宮　「流珠宮」之「宮」字原缺，據道門經法相承次序卷上引登真隱訣「流珠宮上一寸爲太皇宮」補。大有妙經及上清素靈上篇此句「流珠」後並有「宮」字。

〔三〕其有太上君后居之　大有妙經同。

〔四〕按今明堂止有存想經　「經」字原作「徑」，據文意改，中華道藏亦作「經」。

〔五〕洞房即是今洞房先進内經者　洞房經之名見於真誥，今道藏有太上洞房内經注一卷。

〔六〕根源乃出素靈　素靈即前文提到之太上素靈經。

〔七〕流珠經　據無上祕要卷四十七，洞真三元流珠經玉帝九鍊上真八道命籍金仙紫字凡四訣八卷，疑即是此。道藏今存洞真太上三元流珠經一卷。

太極公卿司命之所行，中君、小君亦得受之〔一〕，雖云傳世，而世未嘗見。故中君曰：良勤不休，吾當與之流珠真，此亦中真之上道也〔二〕。此語似因以語寅客〔三〕，不知還授不耳。

其玄丹宮經，亦真官司命君之要言，四宮之領宗矣。此一經須太極帝君告乃與之也〔四〕，亦時出授耳。玄丹經即三一後者是也，其本亦出素靈。按此道高妙，而與三元同卷者，是蘇君最末所行，以得真卿，故紫陽撰出其事，而載傳後耳〔五〕，本非共一經也。其盟䝿既不同科，受傳之時，自可不必與三一俱受。而玄丹經云：旦夕守諸三一訖，乃未存之者。是玄丹家自可得先守一，守一之家不必知玄丹也。凡合五宮之道，行乎世上，有真名者，遭值之矣。自非骨相挺命，不聞此言也。世人有受此道者甚多，而修守之者無一。

〔一〕中君小君亦得受之　中君即三茅君之茅定録，小君即茅保命，見真誥。

〔二〕故中君曰……上道也　見真誥卷十，爲茅中君㗕許虎牙者。

〔三〕此語似因以語寅客　中華道藏「寅客」作「演客」，未詳何據。按，真誥中許虎牙又被稱爲「寅獸」，此處「寅客」疑指其人。

〔四〕此一經須太極帝君告乃與之也　此句大有妙經、上清素靈上篇均作：「此一經須太極帝君告可與，乃與之也。」文意較爲分明。

〔五〕按此道高妙……而載傳後耳　雲笈七籤卷一百四玄洲上卿蘇君傳云：「夫玄丹者，泥丸之神也，其法出太上素靈訣。守三一爲地真，守洞房爲真人，守玄丹爲太微宮也。」故陶注稱「此道高妙」。此外，上清仙府瓊林經引有守玄丹上經，亦可與本段陶注互參。

此身中之神，不如他法，上真所寶祕，亦足爲業。今此一道，若行之則長生，不行則死矣。乃皆非骨挺之謂也。又有玉帝宮，玉清神母居之。又有天庭宮，上清真女居之。又有真極宮，太極帝妃居之。前謂極真，此云真極，二字上下，未詳孰正，恐後或是誤耳〔一〕。又有太皇宮，太上君后居之。此四宮皆雌真一也，道高於雄真一也。並有寶經，以傳已成真人者。未得成真，非所聞也。其雌真一之要〔二〕，亦自不授之矣。前五宮其神皆男，故謂雄一。此四宮皆女，是爲雌一。凡上清、太微中之九宮，則有真君居之，故人頭亦設此位，以相應耳。所謂虛和可守雄，蕭蕭可守雌。蕭蕭者，單景獨往之謂也。在世學雖未成真，胷懷滓滯，故不可修之也。五千文亦言知其雄，守其雌也。此四宮人皆有之，但不修此道者，宮中空空耳〔三〕。夫不盡修於九宮者，宮亦空耳，非但雌家四宮而已。至於丹田宮中常有帝君，守寸常有大神，不復問，須守乃見在宮耳〔四〕。修之者神仙，不修者以壽死矣。如此則凡俗庸猥之人，身中亦皆三一常具，但不能修守者，須其人壽畢便去，去即致死。若所得之法常能修存，則諸空宮之中，亦隨事受神，非但丹田中一帝君也。

〔一〕恐後或是誤耳　按此條正文大有妙經及上清素靈上篇皆作：「又有極真宮，太極帝妃居之。」並未如陶注所說倒乙爲「真極宮」。

〔二〕其雌真一之要　「一」字原缺，據文意補。大有妙經作「雌真一」，上清素靈上篇作「雌真」。

〔三〕宮中空空耳　上清素靈上篇同，大有妙經作「宮中空耳」。

〔四〕須守乃見在宮耳　大有妙經及上清素靈上篇均作「須修乃見在宮中耳」。

守一不殆，其壽限一過，便無復死期，以至於相見，相見則得道矣。雄雌一神，男女並可兼修之，無在也〔一〕。唯決精苦之至，乃獲益矣。此謂雌雄之一，男女皆可俱修，不分別其男女之異也。若男人守雌，亦爲雌形；女子守雄，則猶雄狀。但三卿是我身中精化所結，當各依本，別其男女耳。守一之理，先宜一二年中精思苦到，須得髣髴，便易爲存想也。

守寸爲始守一之法。尋經中序説，前後不相次類附。或始末分乖，或事用超涉，不可都依本宣而寫之。今更詮貫次第，鈔拔源領，其大字悉是本文所載，不加損益，但條綜端緒，令以次依按耳。以立春之日夜半之時，正坐東向〔二〕，經後云立夏南向，立秋西向，立冬北向。訣曰：此是守三元真一之法，倶用四立之夜，亥時後便可就行事，各向月建。四立則四孟，非正方也，五斗分至乃四仲耳。各平坐，閉氣臨目，握固兩膝上，乃先存守寸如法。兩眉間上，其裏有黄闕紫戶、絳臺青房，共構立守寸之中左右耳。此即前却入三分之域，臺闕於三分之

〔一〕男女並可兼修之無在也　此句大有妙經及上清素靈上篇皆作：「男女並可兼修之，無不在也。」文意亦不能通，疑「在」爲「恠」之訛，即「怪」字。意謂男女皆可兼修守雄真一與雌真一，無足爲怪。

〔二〕以立春之日夜半之時，正坐東向　此句不見於大有妙經，上清握中訣卷下之蘇君傳行事訣提到「守一法，立春日夜半，東向平坐」云云，疑與本文有關。且本條陶注云：「經後云立夏南向，立秋西向，立冬北向。」亦見於蘇君傳行事訣。陶注之末句：「各平坐，閉氣臨目，握固兩膝上，乃先存守寸如法。」亦與蘇君傳行事訣同。但此後正文「兩眉間上」云云至本篇結束，皆見於大有妙經，蘇君傳行事訣除祝辭相同外，其餘文字皆較簡略。

中，兩邊其廣一寸，列於左右，各方三分，令中間開四分爲道，內通明堂，上出通天庭前户也。守寸左面有絳臺，臺之形狀如今城門邊方樓，外及上下，皆以赤玉作之。樓上之中有窻户，帷帳並青色，而神居其内。右面有黄闕。闕形猶似臺，亦正方外通，以黄玉作之。闕上之中有窻户，帷帳並紫色，而神居其内。其九宫真人出入，皆從黄闕、絳臺中間爲道，故以道之左右置臺闕者，以司非常之氣，伺迎真人之往來也。此是説耳，非存思事也。頭中九宫真神出入之所由，外雖有上帝信命，不得即前。故二神常握鈴守衛，猶如今城門之防也。方諸洞房云〔一〕，紫户入者，謂斗星從其中間入洞房中，非止從黄闕、紫户之内偏入也，蓋舉其一名耳。九宫皆各有前户、後户以相通洞，上四宫，從天庭前出，仍下守寸臺闕裏面出於外，唯泥丸一宫有下門，以通喉中，與中下兩宫相關也。紫户大神名平静字法王，在右邊者。青房大神名正心字切方，在左邊者。此二神皆居房户之内，故不以臺闕爲號。形並如嬰孩，如嬰兒始生之狀，玉色，而坐常相向也。各服衣如其房户之色，右邊紫，左邊青，皆幔帛，非綿也。手執流金鈴，各執一鈴，兩手共把之。流金鈴即火鈴也。無質而赤光〔二〕。狀如火爛之形。此二神身中亦有風雲之氣，焕赫守寸之境。暮卧及存思之時，若單存諸九宫之夕，初卧亦存祝如此，若值守諸九宫之夜，至臨卧

〔一〕方諸洞房云　「方諸洞房」即方諸洞房經，真誥卷二、卷十四皆提到此經，主要叙述存思星斗之法。

〔二〕無質而赤光　大有妙經及上清素靈上篇皆無此句。大有妙經叙泥丸太一真君説：「太一真君貌如嬰兒始生之狀，坐在金牀玉帳之中，著紫繡錦衣，腰帶流火之鈴。流火之鈴者，無質而赤光，動之聲聞十萬里，蓋上清中黄太一真人之寶鈴也。」與本訣述説不同。

存時又先如此。先存二大神，髣髴在見〔一〕，閉氣存思，具如前形。既在其宮，便如覩見。仍三呼其名字：當心呼曰：紫户大神名平靜字法王＝＝＝＝〔二〕，青房大神名正心字切方＝＝＝＝。如此乃通氣而微祝曰：紫户青房，有二大神。手把流鈴，身生風雲。俠衛真道〔三〕，不聽外前。使我思感，通達靈關〔四〕。出入利貞〔五〕，上登九門。即見九真，太上之尊。六韻。祝畢，方乃存思三一洞房九道諸要道也。九道即九宮之道。諸單修明堂、洞房、玄丹者，皆先存祝如此。雌一之妙，亦依此法。夫頭中九宮之位有二神，則左神爲上，乃次右。有三神者〔六〕，中爲上，次左，次右。存修之始，必從下起。故守寸先紫户，洞房先白元。其明堂先左者，女例貴於男也。唯丹田帝卿是我身中之精化，非外來之品次，故末乃存之耳。若非上宮在身下者，則左爲上，次中，次右也。

〔一〕髣髴在見　大有妙經作「髣髴存見」，上清素靈上篇作「髣髴在目」。

〔二〕＝＝＝＝　略相當於今之重文號，示意上句「紫户大神名平靜字法王」需重複兩遍。原作「≡≡」，似乎可以理解爲作雙行排列之重文號。今雙行夾注改爲單行小字，故如此排列。以下皆同。

〔三〕俠衛真道　原作「挾衛真道」，大有妙經及上清素靈上篇並作「俠衛真道」，於義爲長，因據改。蘇君傳行事訣亦作「俠衛真道」。

〔四〕通達靈關　大有妙經、上清素靈上篇及蘇君傳行事訣皆作「通利靈關」。

〔五〕出入利貞　上清素靈上篇及蘇君傳行事訣作「出入貞利」。

〔六〕有三神者　原作「有二神者」，據後文文意改。

明　堂〔一〕

明堂中，存守寸畢，次存此。若不守一，單用此亦佳。若上守一，不行此亦無嫌。能兼之者益善耳。左有明童真君，諱玄陽，字少青，存爲男形。右有明女真君〔二〕，諱微陰，字少元，存爲女形。中有明鏡神君，諱照精，字四明。存亦男形。此三君共治明堂宮，並著錦衣緑色，腰帶四玉鈴，口銜赤玉鏡，鏡鈴並赤色。上下同服緑色錦衣，腰帶四赤玉鈴，前後左右各一，口銜赤玉鏡之鼻，鏡面向外。鈴鏡雖有質，而赤光照洞，聲明焕徹，響映九宮。頭如嬰兒，形亦如之，對坐，俱向外面，或相向也。並如始生之形，金光玉色。白日三人俱向外，夜則左右俱向中央。此明堂之道也。若守一以次存明堂者，至此便各呼其位號三過。曰〔三〕：明童真君諱玄陽字少青＝＝＝＝，明女真君諱微陰字少元＝＝＝＝，明鏡神君諱照精字四明＝＝＝＝。又叩齒九通，止，乃次存洞房也。若非守一之時，止行於後諸事用者，亦先存如此，畢，乃各依後法耳〔四〕。

〔一〕本段正文見洞真太上素靈洞元大有妙經之太上道君守元丹上經，亦見上清素靈上篇。

〔二〕右有明女真君　大有妙經作「右有明女真官」。

〔三〕曰　循九宮段呼紫户大神青房大神名字之例，陶注「當心呼曰」爲小字，疑此處「曰」字亦是小字陶注也。

〔四〕若非守一之時……乃各依後法耳　此句不見於大有妙經及上清素靈上篇，頗疑是陶注混入正文者。

若道士恐畏，凡云道士者，謂修道之士也。既山居獨處，脱有邪魔來犯，及心中不寧，振懼之時，應爲此法。存三神，使鳴玉鈴，使聲聞太極，存三神各以手摇鈴，腰帶四鈴，覺耳聞其聲，震動響徹天上太極宮也。存使吐玉鏡赤光〔一〕，令萬丈，亦覺吐鏡光於守寸出，照徹四方，圍繞各五十里一百六十六步四尺。凡所住處，當先步四面周帀，至某山某村某界域，令得合此數後，存光之時，使儵然至此而止，則易也。每事皆須精旨如此，不但斯一法而已。存之俱畢，因三呼三君名字，叩齒九通，則千妖伏息，萬鬼滅形也。存畢呼名位如前，以次云云也。此一條是制却邪精衆妖之法。

若道士飲渴〔二〕，此謂渴於飲也，亦或應是饑渴字。亦存三君，並口吐赤氣，使灌己口，口因吸而咽之，須臾自飽也。此當存吐赤氣於守寸中，鬱鬱然下入我口，口乃吸取吞咽無數，行吐行咽，以飽爲度。此一條是止饑渴之法。

若道士夜行，暗不見路，又存三君，繼前諸事而言，故有文字耳。使口出三火光照前，須臾路自朗明也。此亦各吐一赤光，狀如火明，從守寸出，列前，遠照渟徹〔三〕，存注如似目見，明朗便行，行存行進，勿得休息。此一條是照暗之法。

〔一〕存使吐玉鏡赤光　大有妙經作「使口吐玉鏡赤光」。

〔二〕若道士飲渴　大有妙經及上清素靈上篇皆作「若道士饑渴」，但據本條陶注知，陶弘景所見經文確爲「飲渴」。

〔三〕遠照渟徹　「渟徹」疑是「渟澈」，深遠明澈之意。

若行凶處危難之中，有刀兵之地，既未能坐在立亡，及遠竄無人之鄉，世事多虞，忽有危急，則無以攘衛，故顯此法。至於世人精向者，亦可行之，所以獨無道士之目也。急存三君，使鳴玉鈴，精而想之，存各奮四鈴，振赤鏡光，以掩擊敵人及凶惡之處，覺令彼甲遇此光皆即頓仆也。敵人自然心駭意懾，不復生割心也。割謂割奪之割，亦可應作害字〔一〕。此一條是辟却凶惡之法。

若道士欲求延年不死，疾病臨困，求救而生者，當正安寢，偃卧握固，閉氣瞑目定心，先髣髴存日月在明堂中，日左月右，存三君如上法。存明堂三君，並向外長跪，夜存亦令向外也，此人形既卧，神亦隨偃，而尚長跪，狀如立時。凡身中之神有卧而存者，於此爲明。猶如守寸，臺闕豈容回轉，故自附形而側矣，然要應作坐想也。口吐赤氣，使光貫我身，令帀〔二〕，各吐赤鏡，光氣從守寸中出，漸漸繞身。我口傍咽赤氣，唯多無數，當閉目微咽之也，隨吸取所貫之赤氣而咽之，唯覺勃勃入口，下流胷腹。須臾，赤氣繞身者變成火，火因燒身，身與火共作一體，内外洞光，良久乃止。狀似拘魂之法，使火通燒身表裏骨肉，如然炭之狀乃佳。名曰日月錬形，死而更生者也。此當初遇疾病，即宜作此法治之。若方待困篤，恐存想不復能精。微覺便速修行。此一條是治病消疾之道，行之無的時節也。

〔一〕亦可應作害字　大有妙經此句正文即作「不復生害心也」。

〔二〕令帀　「帀」同「匝」，即周匝之意。

又暮卧爲之〔一〕，則必長年不死也。謂夕夕爲之，以求延年。既非高法，故止不死而已，亦小道可觀者矣。此一條是兼修行長生之法，即明堂家常用之道也。又數存咽赤氣，使人顔色反少，色如童子〔二〕，此不死之道。謂非治疾，及暮卧存想之時，亦常宜存咽赤氣，亦存三君口吐，從守寸中出，下入我口，乃咽之耳。此一條是還童之道矣。

明堂之要畢矣。凡此明堂之事，乃有七條，皆備盡諸法，唯通無祝辭一事。按常真之道，亦是明堂家法，而存祝殊爲委曲，又恐明堂别有太經〔三〕，此傳中蓋是鈔略耳。

旦起，皆咽液三十過，以手拭面摩目以爲常，存液作赤津液〔四〕。此一條以猶配明堂家事。有皆字者，謂行明堂延年之法，旦旦皆應如此耳。亦可兼是守一家用，雖通兩法，同爲一行耳。

〔一〕又暮卧爲之　大有妙經作「又暮卧常當爲之」。
〔二〕色如童子　大有妙經作「色如童女」。
〔三〕又恐明堂别有太經　「太經」疑是「大經」之訛。
〔四〕存液作赤津液　大有妙經作「存唾色作赤津液」，上清素靈上篇作「存液色作赤津也」。

洞房〔一〕

又當兼行洞房。從守寸、明堂，便次洞房，乃得丹田，故謂宜兼行，不得略度於中間也。洞房之中，自有黄闕紫户玄精之室，身中三一尊君常棲息處所也。此黄闕紫户，非謂守寸者也，是洞房宫中别自有之，猶如玄丹云紫房緑室耳。上一帝君亦時入其中，玉字所存是也。中下兩一不得棲遊，此言三一，舉其綱會。且尊君之稱，亦止謂帝君，是三一之尊者矣。兼行之者，見一神益速也。所存既多，故致感亦速也。洞房真人須守一爲根本，從外至内，緣始及終，根本之來，由一而起。守一真人須洞房爲華蓋，光儀覆廕，以成其道。故三一相須，洞房相待，雖其居不同，而致道用者須齊也。九宫之道，乃宫宫各用，至於兼修，則多多益善。事旨既殊，不相妨礙。但患經難備曉，而誠易厭替，是以學者比肩，未有得其塵毫者矣。洞房中有三真，左爲無英公子，右爲白元君，中爲黄老君，三人共治洞房中。此飛真之道，别自有經〔二〕。按此三

〔一〕本段正文「洞房之中，自有黄闕紫户玄精之室，身中三一尊君常棲息處所也」句，見於上清道類事相卷四引三元真一經，今道藏本金闕帝君三元真一經無此文。「兼行之者……而致道用者須齊也」，不詳出處。「洞房中有三真……别自有經」，仍見於洞真太上素靈洞元大有妙經之太上道君守元丹上經。

〔二〕别自有經　此句後大有妙經云：「事在金華經中。」

真是洞房之常神，而九真乃使假化離合，白元、無英，合爲一真〔二〕。又白元在肺，不入洞房〔三〕。且方諸玉字，止黄老一君而已。

〔二〕而九真乃使假化離合白元無英合爲一真　據雲笈七籤卷五十二之九真行事訣，第九真「存無英君著龍鳳衣巾紫華冠，坐洞房中」，此即陶説以白元、無英合爲一真之意，以無英代表白元、無英二君也。

〔三〕白元在肺不入洞房　九真行事訣云：「存白元君著龍衣巾黄晨華冠，坐肺中。」即陶説「白元在肺，不入洞房」之意。

登真隱訣卷中〔一〕

雲林夫人曰〔二〕：夜卧，先急閉目，東向，按後云，要當以生氣時者，則初夕之卧，不得行此。至子以後，卧覺，使起坐爲之，日中之前，皆可數按祝耳。但慮東向，不隨四時也。以手大指後掌，各左右按拭目就耳門，使兩掌俱交會於項中三九過，此近掌後，從大指邊起，先微按目有雲，仍各左右拭目，摩耳門過〔三〕，交於項後，如此更還，三九乃止。存目中各有紫青絳三色氣出目前〔四〕。此是内按三素雲，以灌合童子也。向按時，存三色雲光鬱鬱，各出面上，至三九過訖，小停住，以凝運三氣，使暉灌眼童，乃復爲之。陰祝曰：眼童三雲，兩目真君。英明注精，開通清神。太玄雲儀，靈嬌翩翩〔五〕。保利雙闕，啓徹九

〔一〕本卷正文全部見於真誥，根據出處可以分爲三十餘小段，於每段之末注明其在真誥中之卷帙。

〔二〕雲林夫人曰　真誥卷九作「雲林王夫人曰」。真靈位業圖第二女真位爲「滄浪雲林右英王夫人」，即此。

〔三〕摩耳門過　此處「過」當是「超過」意，非指遍數。

〔四〕存目中各有紫青絳三色氣出目前　真誥卷九作「存目中當有紫青絳三色氣出目前」。

〔五〕靈嬌翩翩　真誥卷九作「靈驕翩翩」。

門。百節應響，朝液泥丸。身昇玉宫，列爲上真。六韻。祝畢，因咽液五十過〔一〕，畢，乃開目以爲常。坐起可行之，不必夜也。要當以生氣時〔二〕。一年許，耳目便精明。久爲之，徹視千里，羅映神靈，聽於絶響者也。此亦真仙之高道，不但明目開耳而已。我滄浪方丈仙人，常寶而爲之。此道出太上四明王經中〔三〕，傳行以金青爲誓〔四〕，然後乃施行耳。尋耳目之道，莫妙此法，故立盟約乃得傳用。凡諸修守存祝之事，亦皆應贍誓玄師，不爾，無驗，金青多少在人之意耳。

右雲林告楊書〔五〕。

一面之上，常欲得兩手摩拭之，使熱，高下隨形，皆使極帀〔六〕。先當摩切兩掌令熱，然

〔一〕因咽液五十過　真誥卷九無「因」字。

〔二〕要當以生氣時　真誥卷九無「當」字。

〔三〕此道出太上四明王經中　真誥卷九作「此道出太上四明玉經中」。

〔四〕傳行以金，青爲誓　真誥卷九作「傳行以青、金爲誓」。真誥此句夾注云：「謂青可二十尺，金鐶二雙。」因知「青」與「金」各是一物，無論作「青金」，還是「金青」都無害文義也。

〔五〕右雲林告楊書　真誥卷九此段注云：「此並是右英夫人受，令告長史也。」長史即許謐，與此説告楊義不同。以上正文見真誥卷九。

〔六〕皆使極帀　此句後，真誥卷九有「令人面有光澤……常盈不没」數句，登真隱訣移在下段。

後以拭面目，畢，又順手髮而理櫛之狀〔一〕，兩臂亦更互以手摩之〔二〕。此存法晝夜有閒便爲之，先摩掌及熱，以摩面目數遍，復切掌又摩，如此四五過，乃度手項後及兩鬢，更互摩鬢，向上就經，狀如櫛頭，數十過止。此法雖解，童顔還白之良方也。此而字即訓如字用也〔三〕。

右出丹景經中〔四〕。令人面有光澤，皺斑不生，髮不白，脉不浮外。行之五年，色如少女。所謂山川行氣〔五〕，常盈不没。此即下品丹景道精經中所言，謂常如山川行氣，常得充滿，而木石榮潤矣。長史書〔六〕。

卧起，不必早卧起，凡卧初起，皆可爲之。當平氣，定氣，令呼吸徐微也。正坐，隨月王向方面〔七〕，先

〔一〕又順手髮而理櫛之狀　真誥卷九作「又順手摩髮而理櫛之狀」，其中「而」字被圈，小字注釋云：「謂應作如字。」

〔二〕兩臂亦更互以手摩之　此句後真誥卷九有「使髮不白，脉不浮外」數字。登真隱訣移在下段「皺斑不生」之後。

〔三〕此而字即訓如字用也　此即前條注釋討論之「順手摩髮而理櫛之狀」之「而」字。

〔四〕右出丹景經中　真誥卷九作「右一條出丹景經中卷」。小字注釋云：「此經未出世，是下真品目。」

〔五〕所謂山川行氣　真誥卷九作「所謂山川通氣」。

〔六〕長史書　據真誥卷九，此是長史寫本「太上真人撰所施行祕要」之一則。以上正文見真誥卷九。

〔七〕隨月王向方面　真誥卷九無此句，上清三真旨要玉訣亦無此句，或是陶注竄入。

叉兩手，叉手而反之，極伸臂於前。乃度以掩項後，因仰面視上，興項〔一〕，使舉兩手，手争〔二〕，爲之三四止〔三〕。興猶起也，謂叉手覆掩項竟，仰面起項，作力與争，極，復低緩之。如此三四，亦當聞頸骨鳴也。此興字或作與字。畢，又動屈身體〔四〕，解手低頭屈腰，迴轉背，脚亦可起倚。伸手四極，伸舉兩手於頭上，極力散向兩邊，從前乃復俱向後，仍反張也。反張側掣，當先偃腰反張，仍又合手隨身，縱體左右，側掣掉之。宣摇百關，當復行動振奮，體脚手臂膝脛，皆令通帀。爲之各三。如此一事，輒三過爲之，乃以此復作，非都遍復始也。此當口訣〔五〕。謂運動四體，不可都書載，當口訣委曲示其形用也。意謂正當如所注耳。

右出大洞真經精景按摩篇。使人精和血通，風氣不入。能久行之，不死不病。此大洞之例〔六〕，卷題殊多，非謂止在三十九章也。後云大洞精景上卷又大洞遏邪大祝，如此則皆爲不少。長史

〔一〕興項　真誥卷九作「舉項」。

〔二〕使舉兩手手争　此句疑有闕訛。真誥卷九作「使項與兩手争」。

〔三〕爲之三四止　此句之後，真誥卷九有「使人精和血通……不死不病」數句，登真隱訣移在下段。

〔四〕又動屈身體　真誥卷九作「又屈動身體」。

〔五〕此當口訣　此段真誥有小字注釋云：「此運動應有次第法用，故須口訣。益（疑是蓋字）亦熊經鳥伸之術也。」

〔六〕此大洞之例　「此」字原本不清，中華道藏作此字，因從之。

書〔一〕。

卧起，先以手巾若厚帛拭項中四面及耳後，皆使圓帀温温然也。順髮摩項，若理櫛之，無數也。良久，摩兩手，以治面目〔二〕。都畢，咽液三十過〔三〕，以導内液。謂卧初起，先宜向王行此法，竟，乃爲叉手反諸事也。

右出大洞精景經上卷〔四〕。久行之，使人目明，而邪氣不干，形體不垢⿰月疑生穢也。⿰月疑字，女忌反〔五〕。長史書〔六〕。

若體中不寧，此謂覺有不佳處，而無的所苦者。當反舌塞喉，漱津咽液無數〔七〕，極力卷舌上向，屈以塞喉而漱咽也。須臾不寧之痾即自除也，當時亦當覺體中寬軟也。亦可兼行此中諸按摩存祝之法。

〔一〕以上正文見真誥卷九。

〔二〕以治面目　此句之後，真誥卷九有「久行之……形體不垢⿰月疑生穢也」數句，登真隱訣移在下段。

〔三〕咽液三十過　真誥卷九作「咽液二十過」。

〔四〕右出大洞精景經上卷　其後真誥卷九有小字注釋云：「亦未出世，非三品目。」

〔五〕⿰月疑字女忌反　真誥「⿰月疑」字被圈，小字注釋云：「此應作膩字。」今據廣韻，「⿰月疑」同「膩」。

〔六〕以上正文見真誥卷九。

〔七〕漱津咽液無數　真誥卷九作「漱漏咽液，亦無數」。

右出消摩上靈叙中。消摩品號，亦如大洞卷目，例皆不少也。長史書〔一〕。

右前來至此凡四事，不顯何真所告。

耳欲得數按抑其左右，亦令無數，令人聰徹。所謂營治城郭，名書皇籍。一真本云營治城郭，其義亦不相乖。兩耳爲一面之界域，故宜治理之也。鼻亦欲按其左右，唯令數，令人氣平。所謂灌溉中岳，名書帝録。鼻爲面之岳山，内景所謂之天中之岳〔二〕。精謹修鼻孔中毛，亦欲數滅除，恒使潔利。此二事皆可以閑時爲，用手按抑，上下摩治無數，則城郭堅完，山岳峙秀，皇籍帝録可得而書耳。

右此二法，方丈臺照靈李夫人出用〔三〕，云消摩經上篇法。此照字當爲昭，書之誤耳。長史書〔四〕。

常能以手掩口鼻，臨目微氣，久時手中生液，通以摩拭面目〔五〕。常行之，使人體香。以

〔一〕以上正文見真誥卷九。

〔二〕内景所謂之天中之岳　「内景」即黄庭内景經，其天中章第六云：「天中之岳精謹修。」注曰：「天中之岳謂鼻也，一名天臺。」

〔三〕方丈臺照靈李夫人出用　據真誥卷二，李夫人爲「北元中玄道君李慶賓之女，太保玉郎李靈飛之小妹」，在真靈位業圖中居第二女真位。

〔四〕以上正文見真誥卷九。

〔五〕通以摩拭面目　真誥卷九作「追以摩面目」。

兩手竪掩鼻口，令呼吸通於手下，須有液，仍以摩拭，竟，又掩，無定限數，亦使入光澤。

云出石景赤字經〔一〕。

常欲以手按目及鼻之兩眥〔二〕，閉氣爲之，氣通輒止，吐而復始。恒行之，眼乃洞觀。此用兩手各第三指俠鼻，按目下内眥，無正限數，通氣小舉指，更閉，又按，亦可三九過也。

云出太上天關三經〔三〕。按下品目有天關三圖經，疑闕圖字也。

常欲閉目而卧，安身微氣，使如卧狀，令傍人不覺也。此晝夜無定，非止欲卧時，當平枕偃向，使氣調静也。乃内視遠聽四方，令我耳目注百萬里之外〔四〕。久行之，亦自見萬里之外事。精心爲之，乃見百萬里外事也〔五〕。後云當先起一方，如此方方各存，都訖，更通存四方，皆如聞見也。耳目初注東方，令見山川城郭，聞諸玄響，並依稀作像，覺我耳目視聽，遥擲遠處，恍然忘形乃佳。亦應先從一里、十里、百里、千

〔一〕以上正文見真誥卷九。

〔二〕常欲以手按目及鼻之兩眥　真誥卷九作「常欲以手按目近鼻之兩眥」。

〔三〕以上正文見真誥卷九。

〔四〕令我耳目注百萬里之外　真誥卷九無「百」字。

〔五〕乃見百萬里外事也　原文無「百」字，據文意補，真誥卷九亦作「百萬里」。

里，漸漸以去也。又耳中亦恒聞金玉絲竹之音〔一〕，此妙法也。初亦存聞之，後乃得實聞也。四方者，總其言耳，當先起一方，而内注視聽。初爲之，實無髣髴，久久誠自入妙。夫修道存思，事皆如此，歲月不積，誠思不深，理未知覺，不得以未即感驗，便致廢棄，鑽石拜山，可謂有志。

云出紫度炎光經内視中方〔二〕。

坐常欲閉目内視，存見五藏腸胃。久久行之，自得分明了了也。存見時應想其形色次第，高下大小，狀如目覩。其藏府名序，並注二十四神中〔三〕，不復兩記。

云出丹字紫書三五順行經〔四〕。

臨食上勿道死事，勿露食物，來衆邪氣。食時欲常向本命及王氣。凡食冷暖，皆不可不覆，鬼邪喜先來歆饗，則餘味便爲濁穢，亦能致病也。數沐浴〔五〕，每至甲子當沐，不爾，當幾月旦，使人通靈。幾月

〔一〕又耳中亦恒聞金玉絲竹之音　真誥卷九作「又耳中亦恒聞金玉之音，絲竹之聲」。

〔二〕以上正文見真誥卷九。

〔三〕其藏府名序並注二十四神中　按「二十四神」之語亦見於真誥卷九，云：「三八景二十四神，以次念之。」此段小字注釋云：「此答諮二十四神經中修存之意，亦是祕訣。」從登真隱訣本條陶注來看，真誥「三八景二十四神」云云，在登真隱訣中應有詳注，今佚失。

〔四〕以上正文見真誥卷九。

〔五〕數沐浴　真誥卷九作「數澡洗」。

即奇月也，謂正月、三月、五月、七月、九月、十一月也。月中有甲子，便可重沐。消尸用四時王日，仙忌用十一月十一日，九真又用三月三日、五月五日，皆應沐也。月得一過兩過乃佳。浴不患數，患人不能耳。蕩鍊尸臭，而真氣來入。紫陽真人告曰〔一〕：可數沐浴，濯水疾之氣，消積考之瑕，亦致真之階〔二〕。紫微夫人曰〔三〕：沐浴不數，魄之性也。違魄返是，鍊其濁穢，魄自亡矣〔四〕。知此沐浴便甚須數也。此事自爲易矣，於冬月湯少，爲難贍爾。洗澡時常存六丁，令人所向如願。謂旦夕經常澡洗也，至沐浴時亦可存向之耳。六丁即六丁神女，此神善與人感通，易爲存召。亦應向六丁所在，謂甲子旬即向卯也。其玉女别有名字服色〔五〕，在靈飛中〔六〕。理髮向王〔七〕，謂月建之方面也，櫛髮梳頭沐髮皆爾。按仙忌，忌北向理髮，今十一月既建子，宜當猶向亥，此正北，不可犯也。既櫛之

〔一〕紫陽真人告曰　紫陽真人周季通，雲笈七籤卷一百六有紫陽真人周君内傳。

〔二〕紫陽真人告曰……亦致真之階　此引自真誥卷十，紫陽真人告許玉斧者。

〔三〕紫微夫人曰　真誥卷一云：「紫微左夫人王，諱青娥，字愈意，阿母第二十女也。鎮羽野玄壟山，主教當得成真人者。」

〔四〕紫微夫人曰……魄自亡矣　此引自真誥卷十，文字小異。真誥云：「沐浴不數，魄之性也。違魄返真，是練其濁穢自亡矣。」

〔五〕其玉女别有名字服色　「玉女」原作「王女」，據文意改，中華道藏亦作「玉女」。

〔六〕在靈飛中　「靈飛」即靈飛六甲經。

〔七〕理髮向王　真誥卷九作「理髮欲向王地」。

初〔一〕，謂初就櫛之始，行祝行櫛。而微祝曰：泥丸玄華，保精長存。左爲隱月，右爲日根。六合清鍊，百神受恩。祝畢，咽液三過。此祝中云左月右日者，是陰陽互相入，即紫文三魂飛精之義〔二〕，故有隱根之目也。玄華是髮神之名，六合爲鬢下之府。凡諸祝辭皆有旨訓，非但此文而已。

右八條玄師南嶽夫人所勑使施用〔三〕。長史書〔四〕。

理髮欲向王地，既櫛髮之始，前無髮字，又以始爲初〔五〕。而微祝曰：泥丸玄華，保精長存。左爲隱月，右爲日根。六合清鍊，百神受恩。祝畢，咽液三過。按南嶽夫人已授〔六〕此法，今安妃又告〔七〕，當是前後不相知，而用法猶皆同。能常行之，髮不落而日生。當數易櫛〔八〕，櫛之取多，而不

〔一〕既櫛之初　真誥卷九作「既櫛髮之初」。

〔二〕即紫文三魂飛精之義　「紫文」指靈書紫文，今道藏皇天上清金闕帝君靈書紫文上經中尚存有太微靈書紫文拘三魂之法一篇，內容即與陶注說「三魂飛精之義」有關。

〔三〕右八條玄師南嶽夫人所勑使施用　南嶽夫人魏華存，據真靈位業圖，其尊號爲「紫虛元君領上真司命南嶽魏夫人」。按照真誥之説法，魏夫人是楊羲「玄中之師」，故又稱「玄師」。

〔四〕以上正文見真誥卷九。其中「臨食上勿道死事……而真氣來入」，真誥在「洗澡時常存六丁」云云之後。

〔五〕前無髮字又以始爲初　此是指前條正文「理髮向王，既櫛之初」。

〔六〕授　原作「受」，據文意改。

〔七〕今安妃又告　「安妃」即九華安妃，據真靈位業圖，其尊號爲紫清上宮九華真妃，因姓安，故又稱九華安妃。

〔八〕當數易櫛　真誥卷九作「常數易櫛」。

使痛，意言數櫛者，謂數易櫛處。而紫微又云更番用之，此便是用一櫛恐熱，損頭傷髮故耳。今當四五枚更互用，使冷也。亦可令侍者櫛取多也。上學之士衣服牀席尚不使人近，何容以頭與人櫛之，正可自爲。於是血液不滯，髮根常堅。

右按九華所告，令施用，云出太極緑經。長史書〔一〕。

真誥云：櫛頭理髮，欲得多過，通流血氣，散風濕也。數易櫛，更番用之也。亦可不須解髮也。櫛髮之事，頻三真言之。此爲宜行之急，且欲勤勤。告仙侯〔二〕，令爲返白之道也。

右紫微夫人言。長史書〔三〕。

若履殗穢及諸不潔處〔四〕，當洗浴解形以除之。其法用竹葉十兩，凡諸竹葉皆可用耳，北機之上精，不顯其品族也。桃皮削取白皮四兩，乾者亦可用。此桃皮是其子可食者，生山中者亦好，非山桃也。二物並用古秤，乾桃皮則半之。以清水一斛二斗，於釜中煑之，令一沸，一沸而已，不事於濃也。出，適寒温

〔一〕以上正文見真誥卷九。

〔二〕告仙侯　「仙侯」即指許謐。

〔三〕以上正文見真誥卷九。

〔四〕若履殗穢及諸不潔處　「殗穢」，集韻云：「殗，污觸也。或作殗。」真誥卷九作「淹穢」。「不潔」，真誥作「不靜」。

以浴形，即萬殗消除也。既以除殗，又辟濕痹瘡癢之疾。且竹虛素而內白，桃即却邪而折穢，故用此二物，以消形中之滓濁也。竹質既虛，內又素浄，桃主却穢，二氣相須而成也。禮：君臨臣喪，使巫祝先以桃茢拂除〔一〕。此亦以去其惡氣也。天人下遊既返，未曾不用此水以自蕩也。尋真人降世，其質便不能不染乎穢氣，所用桃竹時，當是諸名山有宮室處，以洗浴也。此語亦或是厲人耳〔二〕，果其如此，神仙亦何甚異於人乎，唯能凌虛不死而已。至於世間符水祝漱，外舍之近術，皆莫比於此方也。世中舊有解殗之法，比此亦猶培塿之與方壺矣。若浴者益佳，但不用此水以沐耳〔三〕。鍊尸之素漿，正宜以浴耳，真奇祕也。沐者，既以浴竟，復宜依常法沐頭，非用此水以沐也。若沐竟，以此水少少洗刷，亦當無嫌。此水一名鍊尸素漿，止供澡浴耳。解殗之事，學者之所意，此之祕方，千金非寶也。

右紫微王夫人所勑用，云出太上九變十化易新經。長史書〔四〕。

服仙藥常向本命，服畢，勿道死喪凶事，犯胎傷神，徒服無益。凡服仙世方藥，皆當如此，唯初神丸及金丹，云東向耳。

〔一〕君臨臣喪使巫祝先以桃茢拂除　出禮記檀弓，原文云：「君臨臣喪，以巫祝桃茢執戈。」

〔二〕此語亦或是厲人耳　「厲」當訓作激勵、勉勵之意。

〔三〕但不用此水以沐耳　洗身曰浴，洗頭曰沐。

〔四〕以上正文見真誥卷九。

右東卿告〔一〕。楊君、長史書兩本〔二〕。

君曰：常以夜半時，去枕平卧，握固放體，氣調而微者，身神具矣。如有不具，便速起燒香，平坐閉目，握固兩膝上，心存體神，使兩目中有白氣如雞子大，在目前，則復故也。五日一行之。按此法是存二十四神之後，今所説唯云存神，而不言其本，當是述彼事耳。目中白氣，即是明鏡之道，但五日一行，止是鏡事，非前具神如此，或當參以爲用也。今既修大經，亦可略此〔三〕。

君曰：式規之法，使人目明，久而徹視。二十四神謂之拂童之道，使徹見二十四神之法〔四〕。常以甲子之旬，經用庚午之日，日中之時。取東流清水合真丹，經用水一斗，真珠二銖，向月建，左行攪之二七過。以洗目，日向清明東旦二七過〔五〕。經云向東二七過洗目。常行之佳。此亦粗説經事耳。已行本法，不復用此。凡經方術數所行所用，多有不驗，事皆如斯，此之疏略，豈與本經相似。今若不見彼法，則應施用此道，所

〔一〕右東卿告　「東卿」據真靈位業圖，其尊號全稱爲司命東嶽上真卿太元真人茅君，又稱大茅君，諱盈，字叔申。

〔二〕楊書長史書兩本　以上正文見真誥卷九。

〔三〕以上正文見真誥卷五。

〔四〕二十四神謂之拂童之道使徹見二十四神之法　據真誥卷五本條小字注釋云：「此事一出二十四神中，彼謂之拂童，而用庚午日中時也。」此即前面提到之二十四神經。

〔五〕日向清明東旦二七過　真誥卷五作「日向清明平旦二七過」。

以白首無成者，皆由茲輩也〔一〕。

君曰：欲爲道，目想日月，目中常見日月之形，亦兼存左目爲日，右目爲月也。耳響師聲，耳中常聞師之音響，亦兼言語聲氣，取類於師也。口恒吐死氣〔二〕，取生氣，隨四時衰王，吐死吸生。假令春，則吐黄而吸青也。體象五星，謂如裴君所存五星在左右前後頭上也〔三〕。行常如蹋空，行步若在雲虚之中，非如履斗乘綱也。心存思長生，坐卧行來，常念神仙。慎笑節語，無事於笑，何須多言。常思其形，常自識其面貌形色也。要道也。此諸道雖無正術可修，而並是向學之源本矣。

右二條云裴君言〔四〕。長史、掾兩書本〔五〕。

右前至此凡三十七事，並朝拜攝養施用起居之道。

每當經危險之路，鬼廟之間，意中諸有疑難之處，心將有微忌，勑所經履者，乃當先返

〔一〕以上正文見真誥卷五。

〔二〕口恒吐死氣　「氣」字原缺，據真誥卷五補。

〔三〕謂如裴君所存五星在左右前後頭上也　「裴君」，即鬱絶真人裴玄仁，雲笈七籤卷一百五有清靈真人裴君傳，又稱裴清靈。傳記提到支子元授裴君思存五星之法，即本處陶注所説。

〔四〕右二條云裴君言　以上「君曰」凡三條，不解何以説是二條，或係「三」誤作「二」。

〔五〕長史掾書兩本　「掾」即許翽，許謐第三子，即許玉斧，因爲曾舉上計掾，所以又稱許掾，或簡稱爲掾。以上正文見真誥卷五。

舌内向，反舌内向柱喉中，臨祝乃伸之。咽液三過。畢，以左手第二、第三指捻兩鼻孔下人中之本〔二〕，鼻中隔孔之内際也，三十六過。即手急按，勿舉指計數也。此急按，於急按中陰數，以一息爲一過之久。鼻中隔孔之際，名曰山源〔三〕，一名鬼井，一名神池，一名邪根，一名魂臺也。此後祝中有此五名，故先顯其目。紫微夫人云：山源是鼻下人中之本側，在鼻下小入谷中也〔三〕。用針針之，亦治卒死。捻畢，因叩齒七通，畢，又進手心以掩鼻，捻畢未去手，仍叩齒。叩齒竟，仍進手掌以掩鼻口，指端至髮際，拜覆明堂上。於是臨目，臨目内存明堂三君，以鈴鏡赤光焕而擲之。又存泥丸赤子帝君，執誦大洞真經以威攝之。乃微祝曰：朱鳥淩天，神威内張。山源四鎮，鬼井逃亡。神池吐氣，邪根伏藏。魂臺四明，瓊房玲琅〔四〕。玉真巍峩，坐鎮明堂。手揮紫霞〔五〕，頭建晨光。執詠洞經，三十九章。中有辟邪龍虎，截嶽斬岡〔六〕。猛獸奔牛，銜刀吞鑲。揭山鑊天，神雀毒龍。六領吐火，啖鬼

〔二〕以左手第二第三指捻兩鼻孔下人中之本　「捻」，真誥卷十作「躡」。下一「捻」字真誥亦作「躡」。

〔二〕名曰山源　此句後真誥卷十多「山源者」三字。

〔三〕山源是……小入谷中也　見真誥卷九「紫微夫人喻曰」云云。

〔四〕瓊房玲琅　真誥卷十作「瓊房零琅」。

〔五〕手揮紫霞　真誥卷十作「手暉紫霞」。

〔六〕截嶽斬岡　真誥卷十作「截嶽斬堽」。

之王。雷猪雷父，製星流横〔一〕。梟磕駁灼，逆風横行。天獸羅陳，皆在我傍。吐火萬丈，以除不祥。羣精啓道，封落山鄉。千神百靈，併首稽顙〔二〕。澤尉捧爐〔三〕，爲我燒香。所在所經，萬神奉迎。畢，又叩齒三通，乃開目，除去左手。於是感激靈根，天狩來衛〔四〕，千精震伏，莫干我氣。此祝中並是神獸靈司之名號，故可震却邪精也。

右出大洞真經高上内章遏邪大祝上法。長史書〔五〕。

北帝殺鬼之法：先叩齒三十六下，乃呪曰：天蓬天蓬，九元殺童。五丁都司，高刀北公〔六〕。七政八靈，太上浩兇。長顱巨獸，手把帝鍾〔七〕。素梟三神，嚴駕夔龍。威劍神王，斬邪滅蹤。紫氣乘天，丹霞赫衝。吞魔食鬼，横身飲風。蒼舌緑齒，四目老翁。天丁力

〔一〕製星流横　真誥卷十作「掣星流横」。

〔二〕併首稽顙　真誥卷十作「併手叩顙」。

〔三〕澤尉捧爐　真誥卷十作「澤尉捧燈」。

〔四〕天狩來衛　真誥卷十作「天獸來衛」。

〔五〕以上正文見真誥卷十。

〔六〕高刀北公　真誥卷十作「高刀北公」。雲笈七籤卷四十五引真誥、登真隱訣作「高刁」，太上洞淵北帝天蓬獲命消災神呪妙經亦作「高刁」。

〔七〕手把帝鍾　真誥卷十作「手把帝鐘」。

士，威南禦兇。天騶激戾，威北銜鋒。三十萬兵，衛我九重。辟尸千里，祛却不祥〔一〕。敢有小鬼，欲來見狀。鑊天大斧〔二〕，斬鬼五形。炎帝裂血，北斗然骨。四明破骸，天猷滅類。神刀一下，萬鬼自潰。畢，四言一啄齒以爲節也。凡三十六句，則三十六啄齒。

若冥夜白日得祝，爲恒祝也。此無正時節，修事有間，及曉夜之際，諸疑暗之處，便可祝之。當微言。鬼有三被此祝者，眼睛盲爛，而身即死。此謂諸殺鬼、邪鬼，及天地間自有惡强鬼輩，聞此而死耳，非人死之魂爽爲鬼者也。如是鬼眼亦是有睛〔三〕，故盲爛則便死矣。此上神祝斬鬼之司名，呪中有酆都中官位，及諸神名字，故鬼聞而怖死也。許某領威南兵千人，即此却凶者也〔四〕。炎帝即亥帝，四明即諸公矣。北帝祕其道，北帝應遣鬼神人而值此祝，使不可復得，故祕其法也。若世人得此世祝能行之〔五〕，便不死之道也。人之死也，皆爲諸鬼神所殺耳。今既不可取，便爲不復死也。男女大小，皆可行之，但患其不知此呪耳。知者密用，則無限於小

〔一〕祛却不祥　真誥卷十作「去却不祥」。

〔二〕鑊天大斧　真誥卷十作「攫天大斧」。

〔三〕如是鬼眼亦是有睛　揆陶注之意，似乎當時傳説鬼有目無睛，因乏文獻佐證，且存疑。

〔四〕許某領威南兵千人即此却凶者也　真誥卷十五云：「許長史父今爲彈方侯。彈方侯有二人，各司南北。許長史（父）爲南彈方侯，劉贊爲司馬。鮑勛爲北彈方侯，韋遵爲司馬。亦各主南北門簿。許領威南兵千人，鮑勛領威北兵千人。」小字注釋云：「北帝呪所謂威南、威北，即謂此兵，當是驍勇者也。」

〔五〕若世人得此世祝能行之　真誥卷十作「若世人得此法，恒能行之」。

大。此語似是令告長史之家也。困病行此立愈〔一〕。鬼既奔走，病豈不除。叩齒當臨目，存見五藏，具五神，自然存也。謂初叩齒三十六時，應臨目内視，存具五藏，以次想之，皆令分明，五藏之神備在於内，然後可得乘正以制邪，御神以誅鬼耳。酆都中祕此祝法，今密及之，不可洩非有道者，其共祕之乎。此雖非高真之至典，而是剪鬼之上術。兇惡既消，則正氣可按，且以誅邪遏試〔二〕，學者之要法也。而諸人多輕其淺小，每致傳世，使神呪隱驗，呵執不行，殊爲可責。

〔一〕困病行此立愈　真誥卷十作「因病行此立愈」。

〔二〕且以誅邪遏試　「遏試」二字稍漫漶，中華道藏作「邊試」，誤，今據道法會元卷一百七十一引陶隱居真人曰：「且以誅邪遏試，學者之要法。」本篇後文亦云：「右前至此凡六事，並誅却精魔，防遏鬼試之道。」乃知「遏試」是防遏鬼試之意。要修科儀戒律鈔卷十四引用此條，板面亦漫漶，但仍依稀可認是「遏」字，因據改。

右楊君、掾書兩本〔二〕。

羅酆山在北方癸地，其上下並有鬼神宮室，山上有六宮，洞中有六宮，亦同名，相像如

〔二〕以上正文見真誥卷十。要修科儀戒律鈔卷十四治祝緣標題下云：「登真隱訣諸行事、存想、祝願並在其中，今略出一兩要急耳。」其後即本條全部正文及陶注。此外，道法會元卷一百七十一「常誦祕旨」條引「陶隱居真人曰」，其內容亦據本段正文及注釋化裁，究竟是登真隱訣佚文還是後人據此敷衍，不能確定，鈔録在此以備參考，云「吾昔在天台山深洞學道之時，每被山神邪鬼所擾，現形露身，互來相撓。累聞此道，未曾施用。依法施行，去室百步外，見血流於地，尸臭盈谷。聞有哭聲，詞理哀切，云：陶弘景奪我居止，傷我性命。自後更不復高聲。若人常持誦，久行此道，如與百神同遊，長生久視矣。若冥夜白日，得祝爲常也。此無正限時節。修事有閑慢，曉夜之際，諸疑暗之處，便可以祝之，皆當微言。鬼有三被此呪者，眼睛盲爛而死。此爲殺諸鬼之言也。天地間自有惡彊鬼輩，聞此而死之，魂爽爲鬼者也。如此，則鬼眼亦是有睛，故盲爛也。神呪皆斬鬼之司名，蓋呪中有酆都宮諸位神名，如許某，領威南之兵千人，即呪之禦兇者也。炎帝即火帝，四明即諸公，北斗即鬼官矣。北帝祕其道。北帝應見鬼殺人而值此呪，便不可復得，故祕其法。若世人常能行之，便不死之道也。人之死皆爲諸鬼所殺矣。既不可取，便不死。男女大小，皆可行之，困病行之立愈。鬼既奔走，病豈不愈也。叩齒，當臨目存見五藏，具五神，自然存在。初先叩齒三十六通，時應臨目內視，存見五藏，想之要分明，五藏神亦備在內，然後可得乘正禦邪，神以誅鬼。酆都中祕此呪，令密受之耳。不可輕泄。若有道者，其宜祕之。雖非高貴祕道，乃是煎鬼上術，兇鬼既削，正炁可接。且以誅邪遏試，學者之要法，而諸人多輕其淺少，每致輕泄漏慢，使神呪無靈驗，訶執不可行，殊爲可責。北帝有禁，慎勿蹈也。」

一〔一〕。第一宮名爲紂絶陰天宮，以次東行，第二宮名爲太殺諒事宗天宮〔二〕，第三宮名爲明晨耐犯武城天宮，第四宮名爲恬照罪氣天宮，第五宮名爲宗靈七非天宮，第六宮名爲敢司連宛屢天宮。此六宮内外同名，第一最在西，次東列並南向，一宮輒周迴千里，悉鬼神之府也。世人有知酆都六天宮門名，則百鬼不敢爲害。前云是宮名，而此及呪並云是門名者，則門取宮以爲名，故同一號耳。鬼輩聞人知此名，則言是天宮之主領者，故不敢犯害。欲卧時，先向北祝之三過，微其音也。亦當少斜向癸地，通作一遍，祝竟，輒六過啄齒，乃重祝，凡三過止也。祝曰：　吾是太上弟子，下統六天。六天之宮，是吾所部。不但所部，乃太上之所主。吾知六天之宮名，是故長生〔三〕。敢有犯者，太上斬汝形。第一宮名紂絶陰天宮，以次東行，第二宮名〔四〕……一遍，百一十九字。從此以次，訖六宮止。即以次呼前所書宮名也。乃啄齒六下，乃卧。三過竟，乃更爲餘事。此便卧者，止是行一法耳〔五〕。

〔一〕洞中有六宮亦同名相像如一　此句真誥卷十五在六天宮名之後。

〔二〕第二宮名爲太殺諒事宗天宮　真誥卷十五作「第二宮名爲泰煞諒事宗天宮」。

〔三〕是故長生　真誥卷十五作「故得長生」。

〔四〕第二宮名　真誥卷十五此句後亦接「從此以次」，故知「宮名」後當爲省略，吉川忠夫、麥谷邦夫編、朱越利譯之真誥校注即如此標點，甚是。中華道藏疑「名」字後有脱漏，或非。下句「百一十九字」者，謂從「吾是太上弟子」至「第六宮名爲敢司連宛屢天宮」，凡一百一十九字。

〔五〕以上正文見真誥卷十五。

辟諸鬼邪之氣，夕中先祝石笥文，乃讀此項梁城作酆宮頌曰：「紂絶標帝晨，諒事構重阿。炎如霄中烟，勃若景曜華。武陽帶神鋒，恬照呑清河。閶闔臨丹井，雲門鬱嵯峨。七非通奇蓋，連宛亦敷魔。六天横北道，此是鬼神家。」其頌有二萬言，今略道六天之宫名，鈔出之耳。夜中亦可微讀之，亦云辟鬼〔一〕。此既有宫門之名，故鬼亦畏之。按前第三宫名武城，今頌云武陽者，此或當兩名，及别有義耳，似非誤也。

右二條中君告。楊君、掾兩書本〔二〕。

夜行常當啄齒，啄齒亦無正限數也。殺鬼、邪鬼常畏啄齒聲，是故不犯人者也。殺鬼則酆都太上所使取人者也，邪鬼則天地間精物魍魎害人者也。若兼之以漱液呪説，益佳〔三〕。仙方云：常呑液叩齒，使人返少〔四〕。叩齒即無外鬼之侵，而内神常守。呑液則和氣常充，肌髓調潤。故無病而不老矣〔五〕。

〔一〕亦云辟鬼　真誥卷十五作「亦云辟鬼邪」。

〔二〕以上正文見真誥卷十五。

〔三〕殺鬼則酆都太上所使……益佳　以上文字不見於真誥，疑是陶注混入正文者。

〔四〕常呑液叩齒使人返少　此見真誥卷十五小字注釋引仙方。

〔五〕叩齒即無外鬼之侵……無病而不老矣　以上文字不見於真誥，疑是陶注小字。

右中君告。楊君、掾兩書本〔一〕。

世有下土惡强之鬼，多作婦女以惑試人。世間老精强鬼，善有斯變，非唯婦女，亦隨人所好而化。從之，皆使迷而不分。始學者心未貞正，時懷邪念，多招斯事，故令却之。若有此者，便閉氣，思天關之中衡輔之星，星斗之象，璇、衡、輔、弼皆在守寸中，杓指前。具身神〔二〕，存守寸、明堂三宫及五藏中二十四神等也。正顔色，定志意，熟視其規中珠子，珠子濁不明者〔三〕，則鬼試也。要當作方便近邊，仍看其眼中，童子若暗者，知非是仙，則邪鬼耳。亦可試以明鏡照之也。知鬼試，則思七星在面前，亦可在頭上，以去之〔四〕。仍思向守寸中七星出覆頭上，杓指前，擊之。亦可心讀天目、天蓬諸呪。規中方而明者，仙道人也。雖不方正而眼浄明者，亦是異人，火日照之而無形，益爲驗也。悟者便拜之，不悟者爲試不過。若遇邪而謂之真人，亦是不過之例，子慎之焉。此二事最爲難辯，吾第二卷遵戒序中，論之備詳矣。

〔一〕以上正文有一部分見於真誥卷十五。

〔二〕具身神　此三字原在陶注中，今據真誥卷五「具身神」爲大字正文，且本條此句以後陶注「存守寸」云云，確似注釋「具身神」者，因予恢復。

〔三〕珠子濁不明者　真誥卷五無「珠子」兩字。

〔四〕以去之　真誥卷五作「以却之」。

右裴君告。長史、掾兩書本〔一〕。

右前至此凡六事，並誅却精魔，防遏鬼試之道。

明堂内經開心辟妄符，王君撰用。符在第六卷符圖訣中〔二〕。此即是入心一寸明堂之法，又應別有大經，今鈔辟妄之事。王君，上宰總真也。開日旦，向王，朱書，再拜服之。平旦，隨月建，朱書白紙上，畢，左手執拜，拜畢，乃祝，祝畢乃服之。呪曰：五神開心，徹聽絶音。三魂攝精，盡守丹心。使我勿妄〔三〕，五藏遠尋。拜畢祝，祝畢乃服。服畢，咽液五過，叩齒五通，勿令人見。若不用開日，以月旦、月十五日、二十七日，一月三服，一年便驗。祕符也。謂不必知開日者，當以此三日耳。今自可兼用之，月五過，或六過也。

右長史、掾兩書本〔四〕。

東華真人服日月之象上法。此則東華宮中男女以成真者，猶服之也。故日芒之法，青君尚存。男服日

〔一〕以上正文見真誥卷五。

〔二〕符在第六卷符圖訣中　開心辟妄符尚見於真誥卷九。

〔三〕使我勿妄　真誥卷九小字注釋：「兩妄字謂皆應作忘。」按，前一「妄」指標題開心辟妄符之「妄」字。

〔四〕以上正文見真誥卷九。

象，女服月象，日一勿廢〔一〕，使人聰明朗徹，五藏生華，魂魄制鍊，六府安和，長生不死之道。當常以平旦東向，朱書日象於青紙上，左手執，存爲日形，如彈丸，赤色紫芒，乃服之，吞令入心，光明照徹。畢，可叩齒九通，咽液九過。女服月象，黄書青紙，右手執，亦東向服，存入心。，此兩字是摹真本朱書。

右書日月象法，亦可圓書日也〔二〕。今既有方圓，又有日字不改，乃應依此。而紫文太玄符中有日字，乃圓作〔三〕。既呼爲日月象，便宜象於日月字，且古書日月字，亦並似其形。故八體書勢謂之象形也〔四〕。今若服圓者，則字亦應如此。皆别有立成法，在符圖訣中。

右楊君書〔五〕。

太虛真人南嶽赤君内法曰：以月五日夜半，存日象在心中，日從口入也。使照一心之内，與日共光相合會也。此坐卧任意，先存日赤色紫光九芒，忽來入口，徑住心中，表裏洞光如一也。畢，當

〔一〕日一勿廢　真誥卷九作「日一不廢」。

〔二〕右書日月象法亦可圓書日也　上清握中訣卷中服日月象法提到：「日月摹别服真形，在隱訣中。」應即指本條注釋所繪日月字樣。

〔三〕乃圓作　「作」字後疑脱一手寫之「日」字。

〔四〕故八體書勢謂之象形也　衛恒有四體書勢，此稱八體，未知是一書否。

〔五〕以上正文見真誥卷九。

覺心暖，霞暉映驗。初行止存令心暖，久久乃實覺其熱，精心想之，易爲感效也。良久，乃祝曰：太明育精〔一〕，内鍊丹心。光輝合映，神真來尋。畢，咽液九過。到十五日、二十五日、二十九日，復作如上法。此三日皆奇，亦日數之所會也。後云行之務欲數，不必數日者，則日日夜半常爲之也。使人開明聰察，百關解徹〔二〕，面有玉光，體有金澤。行之十五年，太一遣保車來迎〔三〕，上登太霄。又一真本云：行之五年，太一遣玉保公下迎。尋彼當是脱車字耳。此直云保車者，猶是玉保公車也。行之務欲數，不必此數日作。

右一條云出太上消摩經中。此本出消摩智慧經中，赤君所鈔用，故乃謂爲内法。長史書兩本〔四〕。

東華宫有服日月芒法，已成真人猶故服此。直存心中有日象，大如錢，在心中，赤色。云直存者，今不知所由來，不從天下入口也，唯見心中有日形。雖大如錢，而不扁扁，猶如彈丸，徑九分，正赤色。又存

〔一〕太明育精　真誥卷九作「大明育精」。
〔二〕百關解徹　真誥卷九作「百關鮮徹」。
〔三〕太一遣保車來迎　真誥卷九作「太一遣寳車來迎」。
〔四〕以上正文見真誥卷九。

日有九芒，向云赤色耳，不道是芒。按後云月芒白，則日芒應紫色也。從心上出喉至齒〔一〕，此上存九色紫芒，悉上口中，鋒頭向齒而不出，于時亦閉口合齒也，唯是芒出耳，非日形俱上，所謂服日芒者矣。而迴還胃中，芒出時，猶存日在心上，鋒芒至於齒根下，尚綴日延亘喉胷之中，暉赫口齒之内，良久，芒鋒乃屈卷向後，從喉更下入胃。胃去心遠近，與喉一等，芒亦不加伸縮也。良久〔二〕，臨目存自見心胃中分明〔三〕，日故在心，而芒居胃内，使光明流布，洞徹藏府，如此腹内亦應小熱。乃吐氣，漱液，服液三十九過止。云吐氣者，向初存時，既閉口合齒，又當閉氣，須存想竟，乃通氣開齒，漱滿口中津液，乃服咽之。存液亦作紫色。一日三爲之。此當以平旦東向，日中南向，晡時西向，並平坐臨目，閉氣乃存。

行之一年，疾病除。五年，身有光彩。十八年，必得道。行日中無影，辟百邪千惡災氣〔四〕。若服日月之形，例不至十八年，此既是芒，所以小緩。日月常在身中，與形合照，故能無影，萬神映朗，豈邪惡之敢干乎。常存日在心，存月在泥丸中。此又云常存者，明非服時不出於口故也。夜服月華，如服日法。存日月並不須見其真形，但止室中。月既用夜，亦可卧存之。又應三過，以戌、子、丑時也。向云常在泥丸，當是上

〔一〕從心上出喉至齒　真誥卷九作「從心中上出喉，至齒間」。

〔二〕良久　真誥卷九作「如此良久」。

〔三〕臨目存自見心胃中分明　真誥卷九無「自」字，「存」字加圈，小字注釋云：「此字傀，非真。」

〔四〕辟百邪千惡災氣　真誥卷九作「辟百鬼千惡災氣」。

丹田之泥丸宮也，玄丹亦名泥丸。又玄真存月在明堂宮，此皆别用耳。今日既在於心，居真人之府，則月亦應在赤子之房，於事相符，故令存在上丹田也。存月十芒，白色，月色但黄，此白色，正是道月。有十芒，芒白色耳。又明月形之不下口也，存月徑一寸。從腦中下入喉，頭中九宫，通居腦内耳。今月既在泥丸，故可得呼爲腦，且又欲明不出於外而下也。又九宫唯泥丸宫下有穴通喉耳，當存十芒從泥丸直下，所通鼻内孔中，各使五芒出於一孔而入喉中，鋒亦向齒。芒亦不出齒而迴入胃〔一〕。此時亦閉口齒如前，其芒令停口中，使光明充滿，乃回向後而下入胃，因吐氣漱咽白液，亦三十九過，畢，覺腦中相連之芒，欻然消盡。

右南極夫人所告〔二〕，云此方諸真人法，出大智慧經上中篇，常能行之，保見太平〔三〕。

西城王君曰：行此日在心，月在泥丸之道，謂省易可得旨行〔四〕，無中廢絶者也。言此無祝説，又不須見日月，存思法亦不難，於人間而不患多方也。除身三尸百疾千惡，鍊魂制魄之道也。日

〔一〕芒亦不出齒而迴入胃　真誥卷九作「芒亦不出齒間而迴入胃」。

〔二〕右南極夫人所告　「南極夫人」據真靈位業圖，其尊號爲後聖上保南極元君紫元夫人。

〔三〕以上正文見真誥卷九。

〔四〕謂省易可得旨行　此句不易點斷，真誥校注以「行」字屬下句，按「旨行」或是依經旨行持之意，故依中華道藏將「行」字屬上句。

月常照形中，則鬼無藏形。形常爲日月所栖，則邪鬼無所隱伏，故能不疾。青君今故行之，吾即其人也。此智慧經事，非止是方諸法，故總真亦復用之。行此道，亦不妨行寶書所服日月法也，兼行益善也。寶書日月，謂五老寶經，即紫文三魂之法。此既内外之異，故可兼行。今平旦及夕，當先於室中存服芒，至日月出時，乃行精霞之法也。今以告子，告楊君也。脱可密示有心者耳。令示長史、掾。仙人一日一夕行千事，初不覺勞，明勤道之至，生不可失矣。既已稱仙，其體理自堪勞，此謂當仙之人耳。凡始學既未甚貞强，其質自易爲劬倦，久久習之，乃可閑便。不得初決努力〔一〕，而後稍致怠替。每從少起，漸試進之，當令一法有常，不可苟貪多尚高也。夫修道乃不患多，但使得其次序，不至亂雜耳。所謂非冥冥之無貫，行冥貫之無序矣。萬劫結緣，今有此生，此生一失，復應萬劫，何可不勇猛精勤，使於此遂常生乎。

右楊書〔二〕。

童初監范某云〔三〕，所服三氣之法。存青氣、白氣、赤氣各如綫，從東方日下來，直入口中，常以日旦向日，若陰雨亦存對之，坐立任意，臨目，存此三色氣併列，青在左，以次狀如懸芒，合來入口，使三氣之彼

〔一〕不得初決努力　原本「努力」作「弩力」，據文意改，中華道藏亦作「努力」。

〔二〕以上正文見真誥卷九。

〔三〕童初監范某云　真誥卷十三云：「范幼沖，遼西人也，受胎化易形，今來在此，恒服三氣。」又云：「范監者即其人也。昔得爲童初監，今在華陽中。」

根猶綴在日中。挹之九十過，自飽便止。一吸一咽爲一挹也。咽氣入喉，使分流諸藏府内，至數欲訖，漸漸歇盡而止。爲之十年，身中自有三氣〔一〕。謂身中常有三色之氣出於頭上也。此高元君太素内景法，即上清太素三元君之一小法也。旦旦爲之，臨目施行，視日益佳。其法鮮而其事驗，許侯可爲之。按此是太素之法，又令仙侯爲之，則亦不爲下。而范氏受用止得監者，當其所修諸道不多，唯得一法故耳。今令許用此，蓋以相扶助，非爲專定業也。

右中君言。楊書〔二〕。

含真臺女真張微子所受東華玉妃某服霧法〔三〕：常以平旦，於寢静之中，即就所卧之室也。坐卧任己，先閉目内視，髣髴如見五藏，當以此存五藏，形色分明如法。畢，口呼出氣二十四過，臨目爲之，此因呼出五藏五色氣，使五氣俱一時出，凡二十四過。向閉目存五藏，五藏具，畢，乃小開，臨目而呼出氣。使目見五色之氣相纏繞，在面上鬱然，前直云呼出氣，而此云五色，五色非應他來，猶是向五藏五色耳。使五氣紛錯相糺，共相冠頭面之上也。咽入口内此五色氣五十過，向五色凝鬱面上，良久乃更内之，當併吸使入口而咽之也。覺引天地間五色氣，又同與面上者相交合，俱還藏中。凡五氣出内，皆各隨其色還本藏主。十咽，

〔一〕身中自有三氣　真誥卷十、卷十三此句後皆有「遂得神仙」四字。

〔二〕以上正文見真誥卷十及卷十三。

〔三〕含真臺女真張微子所受東華玉妃某服霧法　據真誥卷十，東華玉妃名諱爲淳文期。

從肺、心、肝、腎、脾爲次也。畢，咽液六十過，正應空咽液耳。乃微祝曰：太霞發暉，靈霧四邇。結氣宛屈，五色洞天。神煙含啓，金石華真。藹鬱紫空，鍊形保全。出景藏幽，五靈化分。合明扇虛，時乘六雲。保攝我身〔一〕，上昇九天。畢，又叩齒七通，咽液七過，乃開目，事訖。前云服霧之法，其序云：霧者是山澤水火之華精，金石之盈氣。而今存服，猶是我五藏中之氣者，何也？謂向呼出二十四氣，使與外霧相交，兩煙合體，然後服之，故頓服五十過，則是服霧氣得二十六通矣。此道神妙，神州玄都多有得此術者，爾可行此耶。亦告楊君也。久久行之，常乘雲霧而遊也。又云：久服之，則能散形入空，與雲氣合體〔二〕。

右中君告。楊書〔三〕。

杜廣平所受介琰玄白之術〔四〕，一名胎精中景玄白內法：常旦旦坐臥任意，存泥丸中

〔一〕保攝我身　真誥卷十作「和攝我身」。

〔二〕又云久服之……與雲氣合體　此數句不見於真誥。

〔三〕以上正文見於真誥卷十。

〔四〕杜廣平所受介琰玄白之術　真誥卷十三云：「杜契者，字廣平，京兆杜陵人。建安之初，來渡江東，依孫策入會稽，嘗從之。後爲孫權作立信校尉。黃武二年，漸學道，遇介琰先生，授之以玄白術。」介琰先生，據真靈位業圖，居第六右位地仙散位，爲白羊弟子。

有黑氣，存心中有白氣，存臍中有黃氣，此三處猶謂三宮中也，亦是三一之別道，但氣色爲異耳。三氣俱生如雲，以覆身，各從其初處出，如小豆，乃漸大，以覆冠一身耳。因變成火，火又繞身，內雖變作火，外猶有三氣也。身通洞徹，內外如一〔一〕。火與氣俱燒鍊身，表裏照徹也。旦行，至向中乃止〔二〕。諸修行之中，唯法爲久〔三〕。存思氣火，便宜安詳，漸漸變化，及鍊身之後，彌使良久，狀如眠寐，不復覺有四體乃佳。於是服氣一百二十，都畢。亦存服向之三色之氣各四十過也。道正如此〔四〕，使人長生不死，辟却萬害。所謂知白守黑，欲死不得；知黑守白，萬邪消却。白黑即向三色之氣，所謂玄白也。此語亦引五千文中之辭也。尤禁六畜肉，五辛之味。當別寢處靜思，尤忌房室，房室即死。此道與守一相似，但爲徑要以減之耳。謂徑要省略，故爲減耳。忌房室甚於守一，守一之忌在於節之耳〔五〕。守一既許有兒，故不爲都斷也。初存氣出如小豆，漸大衝天，三氣纏咽繞身，共同成一混〔六〕。忽生火在三

〔一〕內外如一　真誥卷十同，卷十三作「內外如此」。

〔二〕至向中乃止　真誥卷十同，卷十三作「至日向中乃止」，似以後者爲是。

〔三〕唯法爲久　疑應作「唯此法爲久」。

〔四〕道正如此　真誥卷十同，卷十三作「道止如此」。

〔五〕此道與守一相似……守一之忌在於節之耳　真誥卷十無此段，卷十三則有。

〔六〕共同成一混　真誥卷十同，卷十三作「共同成一混沌」，似以「混沌」爲是。

煙之內，又合景以錬一身。一身之裏，五藏照徹。此亦要道也。前法小略，故復重說。存思之事，當令如此。此不死之學，未及於仙道也。自可兼行，以除萬邪，却千害，行之三十年，遁形隱身〔一〕，日行五百里〔二〕。此道甚下，修之至久，若修行餘事，便不得用也。才淺分少者，宜令守此耳，非高學之所務矣。若欲守玄白者，當與其經，經亦少許耳。如此玄白，復別有正經，亦應有祝，此蓋其鈔略，猶如玄真事耳。此道猶是太清家舊法，小君今言，似令告寅獸也。

右保命告。掾書〔三〕。

君曰：欲得延年，當洗面精心。日出二丈，服日後乃可爲之。面向日〔四〕，口吐死氣，鼻吸日精，須鼻得噓便止，是爲氣通。口常吐四時死濁之氣，鼻吸引丹霞之精，須臾自噓乃止。此亦頗類上法，但無祝說耳。以補精復胎，長生之方也〔五〕。

君曰：欲使心正，常當以日出三丈，取噓竟，仍復爲之。錯手著兩肩上，左手在上，不可誤也。

〔一〕遁形隱身　真誥卷十三作「匿身隱形」。
〔二〕此不死之學……日行五百里　真誥卷十無此段，卷十三則有。
〔三〕以上正文見真誥卷十三，卷十亦存其大半。
〔四〕面向日　真誥卷五作「正面向之」。
〔五〕以上正文見真誥卷五。

以日當心。此當正心以對日，存日亦正對於心也。心中覺暖，則心正矣。亦存日之精暉來入心，故覺其微暖也。常能行之，佳〔一〕。其説有人心不正者，亟爲邪事所動，所以真人令向日覲之，既見有偏，故授此法。大體與日光入心理同，今無論正與不正，常行此，自爲佳術也。

右二條裴君授。長史、掾兩書本。

右前至此凡九事，並服御吐納、存注煙霞之道也。

右衆真喉訣三條，凡五十二事。

〔一〕以上正文見真誥卷五。

登真隱訣卷下

誦黃庭經法〔一〕

拜祝法。三九素語玉精真訣曰：中品目有三九素語，魏傳目有玉精真訣三九素語〔二〕，即應是此經也，但未行世。世中有僞者，無此訣也。誦東華玉篇黃庭内景經〔三〕，云十讀四拜。本經此中云朝太上，今略去三字，而後顯北向禮祝太上，不當昧前旨耶。先謁太帝〔四〕，後北向，經序無旨訣也。謂言黃庭前序不説朝謁之法。按此經中十四字已足明其事〔五〕，何假復須發序。消摩云：諷及於此，上朝四方。亦復應須別訣耳。今黃

〔一〕本節包括「拜祝法」及「存神別法」兩段。陶弘景認爲這兩部分皆屬僞經，故在注釋中對正文逐字逐句予以批駁。

〔二〕魏傳目有玉精真訣三九素語　「魏傳」指南嶽夫人内傳。

〔三〕誦東華玉篇黃庭内景經　雲笈七籤卷十一云：「黃庭内景者，一名太上琴心文、一名大帝金書、一名東華玉篇。」

〔四〕先謁太帝　據後文陶注，「太帝」指扶桑太帝君。

〔五〕按此經中十四字已足明其事　當指黃庭内景經開篇「上清紫霞虚皇前，太上大道玉晨君」十四字。

庭之訣，乃出素語高下之品，殊似不類矣。太帝東，應朝禮。太帝，紫晨君也。按入道望雲，令東南望扶桑太帝三素飛雲〔一〕。又方諸在會稽東南，其東北則有湯谷。又云八渟山在滄浪之東北〔二〕，蓬萊之東南。八渟山即太帝所治處也。又清虛王君東行，渡啓明滄浪，登廣桑山，入始暉庭，謁太帝君。如此則扶桑在湯谷東南，於金陵正東，亦小南看矣。且玉籙太帝無紫晨之號，今此所云，皆以相乖矣。若必用之，故宜正東向也。所以讀經正東向，而仍云先謁太帝者，明在東矣。迴北禮祝太上矣。上清在北，故經言後北向也。先行其輕，乃造其重也。十讀既竟，起向太帝再拜。拜畢長跪，瞑目祝曰：小兆某甲謹讀金書玉經，東華謂之玉篇，今啓太帝而云玉經，將不濫耶。十轉既周，乞登龍軿。經序本云萬遍方得徹視五藏而已，今始得十轉，便乞登龍軿，如違旨。此法不如餘祝，發始便得濫希神仙，及有遍數之闕也。天神下降，役使六丁。七祖飛昇，我登上清。按黄庭是調和五藏，制練魂魄，本非昇化七祖之法。又内黄庭止是不死而已〔三〕，何上清之可騰乎。且臣而稱我，亦乖謙請之禮。飛步祝以名與我相雜者，此是祝星時，以我對彼惡人耳，非如今親對太帝而自稱也。畢，開目咽液十過，叩齒九通。若

〔一〕今東南望扶桑大帝三素飛雲　「扶桑」原作「搏桑」，前引黄庭内景經注云：「扶桑大帝君宫中盡誦此經。」因改作「扶桑」，中華道藏亦改作「扶桑」。本篇另兩處「搏桑」徑改「扶桑」，不復注。

〔二〕又云八渟山在滄浪之東北　「八渟山」之名見真誥卷十四：「八渟山高五千里，周帀七千里，與滄浪方山相連比。」原誤作「入渟山」，因據改。後二「入渟山」同，不另注。

〔三〕又内黄庭止是不死而已　「内黄庭」指黄庭内景經。

以十咽爲十遍，則叩齒亦宜同。今九過之義，義無所取。

次北向再拜，長跪祝曰：上皇太真，使我昇虛。上皇太真，非玉晨之目。使我昇虛，事同前譏。太帝稱臣，而太上更不可。真法朝祝，皆止姓名，無臣我之例。清齋澡鍊，誦詠金書。太上謂之琴心黄庭〔一〕，而乃説扶桑之目，何期兩祝皆乖耶〔二〕。七玄披散，上朝帝廬。誦大洞萬過，七祖方得九宫之仙。今詠黄庭十遍，而便乞朝宴帝廬，不亦過乎。延年長存，刻名籙書。前乞昇虛，後乞延年，則初得高真，末還地仙耶。畢，臨目，叩齒九通，咽液十過。前篇閉目，後章臨目，叩咽之法，又前後倒用。兩法非異，而俯仰不同。統體而論，皆違真例。恐是後學淺才率意立此，不能詮簡事義，故多致違舛，相承崇異，莫能證辯。今始學之子，若欲按此，亦不爲所妨，要非吾心之所了。若必目覩真書，所不論耳。都畢後，還常所轉經也。

〔一〕太上謂之琴心黄庭　黄庭經一名太上琴心文，故陶注云云。

〔二〕太上謂之琴心黄庭……何期兩祝皆乖耶　此段陶注批評正文祝辭「上皇太真，使我昇虛」、「清齋澡鍊，誦詠金書」。意謂第一句祝辭所稱爲太上玉晨大道君，既然如此，第二句祝辭當呼黄庭爲琴心文，這是太上宫中之專名，而不宜呼作金書，金書是黄庭在扶桑大帝君宫中之專名。兩句祝文，先一句誤太上玉晨大道君尊號，第二句誤稱扶桑大帝君宫中之書名，因此陶弘景説「兩祝皆乖」。

存神別法〔一〕。清虛真人曰〔二〕：凡修黄庭内經，應依帝君填神混化玄真之道〔三〕。按裴君學道，及有所受説，都不關黄庭家事〔四〕。此云帝君填神混化玄真，是今世中僞經竊用紫度炎光卷中法。其神形長短祝説皆同，乃又因僞以立僞，愆妄之甚者也。今所以猶載於此卷者，恐後學尚之子，脱於餘處所得，不料真僞，言是要訣，謹事存修，則爲薰蕕相混，有致真之失。故顯示其非，令有以悟耳。讀竟，禮祝，畢，正坐東向，臨目，内存身神形色長短大小，呼其名字，還填本宮。不修此法，雖誦萬遍，真神不守，終無感效，亦

〔一〕存神別法　本段内容亦見於黄庭遁甲緣身經卷末之誦黄庭經訣，及雲笈七籤卷十二推誦黄庭内景經法之後半。

〔二〕清虛真人曰　「清虛真人」疑是「清靈真人」之訛。清虛真人爲王褒字子登，清靈真人裴君字玄仁。真誥卷九記清靈真人言：「山世遠受孟先生法，暮卧，先讀黄庭内景經一過乃眠。」且登真隱訣本條陶注也稱「裴君」云云，故知正文應爲（裴）清靈而非（王）清虛也。

〔三〕應依帝君填神混化玄真之道　據道藏上清迴神飛霄登空招五星上法經之鎮神養生内思飛仙上法，其首句爲：「太微天帝君鎮神内思解胞散結固魂凝魄混化玄真之道。」故楊立華著黄庭内景經重考，認爲本文「填神」爲「鎮神」之訛。但雲笈七籤卷十二所附「推誦黄庭内景經法」，引有「清虛真人」云云，與登真隱訣一樣，作「清虛」而非「清靈」，作「填神」而非「鎮神」。黄庭遁甲緣身經則作「清靈真人」，但文中「填神」改爲「寶神」。其後「還填本宮」句，各本都作「填」字。因登真隱訣對所謂存神別法顯然持批評態度，故黄庭遁甲緣身經及雲笈七籤之推誦黄庭内景經法應該不是直接鈔自登真隱訣，而是别有所本。今三本訛誤基本相同，則錯繆之開始實在陶著登真隱訣之前，故正文保持「清虛」、「填神」字樣，未予更正。

〔四〕都不關黄庭家事　「不關」原作「不闕」，據文意改。

損氣疲神，無益於年命也〔一〕。今故抄經中要節相示。黄庭之序已備載誦讀之法，若此二事不知修者，便無感效，則兼應説之。乃更論怖畏疾病及遇穢之法，而了不及此。神王、王君寧當不欲分明指的垂告耶。經如此事理不盡，便都無可修者矣〔二〕。平坐臨目，叩齒三十六通，乃存神〔三〕。既非制邪大祝，乃復四九叩齒存神，如此經例所無也。髮神蒼華字太元，形長二寸一分；腦神精根字泥丸，形長一寸二分〔四〕；眼神明上字英玄，形長三寸；鼻神玉壟字靈堅，形長二寸五分；耳神空閑字幽田，形長三

〔一〕無益於年命也　雲笈七籤本作「無益於延命也」。

〔二〕黄庭之序已備載讀誦之法……便都無可修者矣　此段陶注旨在批評本經存神别法，意謂誦讀之法已見於黄庭經序中，不必再有别法；且經序還記有遭遇疾病、恐怖、污穢時誦讀之法，獨不及此，是爲可疑。按，今雲笈七籤卷十一、十二之上清黄庭内景經其經序部分頗符陶弘景所説。陶注説：「神王、王君寧當不欲分明指的垂告耶。」經序首句云：「扶桑大帝君命暘谷神王傳魏夫人。」注釋説：「暘谷神王當是大帝之臣，授此經之時，與青童君俱來。」陶説「神王」，當即指此暘谷神王。至於陶説「王君」，則指清虚真人王子登。據太平御覽卷六百七十八之南嶽夫人内傳，黄庭内景經由景林真傳授魏夫人，清虚真人王君告曰：「子今可誦黄庭内經。」陶注「神王」、「王君」云云，乃是參合黄庭經注和魏夫人傳而成。

〔三〕平坐臨目叩齒三十六通乃存神　雲笈七籤無此句，黄庭遁甲緣身經此句前還有一段論議及拜跪祝辭。

〔四〕形長一寸二分　雲笈七籤及黄庭遁甲緣身經皆作「一寸一分」。

寸一分；舌神通命字正倫〔一〕，形長七寸〔二〕；齒神峯𡪞字羅千〔三〕，形長一寸五分。已上面部七神，同衣紫衣飛羅裙，並嬰兒之形。存之審正，羅列一面，各填其宮。按經七名，兩眼兩耳，其實有九，不如八景，各隨其目所處也。故經云〔四〕：泥丸九真皆有房，方圓一寸處此中，同服紫衣飛羅裳。此即是前九神也。若以此語，是九宮之九真，則紫衣羅裳，不當謬耶。有意識人，但就此相求，自得天下真僞之病矣。又云：非各別住俱腦中。而此云羅列一面，又復爲乘其髮腦眼鼻舌五神長短，皆竊用上景中法。其耳齒二神，彼既無之，乃虛立寸數，本解斯人，那敢如此也。畢，便叩齒二十四通〔五〕，咽氣十二過，此數又乖七神之理。祝曰：靈元散氣〔六〕，結氣成神。分別前後，總統泥丸〔七〕。上下相扶，七神敷陳。流形遯變，愛養華

〔一〕舌神通命字正倫　雲笈七籤作「正綸」。
〔二〕形長七寸　黄庭遁甲緣身經作「三寸六分」。
〔三〕齒神峯𡪞字羅千　雲笈七籤及黄庭遁甲緣身經皆作「齒神崿峰字羅千」。
〔四〕故經云　以下三句見黄庭内景經至道章第七。
〔五〕便叩齒二十四通　「二十」後原有「通」字，據文意删。
〔六〕靈元散氣　雲笈七籤作「靈源散氣」，黄庭遁甲緣身經作「七源散氣」。
〔七〕總統泥丸　黄庭遁甲緣身經作「總繞泥丸」。

源〔一〕。導引八靈〔二〕，上衝洞門。衛軀躡景，上昇帝晨。此祝亦取類八景，且八景之神，乃上清中景之法，今乃欲導之，以下御高耶。次思心神丹元字守靈，形長九寸，丹錦飛裙；肺神皓華字虛成，形長八寸，素錦衣裳黄帶〔三〕；肝神龍烟字含明，形長七寸〔四〕，青錦帔裳；腎神玄冥字育嬰，形長三寸六分，蒼錦衣；脾神常在字魂庭，形長七寸三分，黄錦衣；膽神龍曜字威明，形長三寸六分，九色錦衣緑華裙。此諸衣服悉純取本經之名，諸神長短亦中景家法，但輒減膽一分，肝一寸，當是欲示其不同。六府真神，處五藏之内，六府之宮，按此是列五藏之神，六府止有膽耳。何謂六府真神，乃言處五藏内耶。經所言六府，自總舉六府之稱，本無其神宮之目。且經又云：皆在心内運天經〔五〕。則不得各在五藏之内，六府之宮。又經後文重明六處，或神或童，凡有三上三中，各顯服色佩帶，非盡此五藏之神也。形如嬰兒，色如華童，存之審正，羅列一形。羅列一形，彌乖乎俱在心内者矣。叩齒二十四通，咽氣十二過，祝

〔一〕愛養華源　雲笈七籤作「愛養華元」，黄庭遁甲緣身經作「受養華元」。

〔二〕導引八靈　雲笈七籤作「道引八靈」。

〔三〕素錦衣裳黄帶　雲笈七籤無「裳」字，黄庭遁甲緣身經作「素衣裳帶」。

〔四〕形長七寸　雲笈七籤作「六寸」，黄庭遁甲緣身經作「六寸二分」。

〔五〕皆在心内運天經　見黄庭内景經心神章第八。

曰：五藏六府，真神同歸。總御絳宮，上下相隨。金房赤子，對處四扉〔一〕。幽房玄闕，神堂紐機〔二〕。混化生神，真氣精微。保結丹田，與日齊暉。得與八景，合形昇飛。按二十四神，則五藏六府各育有神。今此則藏府相併，謂之同歸，於事爲乖。且明堂三老，經皆是顯事，中部最爲黄庭之主，而今都不存祝，何謂可用存思登虚空耶。

紫微曰〔三〕：昔孟光誦黄庭，修此道十八年〔四〕，黄庭真人降之。尋諸仙人男女，無有孟光者，唯梁鴻取妻，號之爲孟光耳。萬遍既畢，黄華玉女當告子情〔五〕，此黄庭真人，爲是何神。若下一元王，寧獨降見，而輕立此説。不言今日，觸綱將來，諸子以爲戒。此妙極也〔六〕。黄庭祕訣盡於此。形中之神耳，亦

〔一〕對處四扉　黄庭遁甲緣身經止於此。

〔二〕神堂紐機　雲笈七籤作「神室紐機」。

〔三〕紫微曰　雲笈七籤作「紫微真人曰」。

〔四〕昔孟光誦黄庭修此道十八年　雲笈七籤作「昔孟先生誦黄庭，修此道八年」。

〔五〕萬遍既畢黄華玉女當告子情　雲笈七籤無此句。

〔六〕此妙極也　據雲笈七籤，「黄庭祕訣盡於此」句前，尚有「此妙之極也」五字，故疑「此妙極也」爲大字正文，誤刻作小字陶注者，今恢復爲大字。

可從朝至暮，常思念勿忘，不必待誦經時也〔一〕。爾其祕之〔二〕。右此禮祝、存神兩法，皆想傳出〔三〕，自東晉間並無其書，假云要祕。觀其辭事乖淺，必應是夸競之徒，傍擬僞經，構造此訣。聊各書録，以旌真僞。併而論之，前篇禮祝，猶爲小勝。此存神之文，牽引冗雜，庸陋已甚，疑誤後學，其弊不淺。若以吾所據爲非，想諸君可覓真本見示，若必其有者，則吾緘口結舌，終身不復敢言學道也。

〔一〕此形中之神耳……不必待誦經時也　此數句雲笈七籤作：「形中之神，亦可從朝至暮，恒念勿忘，不必待誦黄庭經矣。」

〔二〕爾其祕之　雲笈七籤無此句。

〔三〕皆想傳出　文意難通，疑當作「皆相傳出」。

入静

正一真人三天法師張諱告南嶽夫人口訣〔一〕。天師於陽洛教授此訣也〔二〕。按夫人于時已就研詠洞經，備行衆妙，而方便宣告太清之小術，民間之雜事者，云以夫人在世嘗爲祭酒故也。然昔雖爲祭酒，於今非復所用，何趣説之。此既是天師所掌任，夫人又下教之限，故使演出示世，以訓正一之官。且輕位不得教高真。是以顯嘗爲祭酒之目〔三〕，明其有相關處耳。真人之旨，一句一字皆有深意在其間焉。精而辯之，乃知其理。徒抱負拜誦，而不能悟尋所

〔一〕正一真人三天法師張諱告南嶽夫人口訣　「正一真人三天法師張諱」即天師道祖師張道陵，出於尊重，不直指名字，而用「諱」代替。南嶽夫人魏華存，注釋見前。據本條陶注及太平廣記卷五十八之南嶽夫人内傳，皆説魏夫人生前爲天師道女祭酒，則其在天師道中地位遠低於天師張道陵。但晚起之上清派却追認魏夫人爲創教者之一楊羲冥中傳授之師，地位極高。按照真靈位業圖，魏夫人居「第二女真位」之第二人，而張道陵居「第四左位」第一人，地位遠遜於魏夫人。本條陶注説「輕位不得教高真」，意即張道陵（輕位）本不具備向南嶽夫人（高真）傳授口訣之「資格」，但爲便於口訣傳顯於世，故魏夫人仍以「祭酒」身份接受傳授。

〔二〕天師於陽洛教授此訣也　陽洛山在河南沁陽，按上清派説法，魏夫人之師王褒在此山中隱居並得道，後來王褒又在此山傳授魏夫人。陶注説「天師於陽洛教授此訣」，意即此時魏華存已經是上清派宗師，而非天師道女祭酒。陶注次句説「夫人於時已就研詠（大）洞（真）經」，即是此意。

〔三〕是以顯嘗爲祭酒之目　「嘗」，原作「常」，據文意改。

析，猶如埋金於土，用比可爲。其入静、章奏、治病諸法，實亦明威之上典〔一〕，非悠悠祭酒可使竊聞也。

入静法〔二〕

此文都不顯入静之意，尋其後云，依常旦夕可不事爾者，當是旦夕朝拜，或欲請乞跪啓及章奏治病之時，先當如此，然後可爲諸事也。按易遷夫人告云〔三〕：晨夕當心存拜静〔四〕。似是令用此法，既在疾不堪躬行，故使心存拜耳。今山居在世，亦並可修用，雖自高貴，今率之辭，蓋願今世宦者如此，非謂必是我今巖棲之身也。若長齋休糧，勤心高業者，可不復身到，而心恭亦當無替。至於後用二朝之法，云當先朝静，乃行此。按夫人于時尚在修武，何容已究陽洛之義〔五〕。

〔一〕實亦明威之上典　「明威」即是「盟威」，天師道又稱「正一盟威之道」。

〔二〕入静法　本條正文係正一派科儀，其内容尚見於道藏正一派經典，與正一指教齋儀相合甚多，故用爲比勘。

〔三〕按易遷夫人告云　易遷夫人即許謐妻陶科斗，真誥説「死後入易遷宮受籙」，故稱易遷夫人。

〔四〕晨夕當心存拜静　見真誥卷八，爲易遷夫人降辭，此句後有小字注釋云：「身既有疾，不能拜起，故令心存不替。」

〔五〕按夫人於時尚在修武何容已究陽洛之義　句中「夫人」指魏夫人，據南嶽夫人内傳，其夫劉幼彦爲修武令，夫人隨之縣舍。陶注此句意謂魏夫人此時尚未得道，故不應了解「陽洛之義」。此「陽洛之義」究竟是指天師在陽洛傳授之口訣，還是清虚真人在陽洛傳授之上清大道，語意不明。不特如此，陶注次句「若此時已受判，後不應更用授判」云云，亦與前文失粘，疑「按夫人于時」云云之前有一句大字正文，今缺失，故不解所謂也。

若此時已受判，後不應更用授判，當别有朝静之法。世存穀紙古書，云漢中入治朝静法〔一〕，必應是此。但今既幸有所啰，便宜用之。又復用漢中法，唯前後祝爐，應小回易其辭耳。其旦夕入静，則用日出日入時也。日之出入，非謂必須見出之與没。蓋是出入圓羅之始耳。若有所啓請者，當用夜半時也。神理尚幽，故真人下降，多不以晝矣。

初入静户之時，當目視香爐，而先心祝曰：南真告云：閉氣拜静，使百鬼畏憚，功曹使者龍虎君可見與語，謂能精心久行之耳〔二〕。此謂初入便閉氣存想，祝爐燒香，通氣又閉。而拜祝四方，每一方竟，通氣也。又告：入静户，先右足著前，乃後進左足，令與右足齊。畢，乃趨行如故。使人陳啓，通達上聞〔三〕。此一條恐非唯入東向之静，凡欲啓請之處，皆應如此。通幽之事，宜用右足也。又告：燒香時勿反顧。若反顧，則忤真氣，致邪應也〔四〕。此謂既入静，不得復轉頭後顧。若迴行正向看外，亦當無嫌。此二朝後。又云：出静户之時，不得反顧。如反顧，則忤真光，

〔一〕云漢中入治朝静法　「入治朝静法」，其「治」約與「静室」同義，非早期天師道以「治」爲區域（教區）概念也。本書入静法後附録有漢中入治朝静法，即陶弘景所説之「穀紙古書」。

〔二〕閉氣拜静……謂能精心久行之耳　此句在真誥卷九中凡兩見，其一注明「南嶽夫人喻」，另一條則言「正一平經曰」。

〔三〕入静户……通達上聞　此句在真誥卷九亦兩見，正一平經云云與陶注引文完全一致。南嶽夫人喻僅有「入静户，先前使人通達上聞」數字。

〔四〕燒香時勿反顧……致邪應也　此句在真誥卷九中亦兩見，正一平經與南嶽夫人喻略同。

致不誠〔一〕。如此，出入静户並不可反顧也。又云：入静户不得唤外人，及他所言念。又入户出户，皆云漱口〔二〕。尋此之旨，凡静中吏司，皆泰清宫寮，糺察嚴明，殊多科制，若不如法，非但無感，亦即致咎禍害者矣。今謹述入静次第，立成之法如左：先盥澡束帶，刷頭理髮，裙褐整事，巾履齋潔，兩手執笏，不得以紙纏裹。既至户外，漱口三遍，仍閉氣，舉右足入户，次進左足，使併進前平立。正心臨目，存直使、正一功曹、左右官使者四人，並在户内兩邊側立。又龍君在左，虎君在右，捧香使者二人，俠侍香爐，守静玉女俠侍案几。都畢，乃通氣開口，正視香爐，乃心祝曰：太上玄元五靈老君，當召功曹使者，左右龍虎君，捧香使者，三炁正神，行二朝者，當益云及侍經神童玉女。急上關啓三天太上玄元道君〔三〕，奏聞上清宫。某正爾燒香，入静朝神。奉行東華祕法，以某本命日去某本命九十日早旦，入静朝太微天帝君。又以某生日去某生月一百八十二日夜半，入静朝太上高聖君。乞得八方正氣，來入某身。所啓速聞，徑達帝前。太微天帝君玉闕紫宫前，太上高聖君瓊闕下。畢，乃燒香行事。通氣，先進右足至爐前，左足來併，左手三捻香，多燒之。按二朝既云先朝静，朝静祝爐之辭，不容止休朝静，故宜隨事增損，粗如前朱注，以遞互回换用之。

〔一〕出静户之時……致不誠　此句不見於真誥，而本卷末後入静燒香條正文有此，係清虚真人告魏夫人之辭。

〔二〕入静不得唤外人……皆云漱口　此句亦不見於真誥，本卷末後入静燒香條正文有此，係清虚真人告魏夫人者。

〔三〕三天太上玄元道君　正一指教齋儀作「三天太上玄元大道君」。

燒香畢，先退右足，左還併，視煙起，閉氣，乃拜也。**初向再拜：**此既謂之拜静，静法自應東向，初入祝爐便是向西，故不復云西向耳。此當正静屋中央，安一方机，一香爐，一香奩，四面向之。後云若因病入静，四面燒香，安四香爐者，當安四香机，著四邊，各勿至壁，已入中央，以次拜祝。初入祝爐，仍於户内，通向西併祝。祝之，乃入中，四面燒香也。畢，亦西向一祝耳。若經堂中南向屋者，自不得用此法，且亦無功曹龍虎，正有侍經神童玉女耳。若朝太上、太素，午達者，自可止經堂中。凡旦夕拜静竟，亦又還經前，更燒香，請乞衆真，求長生所願者。其餘章奏，請天帝君，請官治病，滅禍祈福，皆於静中矣。拜訖，三自搏，曰拜。畢，跪故笏於前，兩手自搏，及更執笏，稱男女姓名，謹關啓云。餘方皆效此也。**謹關啓天師、女師、系師三師門下典者君吏**〔一〕**，願得正一三炁**〔二〕**，灌養形神，使五藏生華，六府宣通。爲消四方之災禍，解七世之殃患，長生久視，得爲飛仙。畢，又再拜。**漢代以前亦復應有天師，皆應有三人，亦有一女，但未必是夫妻父子耳。正一之氣，以師爲本，故先拜請，乃北向耳。初再拜自搏，希哀矜也。後又再拜，謝恩德也。諸例中拜有先後者，事旨皆如斯矣。

〔一〕謹關啓天師女師系師三師門下典者君吏　正一派關啓三師，如陶注所説，都有一女師在内，但次第各經不同。如洞真黄書稱「天師、女師、系師三師君」，與本篇正文相同。上清黄書過度儀則作「天師、嗣師、女師三師門下」。正一指教齋儀作「天師、嗣師、系師、女師三師君門下」。太上金書玉牒寶章儀之言功都章作「天師、女師、嗣師、系師三師君門下」。此外，如赤松子章曆僅稱「天師、女師」。

〔二〕願得正一三炁　正一指教齋儀作「願得正一生炁」。

次北向，再拜，訖，三自搏，曰： 謹關啓上皇太上北上大道君。某以胎生肉人，枯骨子孫，願得除七世以來，下及某身，千罪萬過，陰伏匿惡〔一〕，考犯三官者，皆令消解。當令福生五方，禍滅九陰。邪精百鬼，莫敢當向。存思神仙，玉女來降。長生久視，壽同三光。畢，又再拜。北上道君，太清之真最貴者也，故禮師竟，便拜之。

次東向，再拜，訖，三自搏，曰： 謹關啓太清玄元无上三天无極大道、太上老君、太上丈人、天帝君、天帝丈人、九老仙都君、九炁丈人，百千萬重道炁、千二百官君，太清玉陛下，當令某心開意悟，耳目聰明，萬仙會議，賜以玉丹〔二〕，消災却禍，遂獲神仙，世宦高貴，金車入門，口舌惡禍，千殃萬患，一時滅絶。記在三官，被受三天丈人之恩。畢，又再拜。此太清諸官君，三天之正任，主掌兆民禍福所由，故次拜之。

次南向，再拜，訖，三自搏，曰： 謹關啓南上大道君〔三〕，乞得書名神仙玉籍，告諸司命，以長生爲定。又勑三天萬福君，令致四方之財寶，八方之穀帛，富積巍巍，施行功德，所

〔一〕陰伏匿惡　正一指教齋儀作「陰私伏匿」。

〔二〕賜以玉丹　原作「賜以王丹」，據正一指教齋儀改，中華道藏亦作「玉丹」。

〔三〕謹關啓南上大道君　正一指教齋儀此句後尚有「三天萬福君」。

向所欲，萬事成剋，如心所願，如手所指，長生神仙，壽同天地。此生字，本作久字，後人改爲生〔一〕。今當從真爲長久也。畢，又再拜，此太清，南方之道君耳。位劣於北上，故无上皇太上之號，是以最後拜之。可命有三十六人，此爲諸下小者耳。此萬福君猶是官將主財寶者。千二百官儀第七卷之十五云〔二〕：无上萬福吏二十八人，官將百二十人，主來五方利。金銀、錢絹、布帛、絲綿、穀米，所思立至。黄生主之。又第三之十三，亦有萬福君五人，官將百二十人，主辟斥故氣，精祟注氣，却死來生，却禍來福，所思者至〔三〕。都訖。或四向叩頭者，却禍來福，所思隨意也。叩頭例施於有急疾患之時，依常旦夕，可不事爾。四向叩頭者，當先朝啓一方，竟，仍叩頭，又自搏，言今所乞。亦可脱巾悲泣，在事之緩急耳。竟，又再拜，餘方皆如此。都訖，更東向燒香，口啓請官，救解

〔一〕此生字本作久字後人改爲生　此是指正文祝辭中「長生神仙」之「生」字。此句在正一指教齋儀中作「久視神仙」。

〔二〕千二百官儀第七卷之十五云　千二百官儀是早期天師道重要文獻，綜述日本學者福井康順、小林正美二氏意見，魏書釋老志提到，「張陵受道於鵠鳴，因傳天官章本千有二百，弟子相授，其事大行。」所謂「天官章本千有二百」，疑即千二百官儀之祖本。千二百官儀早已亡佚，除登真隱訣卷下陶注引用外，今本道藏正一法文經章官品似據千二百官儀殘本重新整理而成。

〔三〕千二百官儀第七卷之十五云……所思者至　原作大字正文，據本卷末後多處陶弘景注引千二百官儀情況分析，此段亦是陶用來注釋正文「三天萬福君」一詞者，故改爲小字。中華道藏亦將此數句改爲小字。小林正美著六朝道教史研究兩處引用此段，其中一處引文將「所思者至」之後「都訖……可不事爾」，亦視爲千二百官儀之内容。

今患，悉依後法也。並皆微言。其旦夕拜禮，如前自足。

臨出静户，正向香爐而微祝曰：還西向閉氣，視爐而微祝。初曰心祝，今曰微祝，當小小動口齒。香官使者，左右龍虎君，當令静室，忽有芝草，金液丹精，百靈交會，在此香火前。使張甲張者稱姓，甲者稱名，前單云某，直稱名耳。得道之氣，獲長生神仙，舉家萬福，若山居絶累者，云山舍萬福。大小受恩。守静四面玉女，二朝時並云及侍經神童玉女〔一〕。並侍衛火煙，書記某所言，徑入三天門玉帝几前〔二〕。二朝云上清宫太微天帝道君几前，上清上宫太上高聖玉晨道君几前〔三〕。乃出户。於户内仍漱口。先舉左足出，乃次右足，勿反顧。都畢〔四〕。若疾急，他有所陳，自隨事續後而言之，任意也。皆當微言，勿令聲大。具如前注。

〔一〕及侍經神童玉女　原作大字正文，中華道藏改爲小字陶注，甚是，從之。

〔二〕徑入三天門玉帝几前　「几前」二字原作小字，依文意改作大字正文。

〔三〕二朝云……几前　原本「上清宫太微天帝道君」、「上清上宫太上高聖玉晨道君」刻爲大字正文，中華道藏改爲小字陶注，甚是，從之。

〔四〕都畢　原本刻作小字，據中華道藏改爲大字正文。

漢中入治朝静法

先東向云：甲貪生樂活，願從諸君丈人乞匃〔一〕，長存久視，延年益壽，得爲種民，與天地相守。當使甲家災禍消滅，百病自愈，神明附身，心開意悟。

次北向：甲欲改惡爲善，願從太玄上一君乞匃，原赦罪過，解除基謫，度脱災難，辟斥縣官。當令甲所向，金石爲開，水火爲滅，惡逆賓伏，精邪消散。

次西向：甲好道樂仙，願從天師乞匃，所樂者得，所作者成。當使甲心開意解，耳目聰明，百病消除，身體輕强。

次南向：甲修身養性，還年却老，願從道德君乞匃，恩潤之氣，布施骨體，使道氣流行。甲身咸蒙慈恩，衆病消除，福吉來集。思在萬福君爲甲致四方錢財，治生進利，所向皆至。四方朝文如此。是爲右行法，與紫門所説同，而無先後祝爐文〔二〕。所於四方所請，大意略同，而質略不及後嘐

〔一〕願從諸君丈人乞匃　「乞匃」即是乞求之意。

〔二〕而無先後祝爐文　所謂「先後祝爐文」，應指入静法中兩篇祝爐文，初入静户，祝曰「太上玄元五靈老君」云云，此爲「前祝爐文」。臨出静户，正向香爐祝曰「香官使者」云云，此即「後祝爐文」。

者〔一〕。

章符〔二〕

若急事上章，當用朱筆題署。謂卒有暴疾病，及禍難憂懼急事，請後天昌君等，上章乞救解者，當朱書太清玄都正一平炁係天師某、治炁祭酒臣某，又後太清細字，并臣姓所屬，及太歲日月以下〔三〕。三天曹得此朱署，即奏聞。猶如今陽官，赤標符爲急事也。

〔一〕四方朝文如此……而質略不及後啰者　原作大字，據中華道藏改爲陶注小字。

〔二〕本節正文亦見於要修科儀戒律鈔卷十一引魏傳。道法會元卷一百七十九之上清五元玉册九靈飛步章奏祕法，開篇便提到「謹按南嶽司命上真紫虚元君魏夫人傳」云云，其内容亦多與本篇正文相合，故知本段正文出自魏夫人降授。

〔三〕當朱書太清玄都正一平炁係天師某……及太歲日月以下　此句甚長，推究陶注之意，若遇急事上章，需要朱書者包括起首「太清玄都正一平炁係天師某、治炁祭酒臣某」，以及章奏結尾之「太清」云云等小字，上章者所屬，以及上章時間等内容。

若欲上逐鬼章，當朱書所上祭酒姓名〔一〕。謂家有惡强之鬼爲禍祟，請後右仙食氣君將等爲逐却之。上章者不以朱題署，止書爲上章人某治祭酒甲，又後姓某耳。

若欲上治邪病章，當用青紙。三官主邪君吏，貴青色也。謂人有淫邪之氣，及諸廟座邪鬼爲患〔二〕，請後平天君等消制之。上章者當以朱書青紙章也。亦可別貺青紙，隨人多少。

若注氣鬼病，當作擊鬼章。謂家有五墓考訟死喪逆注之鬼來爲病害，宜攻擊消散，請後四胡、高倉君將等，上章畢者，合擣服之，如後法也。上章畢，用真朱二分〔三〕，古秤，即今之一兩也。合已上之章，於臼中擣之，和以蜜成丸，分作細丸，頓服之。用平旦時，入静，北向，再拜服之。垂死者皆活。勿令人知擣合之時也。使病者魂神正，鬼氣不敢干。他病亦可爲之也。若病者能自擣和爲

〔一〕若欲上逐鬼章當朱書所上祭酒姓名　道法會元卷一百七十九説法略同，要修科儀戒律鈔卷十一引魏傳則云：「若不上逐鬼章，當朱書所上祭酒姓名。」意見與本文相反。復參考本條陶注，此種情況上章者，「不以朱題署，止書爲上章人某治祭酒甲，又後姓某耳」。按如陶説，似乎正文應當爲「若欲上逐鬼章，不當以朱書所上祭酒姓名」。

〔二〕及諸廟座邪鬼爲患　道法會元卷一百七十九不僅引有本條正文，亦鈔録有陶注，此句「廟座」作「廟社」，於意爲長。

〔三〕用真朱二分　真朱即丹砂，名醫別録云：「丹沙，作末名真朱。」因其有「殺精魅邪惡鬼」之效故用之。道法會元誤作「真珠」。

佳，不爾即上章祭酒爲擣之。先以蜜漬紙，令軟爛，乃擣爲丸〔一〕。此章自不過兩紙，所丸亦無多，必應一過頓服，以清水送之，不得分爲兩三也。云餘病亦可爲者，則不止於擊鬼也。

上章當別有筆硯以書，不得雜也。墨亦異之。此筆硯若是寫經常净用者，共之無嫌，自不得與世中書疏同耳。左行摩墨四十九過，止，重摩墨亦四十九轉。左行如星次向東也。重摩墨者，謂程墨時四十九過，以法大衍圓蓍之數，故能通幽達神者矣。此一條使人學道之意，彌精貫毫釐，動有法象，豈得爲爾泛泛耶。書章時燒香，向北書之〔二〕。當別用好紙筆，巾案觸物皆使潔净，束帶恭坐，謹正書治。疏概墨色，皆令調好，麪糊函封，依法奏上。案令所應上章，並無正定好本，多是凡狡祭酒虛加損益〔三〕，永不可承用。唯當依千二百官儀注，取所請官，并此二十四官與事目相應者請之。先自申陳疾患根源，次謝愆考罪咎，乃請官救解，每使省哀。若應有酬賘金青紙油等物，皆條牒多少，注詔所賘吏兵之號，不得混漫。章中無的賘奉，若口啓亦然〔四〕。其懸賘者，須事效即送，登即呈啓

〔一〕若注氣鬼病……乃擣爲丸　要修科儀戒律鈔卷十一引魏傳，文字與本段小異，録出備參：「若注氣鬼病，作擊鬼章書，青紙朱書。奏竟，於靖內，真朱二分，合章臼中擣之，和蜜爲丸，頓服之。平旦，入靖，北向，再拜服之。垂死皆活，勿令人知見。他病亦爲之。」

〔二〕書章時燒香向北書之　要修科儀戒律鈔此句作「書章燒香向北書」。道法會元作「書章，北向燒香書之」。

〔三〕多是凡狡祭酒虛加損益　「凡狡」原作「凡校」，道法會元卷一百七十九上清五元玉册九靈飛步章奏祕法之序恰引有此句，因據改爲「凡狡」。

〔四〕章中無的賘奉若口啓亦然　真誥卷七云：「夫賘誓者，悉皆受命，密交，慎不可令人知。」故陶注云云。

所貺之物，皆分奉所稟天師，及施散山棲學士，或供道用所須，勿以自私贍衣食，三官考察，非小事也。按小君言：人家有疾病、死喪、衰厄、光怪夢寤、錢財減耗，可以禳厭。唯應分解冢訟墓注爲急，不能解釋，禍方未已〔一〕。又云：可上冢訟章，我當爲關奏之〔二〕。又范中侯云：故宜力上風注冢訟章〔三〕。此皆告示許家。且許家功業如此，稍憂冢訟爲急，何況悠悠人乎。如此上章，得其理衷，必當深益。今且非唯章文不精，亦苦祭酒難得，趣爾拜奏，猶如投空，乃更爲愆祟耳。冢訟正本不過三兩紙間，世中增加，乃至數十，恐諸章符等，例皆如此。又出官之儀，本出漢中舊法〔四〕，今治病雜事，及諸章奏，止得出所佩仙靈籙上功曹吏兵，及土地真官正神耳。世人皆用黄赤内籙中章將吏兵，此豈得相關耶。唯以多召爲威能，不料越職之爲譴。愚迷相承，遂成儀格，深可悼矣。入見晉泰興中〔五〕，曲阿祭酒李東章本，辭事省直，約而能當，後操章無恩惟太上，及陰陽決吏三天曹，而稱龍虎君，及建帝代年號，不書太歲，此並是正法。按今章後細字，無太上道君，又不北向，止是太清中諸官君耳，云何稱恩惟太上耶。其餘事事皆有諸類，不能復一一論之。李東既祭酒之

〔一〕人家有疾病……禍方未已　見真誥卷七保命（即茅小君）告許長史。

〔二〕可上冢訟章我當爲關奏之　見真誥卷十。

〔三〕故宜力上風注冢訟章　見真誥卷七范中侯所告。

〔四〕本出漢中舊法　「漢中舊法」，指千二百官儀。

〔五〕入見晉泰興中　年號無「泰興」，或是東晉元帝「大興」之訛，因「大興」而誤寫作「太興」，再異寫爲「泰興」。大興共四年，公元三一八至三二一年也。

良才，故得爲地下主者。初在第一等，今已遷擢，此便可依按也。其昔常爲許家奏章往來，故中君及之也〔一〕。施案之事，已注在前。

若因病入静，四面燒香，安四香爐〔二〕。此謂朝拜口啓四方求救之時也，非上章法，上章法止得東向耳。

若大事言功可三四百，垂死言功可五百，小小可止一二等耳。多則正氣讟〔三〕，吏兵猒事。此謂上章及口啓請諸君將吏兵，及我身中功曹諸官，以救治某事，事效，應爲入静，言其功勞，請三天典者依科進爵如干等也。若初上章者，後亦上章言功。初口啓，後亦口啓言功。不得雜錯。天曹尋檢薄目相違，便爲罪責。言功多少，隨事輕重爲率，從一二以上，至五十、一百，到四五百，隨宜量用，每令和衷。書符當盥潔，乃後就事，向月建閉氣書之。書符之法，先以青墨郭外四周，乃以丹書符文於内。若無青墨，丹亦可用〔四〕。此說乃是論救卒符意。凡畫諸符，自皆宜如此。青墨者，細研空青，厚膠清和爲丸，曝使乾燥，用時正爾研之，

〔一〕李東既祭酒之良才……故中君及之也　真誥卷十三茅中君降告提到李東爲地下主者，小字注釋云：「李東，曲阿人，乃領户爲祭酒。今猶有其章本，亦承用鮑南海（即鮑靚）法。東才乃凡劣，而心行清直，故得爲最下主使者，是許家常所使。永昌元年（三二二），先生（指許邁，許謐之兄）年二十三，就其受六甲陰陽行厨符。」據此亦證明前句「泰興」爲「大興」之訛。

〔二〕若因病入静四面燒香安四香爐　要修科儀戒律鈔卷十一引魏傳作「若困病，入靖，四面燒香，安四香火」。

〔三〕多則正氣讟　「讟」音讀，怨謗之意。道法會元卷一百七十九作「多則正炁嚻浮」。

〔四〕書符之法……丹亦可用　此段正文亦見赤松子章曆卷二書符式。

如用墨法也。

若書治邪病符，當用虎骨、真朱合研〔一〕，研畢，乃染筆書符〔二〕。虎骨當先擣爲細屑，下重絹篩，三分減，朱二，乃合膠清，用以書符。凡辟鬼符，皆自宜爾。此書符法，本在救卒符後，今抄出與章事相隨耳，非本次第也。

請官〔三〕

若有急事上章，當上請天昌君，黄衣兵十萬人。亦可入静，東向，口請，令收家中百二十殃怪，中外强殃，十二刑殺鬼。有急事者，謂諸有卒急，不但疾病也。人家衰禍厄病，皆由冢訟，故令收冢中

〔一〕當用虎骨真朱合研　本草經集注虎骨條云：「骨雜朱畫符療邪。」

〔二〕若書治邪病符……乃染筆書符　此段正文亦見赤松子章曆卷二，赤松子章曆於「染筆書符」後尚有「咒曰」及祝辭。

〔三〕本節正文亦見於赤松子章曆卷二請官。但赤松子章曆係鈔録登真隱訣，而非登真隱訣之所本。另據赤松子章曆卷五大塚訟章提到「臣輒依千二百官儀，並正一真人三天法師所授南嶽紫虚元君治病滅惡之法」云云，所謂「治病滅惡之法」，方是本篇正文原始出處，惜久已失傳，故僅用赤松子章曆作比勘。涉及千二百官儀部分，則用正一法文經章官品作比勘。

諸害。此云東向口請，當如章法，治職首尾都自不異，唯無紙墨耳，世人謂爲口章。而千二百官儀第二卷之一，便是天昌君，云：惡夢錯亂者，當請天昌君，黄衣兵士十萬人，主爲某家收冢中百二十殃怪，中外强殃，十二刑殺鬼，令某夢忤者，皆使絶滅。貺儀衣物〔一〕。如此則「冢」字應作「家」，人脱「二十」字也〔二〕。自後諸名題宫府所主治，往往小異，並朱書各載之。此次第猶是取官儀上，小復參差。而官儀唯無後三官〔三〕，不知那得爾。尋官儀從來久遠，傳寫漏誤，所以其中亦自有一官數字之疑，然尚可依傍斟酌取衷，如運氣解厄之例，便判是此傳脱矣。

〔一〕惡夢錯亂者……貺儀衣物　正一法文經章官品卷二云：「天昌君黄衣兵十萬人，主爲收除宅中一百二十人殃怪，中外殃殃十二刑殺之鬼來作惡夢怪病者除之。」此段應是陶注所引千二百官儀天昌君條之别傳本。

〔二〕如此則冢字應作家人脱二十字也　此句前半「如此則『冢』字應作『家』」，陶意似指正文「令收家中百二十殃怪」句中「家」字誤作「冢」，宜據千二百官儀改成「家」字。但今本正文已改正，故陶注顯得無根。後半句「人脱『二十字』也」，尤其費解，疑「人」字爲「又」之訛，而正文原作「令收冢中百殃怪」，陶弘景據千二百官儀云云，乃注釋説：「如此則『冢』字應作『家』，又脱『二十』字也。」後人仍據陶注增補「二十」字樣，遂致陶注變得莫明其妙。當然也不排除外一種可能，陶所見千二百官儀作「主爲某家收冢中百殃怪」，陶據正文加注釋説：「如此則『冢』字應作『家』，又脱『二十』字也。」後人傳鈔增加「二十」，尚餘「冢」字未改。本條陶注之末句云「便判是此傳脱矣」，據登真隱訣體例，陶稱「傳」，多數是指魏傳、蘇傳等，即大字正文。由此知正文缺脱可能性較大。

〔三〕而官儀唯無後三官　指本節最後之虚素天精君、赤天食氣君、收神上明君三官不見於千二百官儀。

若面目有患，當上章及入靜，請天明君五人，官將百二十人，在南紀宮下〔一〕，治面上諸疾。凡云在諸宮者，皆謂太清三氣之宮，患禍所趣之府，君吏所由之曹。故令各先到其宮，乃下治之。凡云君五人者，猶共官將百二十人。凡直云君者，皆一人也。

儀云〔二〕：男患兩目痛，請天明君五人，官將百二十人，在南紀宮，又主左目。女患痛，請地明君五人，官將百二十人，在北里宮，又主右目。跪錢絹穀米〔三〕。

若欬逆上氣〔四〕，吐下青黃赤白五瘟蠱毒六魃之鬼〔五〕，當請北里大機君〔六〕，官將百二十人，在太衡宮下〔七〕。此瘟毒魃者，皆疫癘之疾，風瘧衆患，亦皆由之。

〔一〕在南紀宮下　赤松子章曆卷二作「在南宮下」。

〔二〕儀云　即千二百官儀之省稱。

〔三〕請天明君五人……跪錢絹穀米　正一法文經章官品卷二與本文小異，録出備參：「天明君五人，官將一百二十人，治男室，主治男子左目，生目之目（此句費解），今（疑是令）差，面目上諸毒立差。地明君五人，官將一百二十人，治北室，生男女子左目之目（此句費解），今（疑是令）差。」

〔四〕若欬逆上氣　赤松子章曆卷二無「欬」字。

〔五〕吐下青黃赤白五瘟蠱毒六魃之鬼　「六魃之鬼」，赤松子章曆卷二作「六魃六鬼」。

〔六〕當請北里大機君　赤松子章曆卷二作「當請北星大機君」。

〔七〕在太衡宮下　赤松子章曆卷二作「在六宮下」。

儀云：胷痛滿，上氣欬逆，請北里大機君，官將百二十人，治太衡宮，治欬逆上氣，吐下青黃赤白五瘟蠱毒六魃之鬼。跪掃除紙筆〔一〕。

若心腹脹滿，小腹拘急，帶下十二病之鬼，當請封離君，令治之〔二〕。帶下之病，非但女子，男人亦有之。凡自帶以下，陰間諸患，凡十二條，皆是也。

儀云：心腹脹滿，臍下拘急激痛，請封離君十二人，主治男女帶下十二病之鬼。跪米穀〔三〕。

若腹內飲食不消，結堅淋露不愈者〔四〕，上章啓事，當請赤素君，官將百二十人，令治之。此謂腹中癥結，逆害飲食，淋露積時者。凡有云啓事者，謂正爾東向口啓，亦先四方朝竟，啓請事之，不如上章法也。

〔一〕請北里大機君……跪掃除紙筆　正一法文經章官品無此文，其書卷一云：「北黑大機君五人，官將百二十人，治大行室，主收五瘟傷寒時熱之病。」疑是本條別傳本。

〔二〕若心腹脹滿……令治之　赤松子章曆卷二與本文小異，録出備參：「若右腹心脹滿，小腸拘急，帶下十二病之鬼，當請封離君，官將百二十人，令治之。」

〔三〕心腹脹滿……跪米穀　正一法文經章官品卷二作「封離君十二人，主男女心腹痛、臍下便拘急激滿，帶下十二之鬼，主之也」。

〔四〕結堅淋露不愈者　赤松子章曆卷二作「結堅淋澀不愈者」。

儀云：　腹中飲食不消，結堅淋露不愈，請赤素君一人，官將百二十人，治六戊宮。女子請白素君，官將百二十人，治陰宮。䊚米穀，依儀而給〔一〕。第三卷之一又云：　素君五人，官將百二十人，治上靈宮，主男人百病，令得首寫〔二〕。白素君五人，官將百二十人，治陽明宮，主女人百病，令得首寫〔三〕。此則名同而事異也〔四〕。

若上氣逆引，絞急腹中，不下飲食者，上章啓事，當請天官五衡君，官將百二十人，在太平宮下，令治之〔五〕。此悉總諸氣病，脚氣、奔豚、咳嗽皆治之。自此後雖不復道上章啓事者，省煩耳，皆無異也。

儀云：　吸吐不下飲食，氣引腹中，請天官五衡君，官將百二十人，治太平宮。䊚穀米

〔一〕腹中飲食不消……依儀而給　正一法文經章官品卷二云：「素赤君五人，官將一百二十人，治赤虛室，主治男女百病所造苦逆，思過改愆復差。」又云：「白素君五人，官將一百二十人，治和陽室，主治女子百病，所苦告道，思道更改心腹差。」應是本條及次條之別傳本。

〔二〕令得首寫　「首寫」意義不確，多見於天師道文獻，疑是「首寫過咎」之意，與「首過」略同。

〔三〕素君五人……令得首寫　詳前注。

〔四〕第三卷之一又云……此則名同而事異也　原作大字，中華道藏改爲小字，今從之。

〔五〕若上氣逆引……令治之　赤松子章曆卷二作「若氣逆絞急，腹中堅硬，不下飲食，請五衡君，官將百二十人，在大丘宮下爲治之」。

衣，給使紙筆〔一〕。

若大吐下者〔二〕，當請地官五衡君〔三〕，官將百二十人，在太平宮下，令治之。霍亂吐下，及諸暴下久下，皆主之。

儀云：女吸吐，當請地官五衡君，官將百二十人，亦治太平宮。䏶同前〔四〕。凡儀中官名有天地者，皆是分别男女之位也〔五〕。

若小腹脹滿急痛〔六〕，當請九河北海君，官將百二十人，在河兑宮〔七〕，令官將治護之。

〔一〕吸吐不下飲食……給使紙筆　正一法文經章官品卷一云：「五衡君官將一百二十人，治玉女室，主有功之吏，誅惡養善主之」。與本文不同。卷二云：「天官五行君官將一百二十人，治大比丘平室，主男女吸咄不能匡義，腹中痛，令立差」。疑即本條之别傳本。

〔二〕若大吐下者　赤松子章曆卷二作「若吐逆」。

〔三〕當請地官五衡君　赤松子章曆卷二無「地官」二字。

〔四〕女吸吐……䏶同前　正一法文經章官品卷二云：「地官五行君官將一百二十人，治太室，主吸咄不能飲食匡義，腹中痛，令立差。」疑即本條之别傳本。

〔五〕凡儀中官名有天地者皆是分别男女之位也　原刻爲大字，因係陶注，改爲小字，中華道藏同。

〔六〕若小腹脹滿急痛　赤松子章曆卷二無「急痛」二字。

〔七〕在河兑宮　赤松子章曆卷二作「河元宮」。

小腹結脹不通，諸□滿者〔一〕，皆主之。止乞令此君勑官將治之耳。

儀云：小腹脹滿，請九河四海君〔二〕，官將百二十人，治河兑宫，主脹滿關節不通。脆給使儀衣鹽〔三〕。

若井竈鬼爲疾病者，當請王法君五人，官將百二十人，在五姓宫，令制滅之。謂嘗犯湾井竈，及卜問所知，或求食飲祠祀爲病害者，此主治之。

儀云：犯䰎竈鬼〔四〕。

若病癰疽惡瘡，當請九集君，官將百二十人，在先王宫〔五〕，令下治之，亦治衆瘡。若金火

〔一〕諸□滿者　「□」字漫漶，中華道藏釋爲「脣」，文句不通，謹闕如。

〔二〕請九河四海君　前句作「九河北海君」，與此不同。按陶慣例，此類不同必應有注，今既無注，疑「儀云」中「九河四海君」係後世傳寫訛誤，陶氏原本尚作「九河北海君」也。

〔三〕水腹脹滿……脆給使儀衣鹽　正一法文經章官品卷二作「九河北海君官將一百二十人，治河元室，主治男女病，小腹之痛，令立差。主水，能前醫所不治者」。

〔四〕犯䰎竈鬼　「䰎」音「嘴」，鬼名，見玉篇。此條「儀云」内容似混入下條陶注。至於與本條及下條内容相關之千二百官儀條文，似可參考正一法文經章官品卷二治解社竈云：「主法君五人，官將一百二十人，治五姓宫，主治男子面身體生瘡癰，犯十二砦竈火（竈火兩字道藏原屬下句）。」

〔五〕在先王宫　赤松子章曆卷二作「在西玉宫」。

諸瘡，及犬馬蛇蟲所齧，亦皆主之。

儀云：　頭面目身體生瘡癰疽，請王法君五人，官將百二十人，治五姓宫。　又請九侯君一人〔一〕，官將百二十人，治先王宫。　貤雜衣物米穀紙筆〔二〕。　今此乃別王法君以主井竈鬼，此爲異。

而儀亦云：　癰疽惡瘡，是犯十二甕竈之鬼也〔三〕。　如此則非井竈別爲病也〔四〕。

若病瘦瘠，骨消肉盡垂困者，當請天官陽袟君〔五〕，官將百二十人，左右吏百二十人〔六〕，令治之。　此謂不止有所苦〔七〕，但羸瘦憔悴，積弊致困者。

儀云：　淋露虛損，骨消肉盡，醫所不治，請天官陽袟君，官將百二十人，左右吏百二十

〔一〕　又請九侯君一人　「九侯君」與前「九集君」不同，而陶無注釋，疑後世傳寫訛誤。

〔二〕　又請九侯君一人……貤雜衣物米穀紙筆　請王法君内容已見於正一法文經章官品，九侯（集）君則不見於此書。

〔三〕　癰疽惡瘡是犯十二甕竈之鬼也　詳前「犯甕竈鬼」條注。

〔四〕　今此乃別王法君以主井竈鬼……如此則非井竈別爲病也　原作大字，因係陶注，故改爲小字。

〔五〕　天官陽袟君　赤松子章曆卷二無「天官」二字。

〔六〕　左右吏百二十人　赤松子章曆卷二無「吏」字。

〔七〕　此謂不止有所苦　從文義分析，「不止」似爲「不知」之訛。　若解爲「不正」，亦能通。

人，患氣吏左右七十二人，主治淋露百病之鬼。䟽米穀〔一〕。

令病者開生門〔二〕，益壽命，當請南上君，官將百二十人，在倉果宮，令延年不死。此謂既隨病已請餘官治護，又更請此官，延其年筭，不於此病致死耳。自非治病，不得請也。

儀云：飛注入腹，著人胷脇背，請南上君，官將百二十人，治倉果宮，主開生門，益壽命，令病者三日差〔三〕，除殃去注。䟽錢絹〔四〕。

若久病著牀困篤者，當請須臾君，官將二十人〔五〕，令治之。謂抱病經久不差者。此官將獨云二十者，或恐脱「百」字，亦可止應二十，今但依此，不敢輒益。

〔一〕淋露虚損骨消肉盡……䟽米穀　正一法文經章官品卷一云：「若病肌内（疑是肉字）消盡，性命垂困，當請天官陽袟君，官一百二十人，君吏一百二十人合治之。」應是本條之别傳本。

〔二〕令病者開生門　赤松子章曆卷二無此句。

〔三〕令病者三日差　原作「令病者三日差」，據正一法文經章官品卷二改。

〔四〕飛注入腹……䟽錢絹　正一法文經章官品卷二云：「南上君官將一百二十人，治食果室，主開主（疑是生字）門，蓋（疑是益字）人壽長，令短三日差，去非痊（疑是飛注二字），不得病人胸脇。」應是本條之别傳本。

〔五〕官將二十人　赤松子章曆卷二作「官將百二十人」。

儀云：下痢赤白膿，淋露著牀，口苦冷者，請須臾君四人，官將百二十人。䏘米穀〔一〕。

却滅家中惡鬼〔二〕，令厭絶精祟者。當請石仙君一人，官將百二十人，令制滅之。人家中亟有遊魂，客死强鬼爲諸精祟，致不吉昌者。

儀云：疾病轉相注易，不可禁止者，請石仙君一人，官將百二十人。一云治害。主治家中有强殍之鬼，厭絶注鬼氣爲精祟者。䏘給使〔三〕。凡十四官，並在第一卷，主治百病之限〔四〕。

若欲辟斥故氣，斷絶注鬼，却死來生，却禍來福，當請蓋天大將軍十萬人〔五〕，令收捕

〔一〕下痢赤白膿……䏘米穀　正一法文經章官品卷一云：「若久病著家，請須臾君官將二十人令治之。」其云「二十人」，與陶弘景所見「治病滅惡之法」正合，而陶所見之千二百官儀却作「百二十人」。

〔二〕却滅家中惡鬼　赤松子章曆卷二作「若家中强鬼」。

〔三〕疾病轉相注易……䏘給使　正一法文經章官品卷一云：「石仙君將一百二十人，治天下萬民家中外亡强殍之鬼，厭絶注鬼爲人精祟者，轉相注易，後生人疾病者，死主斷絶之。」

〔四〕凡十四官並在第一卷主治疾病之限　陶注，依例改爲小字。所謂十四官，當指第一條天昌君以來，天明君、北里大機君、封離君、赤素君、白素君、天官五衡君、地官五衡君、九河北海君、王法君、九集君、天官陽袟君、南上君、須臾君、石仙君等，以上實十五官，而非陶說「十四官」。又據陶言此十四官「並在第一卷主治百病之限」，因天昌君已注明見於千二百官儀第二卷之一，故不應包括在內。陶所指應是天明君以下十四官也。

〔五〕當請蓋天大將軍十萬人　赤松子章曆卷二作「請益天大將軍十萬人」。

之。人家或有先亡故氣，纏著不解，猶爲注害禍患者。

儀云：蓋天大將軍十萬人，主收捕天下飲食橫行鬼賊，爲萬民作精祟者〔一〕。第三卷中唯有此一官〔二〕。官儀凡八卷〔三〕，止第一有貼用，自後皆漏略。今欲立貼，亦有依準爲之〔四〕。

若欲收捕衆老之精，侵怪家中者，當請無上元士君五人〔五〕，官將百二十人，令收執之。天地間自有一切老精，皆能作諸變怪，侵犯人家，求索禱祀者，宜收執之。

儀云：無上元士君五人，官將百二十人，主收捕天下衆老之精，雜神共稱官設號，侵害民人者〔六〕。

〔一〕蓋天大將軍十萬人……爲萬民作精祟者　正一法文經章官品卷二云：「蓋天大考將軍十萬人，主收捕天下飲食横行鬼賊，爲人作精祟病人者，收治之。」與本條同。

〔二〕第三卷中唯有此一官　這是説此「治病滅惡之法」中，唯有「蓋天大將軍」見於千二百官儀第三卷，小林正美著六朝道教史研究之「千二百官儀的思想和形成」，誤解爲整個第三卷祇記載有蓋天大將軍一官。

〔三〕官儀凡八卷　「官」字原作「宫」，據文意改。

〔四〕第三卷中唯有此一官……亦有依準爲之　陶注，依例改爲小字，中華道藏同。

〔五〕當請無上元士君五人　赤松子章曆卷二作「當請上元士君一人」。

〔六〕無上元士君五人……侵害民人者　正一法文經章官品卷二云：「無上無土君五人，官將一百二十人，主捕收天下衆老之精，羅神兵稱官設號者，又請上千師萬聾聖鬼殺消除之。」疑是本條別傳本。

若卜問病者〔一〕，云犯行年本命，太歲土王〔二〕，墓辰建破，當請制地君五人，官將百二十人，治宜泉宮，令抑制消滅之。自非高真玄挺，皆有年命衰厄，及行造所爲，解犯方地井抵，太歲土王之氣，本墓建破之辰，及諸禁忌，皆致否病，故令消却之。

儀云：制地君五人，官將百二十人〔三〕。治宜泉宮，主收天下高功卑功、太歲行年本命上土公之鬼〔四〕。

若家中有考訟鬼，不正之氣，致不安穩者，當請四胡君五人〔五〕，官將百二十人，令消散斷絶之。謂家世先亡有考訟殃逮，使胤嗣多諸躓疾，不安吉者，止宜令消斷而已，故不得誅滅之也。此乃是禍患之鬼，要子孫不得爲逆上之意，其例皆多如此。

儀云：四胡君五人，官將百二十人，主整帥祭酒治舍不安穩，主擊不正逆氣，和解訟

〔一〕若卜問病者　赤松子章曆卷二無此句。

〔二〕太歲土王　「王」，赤松子章曆卷二作「五」，如此便與下句連成「五墓」，亦通。然據本條陶注云「太歲土王之氣，本墓建破之辰」，故知「王」字不誤。

〔三〕官將百二十人　「人」，原作「八」，據文意改。

〔四〕制地君五人……太歲行年本命上土公之鬼　見正一法文經章官品卷三，文字略同，唯「宜泉宮」作「宜泉室」。

〔五〕請四胡君五人　赤松子章曆卷二作「請胡君」。

考，分別清濁〔一〕。

若家中多死喪逆注氣，身中刑害，當請運氣解厄君，兵十萬人〔二〕，以治之。人家亟有父母兄弟夫婦亡後，還注復生人，值其身有刑害，便爲禍病，乃致死者，當請治之。按千二百官儀有運氣解死患君〔三〕，今此既無「患」字，亦不敢輒益。

儀云：運氣解厄君兵十萬人，主收攝疾病之鬼，辟斥攻時破殺十二刑殺百二十殃注鬼〔四〕。又有運氣解厄君五人收殺〔五〕。

若家中有五墓之鬼作祟，傷死往來者，當請無上高倉君，兵十萬人〔六〕，使收治之。按墓

〔一〕四胡君五人……分別清濁　正一法文經章官品無「四胡君」，該書卷一有「四明君」，疑是本條別傳本。經云：「四明君官將吏一百二十人，主勑祭酒治舍炁不安穩，主禁考訟鬼之不正逆炁解訟者，考炁分別清濁。」

〔二〕兵十萬人　赤松子章曆卷二作「兵七十萬人」。

〔三〕千二百官儀有運氣解死患君　原本無「儀」字，據文意加。另外，正一法文經章官品未見陶注提到之運氣解死患君。

〔四〕運氣解厄君兵十萬人……辟斥攻時破殺十二刑殺百二十殃注鬼　正一法文經章官品卷一云：「運炁解厄君兵士十萬，辟斥五瘟傷寒，功（即攻）時破殺之鬼。」應是本條之别傳本。

〔五〕又有運氣解厄君五人收殺　此句似與前文重複，不知是否陶注所稱「運氣解死患君」之訛寫。

〔六〕兵十萬人　赤松子章曆卷二作「兵七十萬人」。

書有五葬，謂水火兵匿露死者，而不名五墓。今此當是五音姓墓也。或有死不得埋，多作禍祟，及傷亡絕後之鬼，往來爲害者，宜收治之。

儀云：無上高倉君兵十萬人，主收先祖五墓之鬼來著子孫者〔一〕。

若家中水火復注者，當請無上天君，兵十萬人，使斷之。人家有水火之官，使相復注，其病致死者，皆源類是同，互相染逮，世世不絕者，令斷絕之。

儀云：無上天君兵十萬人，主收天下百二十殃注鬼在人身中者，却死來生〔二〕。又云：無上天生人君兵士十萬人，主收百二十殃注殺害刑殺之鬼。一云無上天士君，一云無上天平君，所主皆同〔三〕。

若欲破房廟座席禱鬼邪物者，當請平天君，官將百二十人，治天昌宮〔四〕，以治之。謂人先事妖俗，今稟正化，應毀破廟座，滅除禱請。事後，或逆爲人患，致凶咎疾病，或所居里城有諸立食巫壇，爲人禍害者。

〔一〕無上高倉君兵十萬人主收先祖五墓之鬼來著子孫者　正一法文經章官品卷三，文字略同，唯作「無上高蒼君」。

〔二〕無上天君兵十萬人……却死來生　正一法文經章官品無「無上天君」，卷二「無上平天君」條文與之類似，疑是同條別傳本。經云：「無上平天君兵士十萬人，主收天下一百二十人殃注鬼殺，在人身中者，消滅之。」

〔三〕又云……所主皆同　原作大字，中華道藏改爲小字，今從之。其中提到無上天生人君、無上天士君、無上天平君，皆不見於正一法文經章官品。

〔四〕治天昌宮　赤松子章曆卷二作「北朔宮」。

儀云：平天君官將百二十人，治天昌宮，主發軍兵，收符廟五獄營逆氣飲食之鬼〔一〕。凡有二十二官〔二〕，並出千二百官儀中，所主職事，小有差異，今上章請用，當作兩邊求之〔三〕。

若欲學神仙，而轗軻疾病，狂連沈滯者，當請虛素天精君，赤衣兵十萬人，在天柱宮，以制鬼滅禍，遏却六天之氣〔四〕。人有至心苦行者，崇學仙道，而六天靈鬼亟來犯人，或遇疾病，或致牢獄，或漸使貧頓，每令觸惡者，故宜急遏制之。

若家有惡鬼不肯散，故爲家祟者，當請赤天食氣君，官將百二十人，使治之。謂家中多有惡鬼，已經消制，不肯都散，猶時來侵犯，致有災祟者也。

若家中轗軻不寧，惡夢錯亂，魂魄不守者，當請收神上明君〔五〕，官將百二十人，主治之。人家每事有轗軻，動皆艱苦，夢想凶擾，交接非所，身心不定，日就頓躓者，將衰之漸也，特宜治之。儀中無此三君

〔一〕平天君官將百二十人……收符廟五獄營逆氣飲食之鬼　正一法文經章官品無此文。

〔二〕凡有二十二官　天明君至石仙君爲十四官，此後蓋天大將軍、無上元士君、制地君、四胡君、運氣解厄君、無上高倉君、無上天君、平天君等八官，合計二十二官。

〔三〕凡有二十二官……當作兩邊求之　原作大字，因係陶注，改爲小字，中華道藏同。

〔四〕遏却六天之氣　赤松子章曆卷二作「却赤天之氣」。

〔五〕當請收神上明君　赤松子章曆卷二作「請收神上羽君」。

名號職主〔一〕，今既併在後，或當是天師新出也。亦並爲要用，但依此所主請之。又上章時亦宜兼復取官儀中相配用，不必專止此二十五〔二〕。

右正一真人口訣，治病制鬼之要言也〔三〕。以應二十四神，身中之三宮也。按今官將有二十五號，而云二十四神者，猶以一官應極根之幽神，爲二十五也，則亦最後者應是矣。此神神相應，不可盡求配類。三宮即二十四神八景之宮耳，非三一之宮也。官將及吏兵人數者，是道家三氣應事所感化也，非天地之生人也。此因氣結變，託象成形，隨感而應，無定質也，非胎誕世人學道所得矣。此精誠發洞，因物致洞耳〔四〕，所以化氣而成此吏兵也。太清之氣感化無方，雖云無極大道百千萬重，猶未臻其限，故總言之，亦各相接引，不徒然空立。可以理得，難用言詳。其仙靈官將，皆此類也。其餘官號多在千二百官儀注上，蓋互相支附，非如此二十四號以應體中二十四神之分明也。千二百官儀始乃出自漢中，傳行於世，世代久遠，

〔一〕儀中無此三君名號職主　正一法文經章官品卷一有其中兩君，録文備參：「赤天食炁君官將一百二十人，主收家惡鬼爲祟害者。」又云：「若家故殗不寧，夢惡錯亂，魂魄不守，請收神土明君官將一百二十人治之。」

〔二〕儀中無此三君名號職主……不必專止此二十五　原作大字，因係陶注，依例改爲小字，中華道藏亦作小字。

〔三〕右正一真人口訣治病制鬼之要言也　赤松子章曆卷五提到此係正一真人傳授南嶽夫人魏華存者。赤松子章曆卷二無此句，作「右請官治病以應二十四神」云云，以下與本文同。

〔四〕此精誠發洞因物致洞耳　赤松子章曆卷二作「此精誠發，因物致感」。

多有異同，殆不可都按。此之二十四官，亦頗有同彼名者，既真書未久〔一〕，必無差謬。今非唯誠真之子範而用之，至於盟威祭酒，亦應謹按此法，但非其常才所能究見耳。有急事當隨事稱之，皆即驗也。亦可上章請之，亦可入静燒香，口啓四方，請以求救。前云入静，東向口請，今云四方者，便可通就四方請官。然口啓作章，家法用者，猶必宜東向。正爾啓乞者，可以朝拜祝竟，又口陳以扶救也。尋云以應身中二十四神之意，謂人人之身皆以相應，非止論當我之身乃得自用，不如存神之法，不得爲人存也。故此云大吐下及垂死困篤者，此輩豈能自入静陳乞耶，皆是傍人爲救治之耳。若自此前諸事，身到啓請，彌爲佳矣。上章口啓，隨所行耳。作章不能盡理，更復不及朝啓四方也。事若大者，皆應乞懸賄某物，須如願，便即奉酬，具如前注之法。其有非太清章書賄願之事，出於真典〔二〕，非此例者，別有祕旨，非可輕言。諸如此等，自難以書論，正自各得之於心耳。

〔一〕既真書未久　按照上清派觀念，這篇治病制鬼口訣由張天師傳魏夫人，再由魏夫人「降授」給楊羲、許謐，故稱「真書」。楊、許傳佈「真書」，至陶弘景搜集注釋，尚不過一百五十年左右，故陶云「未久」。陶弘景因此認爲，這套「真書」較傳世之千二百官儀更加準確，故後文建議「盟威祭酒（即天師道祭酒）亦應謹按此法」。

〔二〕出於真典　指上清派經典，非天師道文獻也。

二朝法〔一〕

二朝計九十日〔二〕。後云從本命日爲始，此法當逆推取初生年月日，于後得第一本命日〔三〕，便計以爲始，順數九十日，輒一斷。至今當行此朝之本命日平旦爲起也。假令人以宋孝建三年丙申歲四月三十日甲寅日生者〔四〕，至六月十三日得丙申日，即是第一本命日也，其八月十三日之丙申自空過去，非復始本命矣。一丙申相去輒六十日，今用九十日，故長三十日也。今若縒取一丙申便用，正恐是向空中者爲始，則非第一本命也，至後永成差僻，誤人不小。前丙申

〔一〕二朝法　以下内容另是一節，原本與請官一節陶注連續，並缺標題。今查本節正文内容見於上清握中訣卷下魏夫人傳行事訣之「旦夕朝静法」，但根據本段陶注，所謂「二朝」，並不指旦夕朝静，故另擬標題「二朝法」。

〔二〕二朝計九十日　旦夕朝静，故云「二朝」。據上清握中訣卷下，「平旦入静燒香」句之前爲「本命甲午後，數得九十日是甲子，凡二日」。不詳登真隱訣何以變成「二朝計九十日」五字，從陶注，似乎陶所見本文便是如此。

〔三〕于後得第一本命日　原本「于」作「子」，據文意改。中華道藏以「子」屬上句，亦通。

〔四〕假令人以宋孝建三年丙申歲四月三十日甲寅日生者　按此係陶弘景自己生辰。據雲笈七籤卷一百七之華陽隱居先生本起録云：「以孝建三年太歲丙申四月三十日甲戌夜半，先生誕焉。」又據二十史朔閏表，此年四月乙酉朔，三十日爲甲寅，故本起録作「甲戌」誤，陶注「甲寅」不誤。孝建三年丙申，公元四五六年也。

至癸酉年十二月二十二日丙申〔一〕，是第七十七，因以起朝，計後九十日，至甲戌年三月二十一日丙寅平旦又朝，明日丁卯又起數，九十日得丙申，旦又朝。如此一丙寅，輒一丙申。若今朝計取九十日者，則用乙丑、乙未也。一年或三朝四朝無定，若都不知生年生月者，乃取今年本命爲始。平旦，入静燒香，當用日未出時，此法當在静中。所以云當先朝静時已燒香者，而今又云燒香，是朝静時燒香西向耳。今既北向，應轉机正向北，又燒香，不得傍向爐側。北向朝太微天帝君〔二〕，從本命日爲始〔三〕。此謂先以本命日始朝，乃得九十日復朝也。燒香竟，仍長跪，存我身忽然如在天帝太微玉闕下，乃注心定氣而祝。微祝曰：糞土小兆男生某，謹稽首再拜，朝太微天帝君玉闕紫宫前。當令某長生神仙，所欲如願，萬事成就，司命紫簡，記在玉皇，得爲物宗〔四〕。此後所云司命者，非前朝静南方諸司命之例也，即今下教統吴越者矣。畢，乃再拜。云「乃」者，止謂後一再拜耳。向北燒香，畢，但長跪，祝竟，乃再拜。拜畢，還轉爐西向，祝香都竟。當用二朝時，亦可安兩香爐位，不必須迴轉舊者。先當朝静，然後行此。此二法並云入静，故云先朝。今所朝甚高，而云先朝静者，謂應使直静侍香之神，奏我辭誠，緣歷

〔一〕前丙申至癸酉年十二月二十二日丙申　癸酉年是齊武帝永明十一年，此月已在公元四九四年一月。這是陶弘景辭官隱居茅山之第二年，時年三十八。
〔二〕北向朝太微天帝君　上清握中訣卷下無「天」字。
〔三〕從本命日爲始　上清握中訣卷下無此句。
〔四〕得物爲宗　此句後上清握中訣卷下尚有「登仙度世」四字。

以聞二帝故耳。朝静之法，未見其文，具如前法也。行之十八年，太微刻靈録，書名不死。此内法祕道〔一〕。朝太微，故太微書名也。計一百八十二日〔二〕。後云以生月生日始，此謂所生之日，入月五三之日數，非支干甲乙子丑也。此亦應檢長曆，從初生日便計，計百八十二日輒一斷，至今年數滿而用之，不得即取今年生月日爲始也。假令前丙申人四月三十日生，數至十一月四日，得百八十二日，夜半爲第一朝，至今癸酉年十月六日得第七十六朝爲始也。當計其用支干，常間一辰便是也，錯則誤矣。假令前朝日是甲子，則後朝是丙寅，又後則戊辰，如此無窮。凡此二朝推計之法，是吾思理所得，一切學者莫能曉悟。又别有用日之訣，受之玄旨，不可得言。其詳論此事，具在第三卷中〔三〕。

當夜半入静，亥子二時之間也。燒香北向〔四〕，朝太上玉晨道君，跪微祝曰：存思事事皆類前法，此無糞土男生者，不敢自謙目也。太上高聖君〔五〕，此五字是先呼太上之位，乃稱姓名，尊貴故也。小兆某謹

〔一〕先當朝静……此内法祕道　上清握中訣卷下無此句。

〔二〕計一百八十二日　此句與前「計九十日」一樣，不詳前後文關係。上清握中訣卷下云「正月一日後，數一百八十二日」，以下内容與本文同。從陶注「九十日」與「一百八十二日」之長篇大論來看，他所見本文便僅有此數字，並非成書以後缺脱。

〔三〕其詳論此事具在第三卷中　三洞珠囊卷七二十四氣引有登真隱訣時日詮次訣，應即是此。

〔四〕燒香北向　上清握中訣卷下無「北向」二字。

〔五〕太上高聖君　上清握中訣卷下無此句。

稽首再拜瓊闕下，乞得告下司命，記籍長生，所向所願，萬物皆成，神仙飛行，得宴九天。祝畢，乃再拜，訖。皆當束帶，先齋一日，乃行之。二事皆爾〔一〕。在世中當先清齋一日，山林長靜，正沐浴著新净衣耳。朝太上，當以生月生日始，亦謂以此日夜半便用起朝也，推法如前。不知生月日者，以本命年辰爲日，用之。若本命甲子起朝，計得一百八十二日得乙丑，又朝，明日起數，後得丁卯。如此推討無窮，亦必間一辰也。若又不知年者，正月一日始也。既都不知，無由可准，則即以今年欲行朝之年，便取正月一日夜半起，至七月二日，又計補小月所闕，令整，得一百八十二日，又朝也。因此討其支干，便無窮矣。此外法皆如匈奴外國曆意〔二〕，可强以充用耳，遠不及審知定者。行之十八年，太上告司命，入名神簡，上記長生。此朝太上，故太上告下也。二法皆云十八年，其事類中品經矣。行之以去，使人不復病，辟水火五兵。謂此始行二朝以後，便能辟諸災禍。而人或有用之而不免者，正由推討之謬，不如此之前所取也。青精䭀飯服之，亦使人不病不災，與此相符類也。

東華青宮祕法：此蓋方諸中之求仙法耳〔三〕，非謂彼人猶行之也。若家多資用者，別作此二事入

〔一〕皆當束帶……二事皆爾　上清握中訣卷下僅在小字注釋中提到：「皆先潔齋一日，別衣服，先朝靜，然後爲之。」以下正文皆不見於上清握中訣矣。

〔二〕此外法皆如匈奴外國曆意　「曆」原作「歷」，據文意指曆法，因改。

〔三〕此蓋方諸中之求仙法耳　「方諸」原本作「諸方」，據文意倒乙。

静、朝拜〔二〕。衣服，不與他雜用。凡旦夕入静朝神，亦宜別衣，豈但此二事而已。夫學在山之時，居室書寫觸事常著巾褐，此巾褐則與人物相混，不可以朝謁高真，當別作一通衣也。云多資用者，謂應表裏服章，裙襦生熟，皆悉別作，不止法衣而已。既非貧棲所辦，正當臨時浣令潔也。

清虚王真人告夫人曰：前法亦王君所言，是通説東宫法用，非正胷懷所談，又不指爲一人所設。今者教示，方是規誨夫人宜修行之意，故更顯清虚之目也。此二事者，世間應所行之祕訣也。謂却辟衆災故也，世間多有禍難，故彌宜行之。不學道，而道自成也。存修之勤，待其年積，便可階仙，故云爾。夫人奉而用之。此一句范中侯自語也。夫人既處亂世，遊涉兵寇，既謂宜行，即便奉用。若乃次後事，則後謂夫人不必遵修，故中間發斯矣。每入静，當以水漱口，以洗穢氣故也。常日言笑雜語，或飲食餘氣，不可以啓對真靈，故宜洗蕩盥漱也。每出静，亦當漱口，以閉三宫故也。入静祈拜三宫之神，助人陳請，皆從口中出入。今事竟水蕩，令還其宫，各安定也。此水悉置之户側，初進則來入户限而漱，後退則未出户限漱矣。此各云每出入者，謂每應入静關奏朝拜時耳。若是灑掃整拭者，唯初入漱口耳，後出不須也。出静户之時，不得反顧，忤真光致不誠也。人既出静户，神休宴，而忽更反顧，如似覘察，故爲忤真，而非誠順。又云燒香時亦勿反顧。凡人行來所爲所作，爰及術數，皆忌反

〔二〕入静朝拜　原作大字，則完全不能通，據後文陶注提到「凡旦夕入静朝神，亦宜別衣，豈但此二事而已」云云，故知正文爲「別作此二事衣服」，陶於「二事」後加注「入静、朝拜」，今恢復爲小字。

顧。初入静户，不得唤外人，及他所言念，則犯靈氣，故不禎祥。凡入静燒香，必也存注神真，有所願欲。而方與外人相呼，及别生異念，則内傷神舍，外觸靈軌，違典招遣，患禍潛興，禎祥之徵自然遠矣。夫静中所須，皆逆應備辨，臨時闕之，方致呼衆，此愚踈之人，不足算也。此雖小事，深當慎之。謂此上五事，於法雖小，而致禍亦不爲輕，故令行之者，慎其禁也。此諸條雖王君所告，並關太清家法，後天師不顯此言者，謂夫人前已知之也。

右魏傳訣凡五事〔二〕。

〔二〕 右魏傳訣凡五事　以上正文皆見於真誥，本卷入静法陶注已有引用，故不復詳注。「魏傳」指魏夫人傳。

佚文匯綜

1 真靈譜系〔一〕

〔一〕真靈譜系　見道門經法相承次第，原篇無標題，根據内容擬定。唐高宗問潘師正天尊有幾身，潘答有法身、本身、道身、真身、跡身、應身、分身、化身。高宗又問：「道法在此天中爲極，爲當更有所在？」潘答「謹按登真隱訣真靈位業經」云云。其答辭即是本篇。毫無疑問，登真隱訣收載有真靈譜系。但奇怪者，今道藏中標題爲「梁貞白先生陶弘景纂，唐天台妙有大師玄同先生賜紫閭丘方遠校訂」之真靈位業圖，其内容與本篇差別極大。真靈位業圖明代被胡震亨刻入祕册彙函中，後來又收入津逮祕書，稱爲靈寶真靈位業圖，王世貞爲之題詞，即認爲「恐後人傅會耳」。四庫全書存目，提要説：「杜撰鑿空，又出真誥之下。」余嘉錫四庫提要辨正則説：「相其文詞，實出六朝人之筆，非出僞託。」今據道門經法相承次第潘師正同時引録登真隱訣與真靈位業經，則真靈位業圖雖未必陶弘景撰，但唐代以前已經問世，應該没有問題。但潘引文與今本存在極大差別，如果説潘師正所見真靈位業圖已經與今本一樣，只是其引用時根據登真隱訣作了校訂，則其徑稱「謹按登真隱訣」云云即可，没有必要提到真靈位業經之名。因此，潘師正當時所見真靈位業經與登真隱訣中「真靈譜系」内容（即本篇）相一致之可能性最大。一項旁證可以説明今本真靈位業圖之不可靠，李渤貞元二年（七八六）作真系，敘述從楊羲、許翽以來，訖止於茅山李玄静，茅山上清派十餘代祖師事跡。根據真系，楊羲死後仙職不過「爲吴越鬼神之君」（其説本於真誥卷二，對上清派教徒而言，應屬「信史」）；許謐傳記脱漏，但在許翽傳記中提到其真位爲「上清左卿」；許翽爲「上清仙公上相帝晨」。以上皆非高品，而今本真

玉清紫虛高上元皇道君〔一〕

洞虛三元太明上皇道君

虛明紫蘭中元高上嵉皇道君

太素高虛上極紫皇道君

右玉清上元景四道君〔二〕。

北玄高上虛皇道君〔三〕

靈位業圖却以許謐爲第二左位第十五之左卿仙侯真君，楊羲爲第二左位第二十之「侍帝晨東華上佐司命」，許翽爲第二右位第四「侍帝晨右仙公」。今本真靈位業圖給予一楊二許之地位高得離譜，應該是唐末道士閭丘方遠修訂所致。綜上所述，這篇「真靈譜系」既是登真隱訣佚文，亦是真靈位業圖之原始文本。至於本篇没有列出玉清中第一大神元始天尊，或許是因爲潘師正在前面對話中已經專門討論過此話題，故此處略過不提，非登真隱訣或真靈位業經於兹有所闕如也。有關真靈位業圖問題之深入研究，請俟他日。

〔一〕玉清紫虛高上元皇道君　真靈位業圖無「玉清」二字，居第一右位第一。按，登真隱訣佚文第二則云：「三清九宫並有僚屬，例左勝於右。」换言之，此道君在今本真靈位業圖中地位居第一左位所有道君之後。

〔二〕右玉清上元景四道君　此四道君名號皆見於真靈位業圖，但均居第一右位，次序小異，依次爲右位第一、第二、第四、第三。不僅如此，真靈位業圖第一左位之第六爲「玉清上元宫四道君」，注釋説：「各有諱字。」即此「四道君」爲四位道君之總稱，在今本真靈位業圖中重複。

〔三〕北玄高上虛皇道君　原本誤作「比玄」。

南朱高上虛皇道君

西華高上虛皇道君

東明高上虛皇道君

中元上合虛皇道君

五靈七明混生高上道君

右玉清中元紫清六道君〔二〕。

三元無上玄老靈皇元晨君〔三〕

三元四極上元虛皇元靈君

三元晨中黄景虛皇元臺君

〔二〕右玉清中元紫清六道君　除「中元上合虛皇道君」外，另外五道君名號皆見於真靈位業圖，但次序不同，依次爲第一左位第四、第五、第三、第二，缺中元，第一。所缺「中元上合虛皇道君」聖號則見於上第一中位之「上合虛皇道君應號元始天尊」。此紫清六道君聖號與次序皆與上清衆經諸真聖祕卷三引上清太上八素真經同。不僅如此，今本真靈位業圖第一左位第七重複「玉清中元宫紫清六道君」，注釋説：「各有諱字。」

〔三〕三元無上玄老靈皇元晨君　真靈位業圖第一右位第五爲「三元上玄老虛皇元晨君」，上清衆經諸真聖祕卷三作「高清三元無上玄老虛皇元晨君」。

三元紫映輝神虚生真元胎君〔一〕

玉玄皇道君〔二〕

上皇道君

右玉清下元高清六元君〔三〕。

高上道君〔四〕

玉皇道君

玉玄道君〔五〕

〔一〕三元紫映輝神虚生真元胎君　真靈位業圖第一右位第八爲「三元紫映揮神虚生主真元胎君」，上清衆經諸真聖祕卷三作「高清三元紫映暉神虚生主真元胎君」。

〔二〕玉玄皇道君　真靈位業圖第一右位第九爲「玉玄太皇君」。

〔三〕右玉清下元高清六元君　此六道君名號皆見於真靈位業圖，但均居第一右位，次序小異，依次爲右位第五、第六、第七、第八、第九、第十。不僅如此，本篇有六元君，而真靈位業圖第一左位之第八爲「玉清下元宫高清四元君」，注釋説：「各有諱字。」另據上清衆經諸真聖祕卷三引上清太上八素真經，高清元君名號僅有四位，與真靈位業圖之説相合，此處末兩位「玉玄皇道君」與「上皇道君」，或許應該屬下段。

〔四〕高上道君　真靈位業圖無單獨之「高上道君」。太上洞玄靈寶八威召龍妙經提到「其經高妙，授與白石空洞玄度真人修學，以付高上道君。」

〔五〕玉玄道君　真靈位業圖無此名號。

玄清玉皇〔一〕

上皇天帝

太上虚皇道君

上皇高真太上王君〔二〕

三天太一元君〔三〕

右玉清諸道君，出上清經，並業崇重〔四〕，但心相入寂，不復應化於下界也〔五〕。

上清高聖太上玉晨玄皇大道君〔六〕

〔一〕玄清玉皇　真靈位業圖無此名號。上清太上八素真經開篇即説：「太上隱書八素真經者，乃玄清玉皇之道也。」

〔二〕上皇高真太上王君　真靈位業圖無此名號。

〔三〕三天太一元君　真靈位業圖第一右位之十四爲「玉天太一君」，疑或是此。上清金書玉字上經提到「三天太一元君」之名。

〔四〕並業崇重　疑是「位業崇重」之訛。

〔五〕不復應化於下界也　此段真靈位業圖作「右玉清境，元始天尊爲主，已下道君，皆得策命學道，號令群真，太微天帝來受事，並不與下界相關。自九宫以上，上清以下，高真仙官，皆得朝宴焉」。

〔六〕上清高聖太上玉晨玄皇大道君　真靈位業圖居第二中位，注釋説：「爲萬道之主也。」

右太上大道君，爲上清已下萬道化主。見八素經上。

紫微太素高虛洞曜三元道君〔一〕

紫晨太微天帝道君〔二〕

紫明太山九道高元玉晨道君〔三〕

右上清道君，主訓教學真之人〔四〕。

太虛飛晨中央黄老道君〔五〕

金闕帝晨後聖玄元上道君〔六〕

〔一〕紫微太素高虛洞曜三元道君　真靈位業圖居第二左位第四，作「紫清太素高虛洞曜道君」。上清衆經諸真聖祕卷三引上清太上八素真經亦作「上清紫清太素高虛洞曜三元道君」。

〔二〕紫晨太微天帝道君　「太」字據上清太上八素真經補。真靈位業圖居第二左位第一，作「左聖紫晨太微天帝道君」。

〔三〕紫明太山九道高元玉晨道君　真靈位業圖居第二左位第八，作「紫明太微九道高元玉晨道君」。

〔四〕右上清道君主訓教學真之人　真靈位業圖無此句。

〔五〕太虛飛晨中央黄老道君　真靈位業圖無此名號。上清太上八素真經作「上清太虛上霄飛晨中央黄老道君」。

〔六〕金闕帝晨後聖玄元上道君　真靈位業圖居第二右位第一，作「右聖金闕帝晨後聖玄元道君」。

太元丹林太帝上道君〔一〕

後聖太師太微左真保皇道君〔二〕

上清紫清太素三元君道君〔三〕

上清上元太素元君道君

上清中元紫素元君道君

上清下元黄素元君道君〔四〕

上清紫晨天帝道君〔五〕

上清太微天高道君〔六〕

〔一〕太元丹林太帝上道君　真靈位業圖無此名號。

〔二〕後聖太師太微左真保皇道君　真靈位業圖居第二左位第七。

〔三〕上清紫清太素三元君道君　真靈位業圖無此名號，不知是否與前「紫微太素高虚洞曜三元道君」重複。

〔四〕上清上元太素元君道君上清中元紫素元君道君上清下元黄素元君道君　真靈位業圖無此名號，上清衆經諸真聖祕卷四有「上清上元太素三元君道君、上清中元紫素三元君道君、上清下元黄素三元君道君」。

〔五〕上清紫晨天帝道君　真靈位業圖無此名號，上清衆經諸真聖祕卷四有之。

〔六〕上清太微天高道君　真靈位業圖無此名號。

上清紫明太微九道高玄玉晨道君〔一〕
上清太虛上霄飛晨中央黄老道君〔二〕
上清紫元太微八素三元道君〔三〕
玄清洞元青帝玉司道君〔四〕
玄清洞元赤帝玉司道君
玄清洞元白帝玉司道君
玄清洞元黑帝玉司道君
玄清洞元黄帝玉司道君
玄清紫元虛皇龜臺九靈太真元君

〔一〕上清紫明太微九道高玄玉晨道君　真靈位業圖無此名號，上清衆經諸真聖祕卷四有之。
〔二〕上清太虛上霄飛晨中央黄老道君　真靈位業圖無此名號，上清衆經諸真聖祕卷四有之。
〔三〕上清紫元太微八素三元道君　「八」字據上清衆經諸真聖祕卷三補。真靈位業圖無此名號，上清衆經諸真聖祕卷三作「上清紫元太微八素三元玄晨元君」。
〔四〕玄清洞元青帝玉司道君　本條至「玄清太平金闕帝晨聖玄元上道君」，皆見於上清衆經諸真聖祕卷四，尊號略異，真靈位業圖無此名號。

玄清太元東霞扶桑丹林太帝道君

玄清太平金闕帝晨聖玄元上道君

洞清九太虛後聖元影彭室上真道君〔二〕

洞清八景靈都玄老君道君

洞清九微太真玉寶上相青童道君

洞清太玄都九炁丈人主仙道君

洞清玉真華先生國玉道君

洞清玄洲二十九真伯上帝司禁道君

洞清太元晨君列峨嵋洞宮玉道君

〔二〕洞清九太虛後聖元影彭室上真道君　本條至「洞清太平仙綜司玉道君」，皆見於上清衆經諸真聖祕卷四，尊號略異，真靈位業圖無此名號。聖號與上清衆經諸真聖祕差別較大者，「洞清九太虛後聖元影彭室上真道君」，後書作「洞清太虛後聖元景彭室上真道君」；「洞清八景靈都玄老君道君」，後書作「洞清八景靈都九玄老君道君」；「洞清玉真華先生國玉道君」，後書作「洞清小有玉真萬華先生主圖玉道君」；「洞清太元晨君列峨嵋洞宮玉道君」，後書作「洞清太無晨中君判蛾眉洞宮玉户太素道君」；「洞清太平仙綜司玉道君」後書作「洞清太平綜仙恩命玉道君」。

洞清後聖九靈真子上道君

洞清太平仙綜司玉道君

清微三天長生玄谷幽真道君〔二〕

清微安陽玄虛先生道君

清微萬石玄遊先生道君

清微上元三氣度命道君

清微南宮定仙司録道君

清微安昌總仙度厄道君

清微玄理煉魂上禁真皇道君

清微生神化骨保仙道君

清微玄虛萬石先生道君

太清紫元三氣法師長生道君

〔二〕清微三天長生玄谷幽真道君　本條至「清微玄虛萬石先生道君」，皆見於上清衆經諸真聖祕卷四，尊號略異，真靈位業圖無此名號。

太清中宮青真小童道君〔一〕

八素經曰〔二〕：　玉清宮之下真人，乃上清宮之上真人。太清宮之上真人，乃上清宮之下真人〔三〕。諸仙受行太上真道三品盡備者，爲玉清道君真君。諸仙受行上品經備者，爲上清真人。中品備，及三品皆有而各不備者，並爲中道真人。下品備，及中下皆有而不備者，並爲下元真人。諸仙受行中品經不備者，爲太清真人。諸仙受行下品經不備者，爲九宮真人。諸仙受行太極經者，爲五嶽名山地真人。諸仙受行太清經者，爲五嶽名山地真人。

道門經法相承次第卷中

2　三清九宮並有僚屬，例左勝於右。其高揔稱曰道君，次真人、真公、真卿。其中有御史、玉郎，諸小號官位甚多也。女真則稱元君夫人，其名仙夫人之秩，比仙公也。夫人亦

〔一〕太清紫元三氣法師長生道君太清中宮青真小童道君　皆見於上清衆經諸真聖祕卷四，尊號略異，真靈位業圖無此名號。其中「太清中宮青真小童道君」，上清衆經諸真聖祕作「太清中真青真小童道君」。太清中道君聖號上清衆經諸真聖祕共有九位，本篇僅有前二位。

〔二〕八素經曰　以下內容皆見於上清太上八素真經，不確定是否屬於登真隱訣真靈位業經。

〔三〕太清宮之上真人乃上清宮之下真人　此句之前，上清太上八素真經尚有「太極宮之上真人，乃上清宮之下真人」，故該書此句作「太清宮之上真人，乃太極宮之下真人」。

隨仙之大小。男女皆取所治處以爲署號，並有左右。凡稱太上者，皆一宮之所尊。又有太清右仙公、蓬萊左仙公、太極仙侯、真伯、仙監、仙郎、仙賓。

太平御覽卷六百六十二

3 玉清、上清、太極、太清九宮，並有官僚，公卿、大夫、侯伯〔一〕。

洞玄靈寶自然九天生神章經解卷中

4 有得見後聖列紀者〔二〕，玄籙書名，奏之上清，位爲仙卿。若能行金闕真事，則拜爲大夫。此謂列紀重於紫文也。既見之，非真受，佩而已。謂知其中經目之輕重，求道之梯級，依此尋學，故勝於守紫文之單事也〔三〕。

太平御覽卷六百六十

〔一〕玉清上清太極太清九宮並有官僚公卿大夫侯伯　此條疑與前條同一出處，只是詳略不同而已。

〔二〕有得見後聖列紀者　原文缺「後」字，據引文出自上清後聖道君列紀，因補此字。上清後聖道君列紀云：「有得見者，玄録書名，奏之上清，位爲仙卿。若能行金闕真事，拜爲大夫，侍書有玉童十人，侍金闕紫文有玉女十人。」

〔三〕既見之非真受……故勝於守紫文之單事也　從文句語氣看，極似陶注，如此則上清後聖道君列紀亦收載入登真隱訣中。

5 諸天宮館〔一〕

太明宮　玉霄琳房〔二〕　玉晨宮

協晨宮〔三〕　七靈臺〔四〕　鳳臺

瓊閣〔五〕　晨華闕〔六〕　太和殿

〔一〕諸天宮館　見道門經法相承次序卷中，原書小標題爲「洞真及登真隱訣」，其後即是本文。據道門經法相承次第潘師正答唐高宗云：「諸天宮館，各有方所，或大或細，不可勝言。」因擬「諸天宮館」四字。值得注意者，本篇絶大多數内容皆見於無上祕要卷二十二「仙都宮室品」以及卷二十二「三界宮府品」中出於洞真經部分，頗懷疑這部分内容也屬於登真隱訣，只是潘師正與唐高宗對話時未能全部引用而已，特將無上祕要與宮室相關部分收入本書「疑似道經」中。登真隱訣神仙宮殿、洞天福地相關佚文甚多，皆類從於此條之後，仙宮居前，洞府列後。

〔二〕玉霄琳房　上清道類事相卷二登真隱訣引蘇君傳提到：「玉霄琳房，在玉清之境也。」又説：「玉清琳房，玉札紫文在其中也。」

〔三〕協晨宮　上清道類事相卷一引上清經云：「協晨靈觀，玉晨道君居之。」

〔四〕七靈臺　太平御覽卷六百七十四引登真隱訣云：「七靈臺在上清境，玉晨道君所居。」與本篇説在玉清境不同。雲笈七籤卷一百五清靈真人裴君傳云：「遂與君共乘飛龍之車，西到六嶺之門，八絡之丘，協晨之宮，八景之城，登七靈之臺，坐太和之殿。」其中提到協晨宮、七靈臺、太和殿，皆見於本段。

〔五〕瓊閣　無上祕要卷二十二作「瓊闕」。

〔六〕晨華闕　無上祕要卷二十二作「金晨華闕」。

寥陽殿〔一〕　紫珠闕〔二〕　七映房〔三〕

長樓〔四〕

右玉晨道君所居〔五〕。

丹靈白玉宮　瓊闕

右太素三元君所居〔六〕。

真陽宮〔七〕

〔一〕太和殿寥陽殿　太平御覽卷一百七十五引登真隱訣云：「寥陽殿、太和殿，皆云玉清宮中殿名。」

〔二〕紫珠闕　無上祕要卷二十二作「蕊珠闕」。

〔三〕七映房　上清道類事相卷二引中書律云：「七映紫房，上道寶經藏其内也。」又引女青律文云：「上真寶符藏於高上七映朱房，瓊林紫户也。」又引登真隱訣云：「此房在上清境。」此與本文説在玉清境不同。另據無上祕要卷二十二云：「玉虚七映紫房，藏四極明科於其上。」

〔四〕長樓　無上祕要卷二十二作「長錦樓」。太平御覽卷一百七十六引登真隱訣云：「長綿樓，上太清上宮名，玉晨道君所居。」既言玉晨道君所居，則「上太清」宜爲「玉清」之訛。

〔五〕右玉晨道君所居　本段列出十三處宮殿名，無上祕要僅八處，缺太明宮、玉霄琳房、協晨宮、鳳臺、七映房。其中「七映紫房」在另條。

〔六〕丹靈白玉宮瓊闕右太素三元君所居　無上祕要無此句。

〔七〕真陽宮　無上祕要卷二十一作「玉清宮、真陽宮」。

右玉皇君之所居處。

太老寢堂

右八皇老君時入此堂〔一〕。

會方宮

右九老仙皇君所居。

散華臺

右二十七皇道君治其上〔二〕。

瑶臺　瓊闕中藏金玄羽章、萬神隱文〔三〕

右高上玉帝藏其真經之所。

〔一〕右八皇老君時入此堂　原缺「君」字，據無上祕要卷二十一補。

〔二〕散華臺右二十七皇道君治其上　上清道類事相卷三引茅君内傳云：「玉清天中有散華臺，是四斗七晨道君之所治也。」與本説不同，無上祕要卷二十一亦云：「散華臺，四斗七晨道君治於其上。」因疑「二十七皇道君」係「四斗七晨道君」之訛。

〔三〕瑶臺瓊闕中藏金玄羽章萬神隱文　「瑶臺瓊闕」原連續爲一處宮殿，據無上祕要卷二十一分成「瑶臺」、「瓊闕」兩處。上清道類事相卷三引洞真經云：「瑶臺者，高上帝藏金玄羽章、萬神隱音於其内。」無上祕要亦作「萬神隱音」。

七映紫臺

右藏步躡天綱、空常内名〔一〕。

龍山臺　秀玄臺〔二〕　大暉殿〔三〕

右地皇上真所遊處〔四〕。

三華房

右陽安元君之所居。

玉清宫

右高上玉帝元始天王太真之館。

〔一〕右藏步躡天綱空常内名　上清道類事相卷三云：「七映紫臺，躡步天綱、空常内名藏其内。」原本「藏步躡天綱空常内名」爲雙行小字，大字「七映紫臺」後多一「中」字。據本篇體例，以及無上祕要卷二十一，「右躡步天綱、空常内名藏於其内」，皆另起一行。因改「中」爲「右」，另起一行大字。至於「步躡天綱」與「躡步天綱」，在道書中兩見，遂不改。

〔二〕秀玄臺　無上祕要卷二十一作「秀朗臺」。

〔三〕大暉殿　無上祕要卷二十一缺「殿」字。

〔四〕右地皇上真所遊處　上清道類事相卷三引洞真經云：「綺合臺、龍山臺、秀朗臺，地皇上真之所遊處。」無上祕要卷二十一亦有「綺合臺」。

紫瑶宫　丹瓊府
右北玄高上虚皇君所居。
網靈宫〔一〕　化生府
右南朱高上虚皇君所居。
光音宫　八坦府
右西華高上虚皇君所居。
紫微宫　朱霍府〔二〕
右東明高上虚皇君所居。
金靈宫　鳳嘯府
右中元中舍虚皇君所居〔三〕。
鳳生宫　洞光府

〔一〕網靈宫　無上祕要卷二十一作「納靈宫」。
〔二〕朱霍府　無上祕要卷二十一作「朱雀府」。
〔三〕右中元中舍虚皇君所居　無上祕要卷二十一作「右中央中舍虚皇君所居」。佚文第一則「真靈譜系」則作「中元上合虚皇道君」，未詳孰是。

右五靈七明混生高上君所居〔一〕。

明範宮　輝華府

右三元无上玄老靈皇元辰君所居〔二〕。

七瑶宮　北元府

右玄寂无上虚皇君所居。

鬱森宮〔三〕　八瓊府

右大明靈暉中真无上君所居。

靈霧宮　霄上府

〔一〕右五靈七明混生高上君所居　以上從北玄高上虚皇帝君開始，至本條五靈七明混生高上君，在佚文第一則「真靈譜系」中被合稱爲「玉清中元紫清六道君」，順序與本篇完全一致，無上祕要卷二十一次序亦同，皆不與今本真靈位業圖相同，此亦證明今本真靈位業圖經過後人改編。

〔二〕右三元无上玄老靈皇元辰君所居　據佚文第一則「真靈譜系」，「元辰」作「元晨」。無上祕要卷二十一作「三元元上玄老虚皇元辰君」，又有所不同。

〔三〕鬱森宮　無上祕要卷二十一作「鬱林宮」。

右三元四極玄上元靈君所居〔一〕。

洞霄宮　演真府

右三元晨中黄景虚皇元臺君所居。

返香宮　夙滯府〔二〕

右三元紫映暉神虚生真元胎君所居。

瓊容宮　太丹府

右青精上真内景君所居。

瓊光宮　通靈府

右太陽九氣玉賢元君所居。

已上宮臺館府並在玉清妙境〔三〕。

寒靈丹殿

〔一〕右三元四極玄上元靈君所居　無上祕要卷二十一同。此君聖號在佚文第一則「真靈譜系」中作「三元四極上元虚皇元靈君」。

〔二〕夙滯府　無上祕要卷二十一作「風滯府」。

〔三〕已上宮臺館府並在玉清妙境　無上祕要卷二十一無此句。

右元始天王下教命五老、仙都出玉佩金璫寶經〔一〕，以傳高聖玉晨大道君之所〔二〕。

廣靈堂

右太素三元君所居。

晨燈臺〔三〕

右元始天王刻書紫微宮飛天檢文於其上〔四〕。

金牖臺〔五〕

右元始天王刻書玄空飛天中書三元玉檢文於其上〔六〕。

〔一〕右元始天王下教命五老仙都出玉佩金璫寶經　「五老仙都」即「五老上真」、「仙都左公」之省稱。

〔二〕以傳高聖玉晨大道君之所　「之所」，原作「所居」，文意不通，據無上祕要卷二十一改。

〔三〕晨燈臺　太平御覽卷六百七十三引三元玉檢曰：「晨燈之臺，飛天檢文在其中。」

〔四〕右元始天王刻書紫微宮飛天檢文於其上　「紫微宮」，無上祕要卷二十二作「紫微玄宮」。

〔五〕金牖臺　無上祕要卷二十二作「金墉臺」。太平御覽卷六百七十三引三元玉檢曰：「金牖臺，三元玉檢刻題其中。」

〔六〕右元始天王刻書玄空飛天中書三元玉檢文於其上　無上祕要卷二十二作「右元始天王刻書元始玄空飛天中書三元玉檢文於其上」。

三元玄臺〔一〕

右歷萬八千劫〔二〕，則三天九靈上徹隱文一現於其上〔三〕。

明真宮　靈暉府

右太初九素金華景元君所居。

紫曜宮　七寶府

右九皇上真司命君所居。

通妙宮　定微府

右天皇上真玉華三元君所居。

天皇宮　玉靈府〔四〕

右太一上元禁君所居。

金華宮　紫生府

〔一〕三元玄臺　太平御覽卷六百七十三引三元玉檢曰：「三玄臺，玉檢紫文、九天真書在其内。」

〔二〕右歷萬八千劫　無上祕要卷二十二作「右經八千劫」。

〔三〕則三天九靈上徹隱文一現於其上　無上祕要卷二十二作「則三天九靈上微隱文一見於其上」。

〔四〕玉靈府　無上祕要卷二十二作「玉虛府」。

右元虚皇房真晨君所居。

四明宫　八朗府

右太極四真人元君所居。

華晨宫　魁元府

右四斗中真玉晨散華君所居〔一〕。

七靈宫　機玄府

右辰中皇景元君所居〔二〕。

金闕宫　玉真府

右後聖太平李真天帝上景君所居。

無量宫　玄闕府〔三〕

〔一〕右四斗中真玉晨散華君所居　「四斗」原作「四計」，「玉晨」原作「士晨」，均據無上祕要卷二十二改。

〔二〕右辰中皇景元君所居　無上祕要卷二十二作「右辰中黄景元君所居」。

〔三〕玄闕府　無上祕要卷二十二作「玄闕府」。

右太虛後聖无景彭室真君所居〔二〕。

太玄宮　玉堂府

右太玄都九氣丈人主仙君所居。

清虛宮　洞清府

右上清八景老君所居。

清元宮　暘谷府

右扶桑大帝九老仙皇君所居。

金靈宮　通氣府

右小有王真華先生主圖王君所居〔三〕。

司空宮　仙都府

〔二〕右太虛後聖无景彭室真君所居　「无景」原作「元景」，據無上祕要卷二十二改。雲笈七籤卷八釋三十九章經之第三十一章提到後聖无景彭室真君曰：「太霞之中有彭彭之室。結白氣以造構，合九雲而立宇。紫煙重扉，神華所聚，故號曰彭彭之室，而太虛元君之所處焉。」上清道類事相卷三引登真隱訣云：「靈上光臺在上清境，太師彭君所居。」即此彭室真君。

〔三〕右小有王真華先生主圖王君所居　無上祕要卷二十二作「右小有五真萬華先生主圖玉君所居」。

右玄州二十七真相伯上帝司禁君所居〔一〕。

寶素宫　九玄府

右龜山九靈真仙母所居。

常陽宫　九生府

右上始少陽青帝君所居。

洞陽宫　朱陵府

右通陽納陰赤帝君所居。

金門宫　通光府

右少陰西金白帝君所居。

廣靈宫　北黄府

右通陰太陽黑帝君所居。

黄元宫　高皇府

右總靈高皇帝君所居。

〔一〕右玄州二十七真相伯上帝司禁君所居　無上祕要卷二十二作「右玄州二十七真伯上帝司禁君所居」。

已上道君宮殿雜寶玄堂在上清妙境〔一〕。

道門經法相承次序卷中

6 上清之境有丹城紫臺，上皇太帝君玉尊陛下集群真於其中，以定天下萬民之罪福也〔二〕。七靈臺在上清境，玉晨道君所居〔三〕。靈上光臺在上清境，太師彭君所居〔四〕。明真臺在上清境東海八停山上，太帝所居〔五〕。拂那瑤臺在上清境方諸東華山上，青童君所居〔六〕。

〔一〕已上道君宮殿雜寶玄堂在上清妙境　此句以下還記有太素宮、太和宮、金華樓，屬太清妙境，但其前表明出自洞玄經，故非登真隱訣佚文。但據無上祕要卷二十二，洞真經仍有以下段落可能與登真隱訣有關：「太清宮、太素宮，太素君所居。」「太和宮，太和君所居。」「金華樓，仙真玉籙皆在樓中。」

〔二〕上清之境有丹城紫臺……以定天下萬民之罪福也　太平御覽卷六百七十四亦引此句，文字小異：「上清之境，九天之門，上皇太皇帝君玉尊集群神於其中，以定天下萬民之罪福。」

〔三〕七靈臺在上清境玉晨道君所居　參見前條「七靈臺」注釋。

〔四〕靈上光臺在上清境太師彭君所居　參見前條「彭室真君」注釋。

〔五〕明真臺在上清境東海八停山上太帝所居　太平御覽卷六百七十四亦引此句，「八停山」作「八停太山」，「太帝」作「上帝」。無上祕要卷二十二引洞真經及道跡真跡經亦説明真殿在八渟山，太帝君所居。

〔六〕拂那瑤臺在上清境方諸東華山上青童君所居　太平御覽卷六百七十四亦引此句，作「那拂臺在上清境，方諸東華山上，青童君所居」。無上祕要卷二十二引洞真經及道跡真跡經説那拂臺「在方諸東華山上，青童君所居」。

方丈臺在東海方丈山，昭靈李夫人所居〔一〕。隱元臺在丹壟南陽洛山内〔二〕。　上清道類事相卷三

7　七靈臺在上清境，玉晨道君所居。　太平御覽卷六百七十四

8　寥陽殿、太和殿，皆云玉清宫中殿名。　太平御覽卷一百七十五

9　上清有楊寥殿〔三〕，上皇太帝玉尊集羣真於内。

10　長綿樓，上太清上宫名〔四〕，玉晨道君所居。　太平御覽卷六百七十四

〔一〕方丈臺在東海方丈山昭靈李夫人所居　真誥卷三云：「北元中玄道君李慶賓之女，太保玉郎李靈飛之小妹，受書爲東宫靈照夫人，治方丈臺第十三朱館中。」無上祕要卷二十二引洞真經及道跡真跡經亦説方丈臺「在東海方丈山，昭靈李夫人所居」。

〔二〕隱元臺在丹壟南陽洛山内　「丹壟南」原作「丹龍土南」，據上清道類事相卷三引南嶽魏夫人内傳云：「丹壟之南有隱元臺，魏夫人得道處，此也。」因知本文「龍土」兩字當合成「壟」字。

〔三〕上清有楊寥殿　疑即「寥陽殿」之倒乙。

〔四〕上太清上宫名　四庫全書本太平御覽作「上清太上宫名」。參佚文第五則「長樓」注釋。

11 八景城在上清〔一〕，玉晨道君所居。　太平御覽卷一百七十六

12 上清之境有丹城紫臺，上皇大帝君玉尊集處〔二〕。　太平御覽卷六百七十四

13 琅玕殿在上清，金闕聖君所居也〔三〕。　太平御覽卷六百七十四

14 蘇君傳云〔四〕：北極紫房，上帝尊神之房也〔五〕。又有玉霄琳房，在玉清之境也〔六〕。　太平御覽卷六百七十四

〔一〕八景城在上清　真靈位業圖第二左位末後記有五座宮殿，依次爲：「逸域宮、八景城、七靈臺、鳳臺瓊闕、金晨華闕。」

〔二〕上清之境有丹城紫臺上皇大帝君玉尊集處　此即佚文第六則之異文。

〔三〕琅玕殿在上清金闕聖君所居也　無上祕要卷二十二引洞真經云，丹玕殿，「金闕聖君所居」。

〔四〕蘇君傳云　應即玄洲上卿蘇君傳，但今雲笈七籤卷一百四之蘇君傳無此文。

〔五〕北極紫房上帝尊神之房也　上清金闕帝君五斗三一圖訣云：「太上是上清也，上清之帝，極貴者也。北極紫房，乃帝之房耳。」正與本文意思相同。

〔六〕又有玉霄琳房在玉清之境也　即佚文第五則之異文，參該條「玉霄琳房」注。

又有丹微房，在上清，西王母所居〔一〕。　上清道類事相卷二

15 玉清琳房〔二〕，玉札紫文在其中也。　上清道類事相卷二

16 玉宇洞房，上清中真品經在其內也。　上清道類事相卷二

17 靈射丹闕黃房〔三〕，在上清境，方諸東華山上，青童君所居。　上清道類事相卷二

18 上清仙臺，金書在其中〔四〕。太極九玄臺，碧簡文在其中〔五〕。玄真白玉龜臺，明堂

〔一〕又有丹微房在上清西王母所居　無上祕要卷二十二引洞真經云，丹微房，「在白玉龜山上，西王母所居」。

〔二〕玉清琳房　即玉清之「玉霄琳房」，詳該條注釋。

〔三〕靈射丹闕黃房　無上祕要卷二十二引洞真經，丹闕黃房，「在方諸東華山上青童君所居」。其中「靈射」應爲「靈榭」之訛，皇天上清金闕帝君靈書紫文上經提到：「方諸東宮東海青童大君，清齋於靈榭丹闕黃房之內三年。」

〔四〕上清仙臺金書在其中　上清道類事相卷三亦引有此句。

〔五〕太極九玄臺碧簡文在其中　上清道類事相卷三亦引有此句，「碧簡文」作「霄碧簡文」。

玄真經在其中〔一〕。　太平御覽卷六百七十三

19 玄都丹臺，白玉金名在其中〔二〕。　上清道類事相卷三

20 上清境有希林臺，太帝道君居之〔三〕。　上清道類事相卷三

21 希琳殿在上清東海八停山上，太帝君所居。　太平御覽卷六百七十四

〔一〕玄真白玉龜臺明堂玄真經在其中　「白玉龜臺」原作「皇龜臺」，上清道類事相卷三引文作「白龜臺」，皆非。上清明堂元真經訣云：「白玉龜臺九靈太真元君西王母授説明堂玄真經。」乃知「皇」實爲「白玉」之訛。然上清道類事相引文雖有訛誤，但言出自登真隱訣第四，爲他書所無。

〔二〕玄都丹臺白玉金名在其中　無上祕要卷二十七引洞真七聖元紀經云：「高聖帝君曰：玄都丹臺白玉金字隱文，知者白日飛玄都。」

〔三〕上清境有希林臺太帝道君居之　太平御覽卷六百七十四亦引此文。上清道類事相卷三引上清經説法與此不同：「廣桑山始暉庭希林臺，扶桑太帝君居之。」

22 方諸拂那臺〔一〕，刻上生名之所也。上清道類事相卷三

23 西華堂在上清，王母所居〔二〕。上清道類事相卷三

24 崐崘瑤臺，西王母之宮，所謂西瑤上臺〔三〕，天真祕文盡在其中〔四〕。太平御覽卷六百七十四

25 赤城，太元真人所居〔五〕。太平御覽卷六百七十四

〔一〕方諸拂那臺　注釋見佚文第六則。

〔二〕西華堂在上清王母所居　無上祕要卷二十二引洞真經云，西華堂，「在白玉龜山上西王母所居」。

〔三〕所謂西瑤上臺　無上祕要卷二十二引洞真經及道跡真跡經言，西瑤上臺，「在昆侖山上，西王母所居」。

〔四〕崐崘瑤臺西王母之宮所謂西瑤上臺天真祕文盡在其中　太平御覽卷六百七十三亦引此文，但上清道類事相注明出自登真隱訣第四。

〔五〕赤城太元真人所居　太元真人即茅盈，爲東嶽上卿司命真君，據太元真人東嶽上卿司命真君傳，治所在赤城玉洞之府。

26 東海勞盛山北陰之室，有霍林仙人韓衆撰服御之方也〔一〕。上清道類事相卷四

27 文德宫，張叔隱處之〔二〕。

28 承華臺，何充，字次道，晉尚書令，有陰德，得道在其中〔三〕。太平御覽卷六百七十四　上清道類事相卷三

〔一〕東海勞盛山北陰之室有霍林仙人韓衆撰服御之方也　無上祕要卷八十四云：「欒子長，齊人，吴羌時受韓君靈寶五符，乃敷天書，藏於東海勞盛山中，爲吴王所得。韓終，秦時人，爲霍林仙人。」疑與本條同出於登真隱訣，只是無上祕要未注明出處耳。

〔二〕文德宫張叔隱處之　無上祕要卷八十三云：「文德右仙監張叔隱，受青精方者。」真靈位業圖第五右位有「文德右仙監張叔隱」。

〔三〕承華臺何充字次道晉尚書令有陰德得道在其中　「何充」，原作「何元」，據晉書，何充字次道。無上祕要卷八十三云：「何充，字次道，晉尚書令，有陰德，在南宫承華臺，已得道受書，行至南嶽中。」因改爲「何充」。無上祕要此段出處似亦與登真隱訣有關也。

29 江東金陵勾曲之地，山有三峯，各有洞巖，石宇周迴，聖真古迹〔一〕。

道法會元卷二百七十一

30 燕口山亦名方源館〔二〕，昔李明於此合神丹而升玄洲也〔三〕。又云：古人曾合九鼎丹於此也〔四〕。

上清道類事相卷一

〔一〕江東金陵勾曲之地山有三峯各有洞巖石宇周迴聖真古迹　道法會元引文專門注明出自登真巡山隱訣，「巡山」二字究竟是登真隱訣中關於仙山名跡之小標題，或者别是一書，不得而知。但陶弘景隱居茅山四十餘年，登真隱訣有關茅山形勝記載亦多，此或其茅山總論。至於此句以後有云：「乃三茅、二許、楊、郭七真成道靖所也。」其中之「郭」爲唐代郭崇真，故不取爲登真隱訣佚文。

〔二〕燕口山亦名方源館　真誥卷十四云：「雷平山之東北，良常山之東南，其間有燕口山，三小山相隅故也，一名曰方隅山。」又云：「方隅山下亦有洞室，名曰方源館。」

〔三〕昔李明於此合神丹而升玄洲也　「李明」原作「孝明」，真誥卷十三云：「昔李明於此下合神丹而升玄洲。」因據改。

〔四〕古人曾合九鼎丹於此也　此亦見真誥卷十四，云：「方隅山下，古人曾合九鼎丹於此間也。」

31 方山下有宇幽館，多有學道人居之〔一〕。又云：宋景王立館，館主王文清也〔二〕。 上清道類事相卷一

32 天市壇〔三〕，左右有泉，皆金玉之津，飲之益人，故名。

33 此山在桐柏山後，四明山東南三百里〔四〕。 茅山志卷七

〔一〕方山下有宇幽館多有學道人居之　真誥卷十四云：「大茅山之西南有四平山，俗中所謂方山者也。其下有洞室，名曰方臺。洞有兩口，見於山外也，與華陽通，號爲別宇幽館矣。得道者處焉。」顯然，按照真誥原意，是説方山下有方臺，因其形勝，可稱「別宇幽館」，並非此處有道館名「宇幽館」也。此或王懸河編上清道類事相時失察，而非陶弘景犯此低級錯誤。

〔二〕宋景王立館館主王文清也　此亦王懸河誤讀登真隱訣，據真誥卷十三陶弘景小字注釋云：「長史宅自湮毁之後，無人的知處。至宋初，長沙景王檀太妃供養道士姓陳，爲立道士廨於雷平西北，即是今北廨也。後又有句容山其王文清，後爲此廨主。見傳記。」又真誥卷十一陶弘景注云：「至齊初，乃敕句容人王文清仍此立館，號爲崇元。」因此可以確定登真隱訣確實記有方山道館，並涉及王文清事跡，但陶弘景不會胡亂説：「方山下有宇幽館，多有學道人居之。宋景王立館，館主王文清也。」此必是王懸河節引登真隱訣時，脱漏致誤。

〔三〕天市壇　真誥卷十一云：「其山左右有泉水，皆金玉之津氣，可索其有小安處爲静舍乃佳。若飲此水，甚便益人精，可合丹。天市之壇石，正當洞天之中央玄窗之上也。此石是安息國天市山石也，所以名之爲天市盤石也。」

〔四〕此山在桐柏山後四明山東南三百里　太平寰宇記天台山條引登真隱訣注。

34 大小台處五縣中央〔一〕，五縣謂餘姚、句章、臨海、天台、剡縣。或號靈越。 太平寰宇記卷九十八　天台山志

35 赤城山下有丹洞，在三十六洞天數，其山足丹〔二〕。 初學記卷八

〔一〕大小臺處五縣中央　太平御覽卷四十一引會稽記云：「天台山舊居五縣之餘地。五縣者，餘姚、鄞、句章、剡、台寧也。」此即登真隱訣本條所本。

〔二〕赤城山下有丹洞在三十六洞天數其山足丹　初學記赤城條引登真隱訣，同條又引名山略記云：「赤城山一名燒山，東卿司命君所居。洞周回三百里，上有玉清平天。」而據太平寰宇記卷九十八，此句之半亦屬登真隱訣，詳次條佚文。

36 此山下有洞，在三十六小洞天數〔一〕，其山是赤城丹洞，周迴三百里，上有玉清平天也。

太平寰宇記卷九十八

37 其山八重，四面視之如一，金庭不死之鄉〔二〕。

太平寰宇記卷九十八

38 嶽洞深三百里，中有瑶臺玉室，樹則蘇茅芳林，碧泉則石髓金精。遥望洞，方圓可丈餘，鳥道絶通，人蹤罕到，時出異色雲炁。洞口上有丹石間青石，似丹青畫出仙人之狀，

〔一〕在三十六小洞天數　洞天福地説法不一，此云赤城山在三十六小洞天之數，而司馬承禎天地宮府圖則以赤城山居十大洞天之第六。杜光庭洞天福地嶽瀆名山記也説：「第六赤城洞上玉清平天，廣八百里，王君所理，在台州唐興縣。」不特如此，赤城洞天主理者各家説法也有不同。佚文第二十五則云：「赤城，太元真人所居。」太元真人爲大茅君，亦即名山略記説東卿司命君，此代表陶弘景意見。而司馬承禎則説：「赤城山洞周迴三百里，名曰上清玉平之洞天。在台州唐興縣，屬玄洲仙伯治之。」玄洲仙伯乃太極左仙公葛玄，此不同於陶弘景之説，亦有别於杜光庭説所之「王君」。天台山志乃作調和之論云：「玉京洞在縣北七里，赤城山右脅，蓋十大洞天之第六也。茅司命真君所治。其内周迴三百里，或號玉真清平天，或號上清玉平天，其實一也。見登真隱訣、茅君内傳及名山福地記。」

〔二〕其山八重四面視之如一金庭不死之鄉　太平寰宇記桐柏山條引登真隱訣。桐柏山又稱金庭山，天地宮府圖三十六小洞天中金庭山洞居第二十七。

冠帔衣服，無不周備，高下大小如人形，號曰石仙人〔一〕。　西嶽華山志

39 括蒼山登之，俯視雷雨也〔二〕。　太平御覽卷四十七

40 疑終南太一山是，屬上宰王君治之〔三〕。　雲笈七籤卷二十七

〔一〕號曰石仙人　本書引用佚文止於此，本句以後，尚有如下字句：「上有瀑布，飛流直下三千餘丈。其石仙洞又稱爲水簾洞。其嶽有四洞，東曰昭陽，西曰西玄，南曰正陽，北曰水簾。」四庫全書本雍正陝西通志卷八引用登真隱訣止於「上有瀑布，飛流直下三千餘丈」。

〔二〕括蒼山登之俯視雷雨也　太平御覽引登真隱訣注及吳録。

〔三〕疑終南太一山是屬上宰王君治之　雲笈七籤卷二十七司馬承禎天地宫府圖十大洞天之三西城山洞云：「周迴三千里，號曰太玄總真之天。未詳在所。登真隱訣云：疑終南太一山是，屬上宰王君治之。」

41 混皇三年，太虛上霄飛晨中黃老道君年七歲，知長生之要〔一〕。

三洞珠囊卷八

42 生而青骨，通神接真〔二〕。

三洞珠囊卷八

43 太微天帝金虎符，太上玉真保皇道君以授於太上太微天帝君〔三〕。

太平御覽卷六百七十八

〔一〕混皇三年太虛上霄飛晨中黃老道君年七歲知長生之要　上清衆經諸真聖祕卷七洞真疏略云：「卷中有諸高真、上聖、女真，洞宮主職，仙真名諱，或備或略，並已在登真隱訣卷中具載。」此可見登真隱訣原載有諸真傳記。又，茅山志序録説：「按登真隱訣真傳例，列聖道君稱紀，餘真稱傳。」進一步證明登真隱訣中道君本紀、諸真傳記，條例分明。遺憾者，今存佚文神仙傳記尚有多條，可以明確爲道君本紀者，僅此一處。疑雲笈七籤卷一百一、卷一百二本紀部分尚有部分遺存，但無法甄别也。本條佚文似乎與雲笈七籤卷一百一中央黃老君紀有關，但説法小異，云：「中央黃老君者，太上太微天帝君之弟子也。以混皇二年生焉。年七歲，乃知長生之要，天仙之法。」

〔二〕生而青骨通神接真　三洞珠囊相好品引用，注明出自登真隱訣立功品。其文見於上清後聖道君列紀，此爲金闕後聖帝君傳記，或亦收録登真隱訣中也。

〔三〕太微天帝金虎符太上玉真保皇道君以授於太上太微天帝君　上清太上八素真經云：「太微天帝金虎符，太上玉真保皇道君以授於太上太微天帝君也。天帝有三十六，其太微天帝最尊貴，諸天帝皆詣受事矣。受此符皆威制萬神，使役千靈，龍虎衛從，得乘三素之雲，上昇太極上清，拜爲左公。」應是此句出處。

44 太極帝君寶章者，東海青童君授涓子，以封掌名山〔一〕。涓子剖鯉所獲，是太上召三一守形也〔二〕。以朱書素，佩之左肘，勿經履汙穢。佩之八年，而三一俱見矣〔三〕。三一者，三元真一君也。授其封掌之教〔四〕。

太平御覽卷六百七十八

45 小有天王太素清虛真人〔五〕，登白空山〔六〕，詣紫虛太真三元君〔七〕，受流金火鈴豁落七元八景飛晨，策玉璽〔八〕。

太平御覽卷六百七十六

〔一〕太極帝君寶章者東海青童君授涓子以封掌名山　此句見登真隱訣卷上寶章篇正文。

〔二〕涓子剖鯉所獲是太上召三一守形也　此句見登真隱訣卷上真符篇正文。

〔三〕以朱書素佩之左肘勿經履汙穢佩之八年而三一俱見矣　此句見登真隱訣卷上寶章篇正文。

〔四〕三一者三元真一君也授其封掌之教　此句見登真隱訣卷上寶章篇陶注，文字小異。

〔五〕小有天王太素清虛真人　引文見雲笈七籤卷一百六之清虛真人王君內傳，文字略有出入。

〔六〕登白空山　清虛真人王君內傳作「白空虞山」。

〔七〕詣紫虛太真三元君　清虛真人王君內傳作「太素三元上道君」。

〔八〕策玉璽　清虛真人王君內傳作「賚神策玉璽授君，以爲太素清虛真人」。

46 南極南嶽真人左仙公太虛上真君〔一〕，姓赤，諱中英，初學道在金華山，忽得疾病困篤，經一十六年，青童授智慧消魔經，扶疾諷誦三千遍，都愈也。　三洞珠囊卷一

47 太極真人〔二〕，神光内曜，朱華外陳，體生玉映也。　三洞珠囊卷八

48 大茅君，字叔申〔三〕，年十八，入恒山學道，師西城王君。詣龜山，得九轉還丹。至漢元帝時，仙官下降，授玉皇九錫，爲太元真人東嶽上真卿吴越司命君〔四〕，治天台赤城洞。

〔一〕南極南嶽真人左仙公太虛上真君　此即列仙傳之赤松子，上清派給予尊號如此。真誥卷十四云：「在元炁爲元君，在玄宮爲玄師，在南辰爲南極老人，在太虛爲太虛真人，在南嶽爲赤松子。」關於赤松子在金華山疾病十六年傳説，亦見於上清道寶經卷一，云云：「太上道君説上清大智慧文，金闕帝君侍坐，聞之以告青童曰：　上相可以告道士。　後告南嶽赤松子，於金華山中得病，所謂天魔鬼以病亂其真，扶病諷誦，滿三千遍，大金闕爲太廬真人。」不詳是據本文敷衍，或是本文濫觴。

〔二〕太極真人　三洞珠囊注明引自登真隱訣第四。不同教派太極真人不同，上清派之太極真人爲安度明與西梁子文二人，在真靈位業圖中均爲「太極右真人」。登真隱訣佚文有關太極真人傳授煉養服食方術甚多，單列在後，不納入傳記中。

〔三〕大茅君字叔申　雲笈七籤卷一百四太元真人東嶽上卿司命真君傳云：「真人姓茅諱盈字叔申。」

〔四〕爲太元真人東嶽上真卿吴越司命君　雲笈七籤卷一百四云：「太元真人領東嶽上卿司命神君。」

弟字季偉〔一〕，服太極九轉丹，爲吴越定録君。弟字思和〔二〕，所學與中茅同，爲三官保命君，封掌川源，監植芝英也。晉護軍長史許穆字玄一，南嶽元君使楊君授上清諸法，得道爲左卿仙侯上清真人。子名翽，字道翔，亦楊君授經，得道爲侍帝晨上清真人。

仙苑編珠卷中

49 太元真人乘白虎輿，有八色雲軿。

太平御覽卷六百七十七

50 司命目有流光，面生玉澤〔三〕。

三洞珠囊卷八

51 季偉昔長齋三年，誠竭單思，乃能服日月光芒之液，於是神光映身也〔四〕。

三洞珠囊卷五

〔一〕弟字季偉　茅固字季偉。

〔二〕弟字思和　茅衷字思和。

〔三〕司命目有流光面生玉澤　三洞珠囊注明引自登真隱訣第四。

〔四〕季偉昔長齋三年竭誠單思乃能服日月光芒之液於是神光映身也　三洞群仙録卷十八引文同，三洞珠囊注明引自登真隱訣第四。

52 李翼，字仲甫〔一〕，以七變法傳左慈〔二〕，慈修之，以變化万端。此經在茅真人傳後，道士以還丹方殊祕，故略出，別爲一卷。

太平御覽卷六百七十八

53 三昧真人乘風雲龍車，下衛齋戒之士。太素真人辟始學者惡夢之法〔三〕。金華真人刻大洞上經於天帝紫微宮玄琳玉殿東壁牖上〔四〕。太虛真人説鴻鳥之經〔五〕。太極真人

〔一〕李翼字仲甫　無上祕要卷八十四云：「李翼，字仲甫，京兆人。與茅司命俱事王君。」

〔二〕以七變法傳左慈　無上祕要卷八十三云：「左元放，名慈，漢魏時人，李仲甫弟子，服爐火九華丹。」真誥卷十二陶注云：「左慈，字元放，李仲甫弟子，即葛玄之師也。魏武父子招集諸方士，慈亦同在中。建安末，渡江尋山，仍得入洞，又乞丹砂合九華丹。九華丹是太清中經法。」

〔三〕太素真人辟始學者惡夢之法　上清修身要事經有「太素真人教始學者辟惡夢法」。

〔四〕金華真人刻大洞上經於天帝紫微宮玄琳王殿東壁牖上　無上祕要卷八十七引洞真太極帝君填生五藏上經云：「太極金華真人以此經文刻於太微天帝紫微宮玄琳玉殿東壁牖上。」

〔五〕太虛真人説鴻鳥之經　雲笈七籤卷二十三引太虛真人説古歌云：「鴻鷺十年鳥，爲肴致天真。五帝銜月華，列坐空中賓。」此或所謂「鴻鳥之經」。

誦王母之辭。典禁真人察人之善惡〔一〕。妙行真人推劫會之數〔二〕。太平御覽卷六百六十

54 太清正一真人張道陵，沛國人，本大儒，漢延光四年始學道，至漢末，於鳥鵠山仙官來降〔三〕，授以正一盟威之教，施化領民之法，號天師，即真誥云奉張道陵正一平氣者是也〔四〕。天師靈寶伍符序及太清金液丹序並佳筆，別有傳，已行於世〔五〕。太平御覽卷六百七十一

55 五靈道人支子元〔六〕，乃於静室精思，存五星在頭上。歲星在左，太白在右，熒惑在

〔一〕典禁真人察人之善惡　上清握中訣卷中云：「太極典禁真人，來於空中觀察善惡。」

〔二〕妙行真人推劫會之數　太上洞玄靈寶赤書玉訣妙經卷下云：「元始上帝、靈寶尊神、十方大聖、妙行真人，常以一年三詣南帝洞陽宫，校定天元，推數劫會，開明赤書五老真文，封題玉積以付五帝。」

〔三〕於鳥鵠山仙官來降　「鳥鵠山」，三國志張魯傳作「鵠鳴山」。

〔四〕即真誥云奉張道陵正一平氣者是也　真誥卷八注釋説：「正一平氣即天師祭酒之化也。」

〔五〕天師靈寶伍符序及太清金液丹序並佳筆別有傳已行於世　兩書今皆有傳本，一名太上靈寶五符序，一名太清金液神丹經。

〔六〕五靈道人支子元　無上祕要卷八十三云：「支子元作道人裴君師。」雲笈七籤卷一百五清靈真人裴君傳記道人支子元傳授裴君思存五星之法：「存想五星，使北方辰星在頭上，東方歲星在左，西方太白星在右，南方熒惑星在膝中間，中央鎮星在心中。」

膝中，使鎮星在心中，各見光芒氣色也。久久行之，出入遠行，常思不忘，無所不却也。此五神因共人身，則白日昇天也〔二〕。

三洞珠囊卷五

56 辛玄子好遊山〔三〕。志願憑子晉以昇虛，侶陵陽以步玄，故名玄子，字延期。自序

〔二〕久久行之……則白日昇天也　清靈真人裴君傳云：「久久行之，出入遠行，常思不忘，無所不却，萬禍所不能干也。後當奄見五老人，則是五星精神也。若見者，當問以飛仙之道。五神共扶人身形，白日昇天。」説法與本文略異，疑佚文引用有所芟落。

〔三〕辛玄子好遊名山　無上祕要卷八十三云：「辛玄，字延期。隴西定谷人，辛隱之子，辛毗七世祖也。好道，行度秦川溺死。西王母、酆都北帝愍之，勑命三官，攝取形骸還成人，度名南宫。今差領東海侯禁元中郎將，爲吴越鬼神之司。」真誥卷十陶注説：「辛玄子事在第五卷中。」此「第五卷」或指真誥第五部分「闡幽微」，而非登真隱訣第五卷也。今本真誥第十六卷闡幽微第二有辛玄子傳記云：「玄子，字延期，隴西定谷人，漢明帝時，諫議大夫，上洛、雲中、趙國三郡太守辛隱之子。玄子少好道，遵奉法戒，至心苦行，日中菜食，鍊形守精，不遘外物，州府辟聘，一無降就。遊山林，棄世風塵，志願憑子晉於緱岑，侶陵陽於步玄，故改名爲玄子，而自字延期矣。」

云〔二〕：西王母見苦行，北酆帝愍道心，於今二百年矣。而大帝且令領東海侯，爲吴越神靈之司，未得振翠衣於九霄，舞雲翔於十方也。

仙苑編珠卷中

57 司馬季主受西靈劍解之法〔三〕，在委羽山大有宮服明丹之華，挹扶晨之暉，貌如女子，鬚長三尺也〔三〕。

仙苑編珠卷中

〔二〕自序云　辛玄子自序即前引真誥卷十六云云，其後又云：「不圖先世之多愆，殃流子孫。結眚刊於帝簡，運沈逮於後昆。享年不永，遂没命於長梁之津。西王母見我苦行，酆都北帝潛我道心，告勑司命，傳檄三官，攝取形骸，還魂復真，使我頤胎，位爲靈神，於今二百餘年矣。近得度名南宮，定策朱陵，藏精待時，方列爲仙。而大帝今且見差領東海侯，代庾生。又見選補禁元中郎將，爲吴越鬼神之司。王事靡盬，斯亦勞矣。」

〔三〕司馬季主受西靈劍解之法　此仙苑編珠「季主長安辛玄吴越」句注引登真隱訣，因其前已引道學傳司馬季主云云，故引用登真隱訣時省去「司馬季主」四字，今補完。其傳記亦見無上祕要卷八十四，云：「司馬季主，漢時人，受西靈子都劍解之道，託形枕席，在委羽山大有宮，服明丹之華，挹扶晨之暉。真授云：如似作劍兵解法。兵解則不得在太極。」

〔三〕貌如女子鬚長三尺也　此見真誥卷十四，云：「季主讀玉經，服明丹之華，挹扶晨之暉。今顔色如二十女子，鬚長三尺。黑如墨也。」

58　東方朔，字曼倩，仕漢武，服初神丸〔一〕，至宣帝時棄官，於會稽賣藥，後昇爲歲星〔二〕。仙苑編珠卷上

59　北海公涓子〔三〕，名姓不顯，青童君弟子，蘇林之師也。少餌朮、黄精〔四〕，授守一玄丹之道，在世二千八百年。玄洲上卿蘇林，字子玄，涓子弟子也，周紫陽之師〔五〕，濮陽曲水人。年二十餘，辭家學道，後授三元真一，遊變人間。太平御覽卷六百七十一

60　崔文子〔六〕，列仙傳云：太山人，在太山下以藥救病人者。赤君在金華山病十六年，後風消得道也〔七〕。三洞珠囊卷一

〔一〕東方朔字曼倩仕漢武服初神丸　無上祕要卷八十四云：「東方朔服初神丸，仕漢武帝者。」

〔二〕後昇爲歲星　太平御覽卷五引漢武故事云：「東方朔是木帝精，爲歲星，下遊人中以觀天下。」

〔三〕北海公涓子　涓子已見於列仙傳，本篇係經過上清派增飾者，可參雲笈七籤卷一百四玄洲上卿蘇君傳。

〔四〕少餌朮黄精　原本「朮」作「木」，據列仙傳改。列仙傳云：「好餌朮，接食其精。」

〔五〕周紫陽之師　「周」，原作「同」，據雲笈七籤改。

〔六〕崔文子　原作「崔文字」，據列仙傳改。無上祕要卷八十三云：「崔文子，善以藥救人病者。」

〔七〕赤君在金華山病十六年後風消得道也　此句疑是赤松子條衍文，可參佚文第四十六則。

61 趙廣信受服氣法〔一〕，守玄中之道七十八年。後合九華丹，一服，太一遣雲駕下迎，在東華宮。

仙苑編珠卷中

62 董仲君〔二〕，淮南人也。少時服氣鍊形，年百餘歲不老。常見誣繫獄，尸解仙去。

太平御覽卷六百六十二

63 清平吉〔三〕，沛人也。漢高祖時卒也，至光武時故不老，後尸解去。

太平御覽卷六百六十二

〔一〕趙廣信受服氣法　此仙苑編珠「伯微昆侖廣信小白」句注引登真隱訣，因其前已引真誥提到趙廣信云云，故續引登真隱訣時省去「趙廣信」，今補完。無上祕要卷八十三云：「趙廣信，陽城人，魏末來到小白山，受服氣法，守玄中之道七八十年，後合九華丹，一服，太一道君遣迎在東華。」

〔二〕董仲君　原作「董仲居」，據神仙傳等皆作「董仲君」，因改。此條內容亦襲自神仙傳，云：「董仲君者，臨淮人也。服炁鍊形，二百餘歲不老。曾被誣繫獄，乃佯死，須臾蟲出，獄吏乃舁出之，忽失所在。」

〔三〕清平吉　此條亦見神仙傳，神仙傳或作「倩平吉」，亦有作「清平吉」者。原文云：「倩平吉者，沛人也。漢初入山得道，至光武時不老。後託形尸假，百餘年却還鄉里也。」雲笈七籤卷八十五「清平吉」條與本文近似：「清平吉，沛國人也，漢高皇帝時衛平也。至光武時容色不老，後尸解去。百餘年復還鄉里，數日門又尸解而去。」句中「漢高皇帝時衛平」，或即「衛卒」之訛，亦即本條云「漢高祖時卒也」。

64 太一有玉璽金真虎符〔一〕。方丈臺昭靈李夫人〔二〕，治方丈臺弟十三朱館中。以晉興寧中降楊君，曳紫錦衣，帶神虎符、流金鈴，帶青玉色綬。有兩侍女，年二十許，著青綾衣。一侍女名隱暉，捧赤玉箱二枚，青帶束絡〔三〕，玉檢文題檢，一曰太上章，一曰太上文。自此後，數數來降，授書作詩。

太平御覽卷六百七十八

65 大茅山西立華陽上下二館〔四〕。

上清道類事相卷一

66 上館以研虛守真，下館以鍊丹治藥。

華陽陶隱居内傳卷中

〔一〕太一有玉璽金真虎符　太平御覽卷六百七十六引作「太一有玉璽金丹虎符」。此句與後句應非出自同一段落，或太平御覽誤併。
〔二〕方丈臺昭靈李夫人　此後云云，皆見於真誥卷三。
〔三〕青帶束絡　原作「青帶絡」，據真誥補「束」字。
〔四〕大茅山西立華陽上下二館　有十餘條登真隱訣佚文與陶弘景活動有關，集中在此，簡要注釋。陶弘景於齊永明十年（四九二）棄官入茅山修道，華陽陶隱居内傳卷中云：「先生以大茅、中茅間有積金嶺，其地可修上道，乃於嶺西立華陽上下館。」

67 天監四年初營〔一〕，自起火至限竟，用礱穀糠凡一千二百斛。藥屋入夜，復慮精物干觸，必宜閉户，其煙氣蓬勃可知矣。　華陽陶隱居内傳卷中

68 此事朝野聲邇顯著，人人皆有望，此最犯戒忌之大也〔二〕。　華陽陶隱居内傳卷中

69 壬辰年六月，便乘海還永嘉〔三〕。木溜嶼乃大有古舊田墌，孤立海中，都無人居，甚可營合。　華陽陶隱居内傳卷中

〔一〕天監四年初營　陶弘景天監初爲梁武帝煉丹，因補「天監」兩字。華陽陶隱居内傳卷中云：「四年（五〇五）春，先生出居嶺東。使王法明守上館，陸逸沖居下館，潘淵文、許靈真、楊超遠從焉。是歲有事於爐燧，明年元日，開鼎無成。」

〔二〕此事朝野聲邇顯著人人皆有望此最犯戒忌之大也　華陽陶隱居内傳卷中云：「先生以爲營非常事，宜聲跡曠絶，而此山密邇朝市，岩林淺近，人人皆云有望，是丹家酷忌。」

〔三〕壬辰年六月便乘海還永嘉　煉丹無成，陶弘景於天監七年（五〇八）化名王外兵，從茅山出走，先後輾轉東陽、永寧，渡海至霍山（今浙江岱山縣），天監十一年壬辰（五一二）到永嘉，擇近海孤島木溜嶼煉丹。

70 郗司空先立別墅于此中〔一〕，自東晉居人數百家，至今湖田見在。山多蛇虎。太平寰宇記卷九十九

71 八月至木溜，見其可居，始上岸起屋。十月，司徒慧明至。于時願得且停木溜，與慧明商搉，往復積日，永不敢許，於是相隨而還也〔二〕。華陽陶隱居内傳卷中

72 甲午年敕買故許長史宅〔三〕，宋長沙館，仍使潘淵文與材官師匠營起朱陽館。華陽陶隱居内傳卷中

73 昔李明於此下合九鼎丹以外玄洲〔四〕。發掘基址，屢得破瓦器，乃其舊用。華陽陶隱居内傳卷中

〔一〕郗司空先立別墅於此中　此條爲太平寰宇記瑞安縣玉環山條引登真隱訣。據太平寰宇記，「玉環山，一名木陋嶼，又名地胏山，在海中」。因知此條登真隱訣佚文乃是記録當時陶弘景在木溜嶼所見，故列在登木溜嶼之後。

〔二〕於是相隨而還也　梁武帝知道陶弘景行蹤後，乃「使司徒慧明迎還舊嶺」，於是，陶弘景被迫返還茅山。

〔三〕甲午年敕買故許長史宅　天監十三年甲午（五一四），梁武帝買茅山前真許謐故宅，爲陶建朱陽館，蕭繹（梁元帝）撰陶先生朱陽館碑。

〔四〕昔李明於此下合九鼎丹以外玄洲　「外」當爲「升」之訛；「李明」云云，可參見佚文第三十則注釋。

74 鄧郁，宜都夷陵人〔一〕，天監四年，湘州刺史楊公則擕下都，啓聞進見，權住蔣山，後勑給九轉藥具，令還山營合。

華陽陶隱居内傳卷中

75 鄧先生初去，顔色如故。後三日，安輿中，停置積日，尸不毁壞〔二〕。

華陽陶隱居内傳卷中

76 所論一理者，即是一切衆生身中清浄道性〔三〕。道性者，不有不無，真性常在，所以通之爲道。道者，有而無形，形而有情〔四〕，變化不測，通於羣生。在人之身爲神明，所以爲

〔一〕鄧郁宜都夷陵人　天監四年，梁武帝不僅詔陶弘景煉丹，同時又令南嶽鄧郁營合。此華陽陶隱居内傳卷中引登真隱訣，因補「鄧郁」兩字。

〔二〕鄧先生初去……尸不毁壞　「初去」原作「初云」，據文意改。據華陽陶隱居内傳，鄧郁在天監十四年煉成金丹，不以進御，自餌之，於是「尸解」。

〔三〕所論一理者即是一切衆生身中清浄道性　此數句論「道性」之「不有不無，真性常在」，似由佛教「自性」理論轉化而來。因「道性」之説流行於隋唐，此語究竟是登真隱訣佚文，還是上清經祕訣誤引，尚待考察。但「道者，有而無形」以下，完全見於老君内觀經，且雲笈七籤卷十七、傳授三洞經戒法籙略説卷下引用老君内觀經亦同。似乎不必認爲老君内觀經引登真隱訣而未標明出處，應以上清經祕訣引老君内觀經而誤注爲登真隱訣可能性較大。

〔四〕形而有情　三種老君内觀經皆作「無而有情」。

心也。所以教人修心，即修道也。教人修道，即修心也。道不可見，因生以明之。生不可常，用道以守之。生亡則道廢，合道則長生也〔一〕。

77 方諸青童云〔二〕：人學道亦苦，不學亦苦。二苦之始，乃同爲苦，之終則異。爲道者緣苦得樂，不爲道者從辛苦而已矣〔三〕。惟人自生至老，自老至病，獲身至死，其苦甚矣。心腦積罪，生死不絶，其苦難説。況復不終其天之年老哉。此不爲道之苦也。爲道亦苦者，清净存真，守玄思靈，尋師勞苦，歷試數百，用志不墮，亦苦之至也。此爲道之苦。數十年中，爲苦之理，乃有甚於彼。得道之日，乃頓忘此苦。猶百日之飢，一朝而飽，豈復覺向者之餒乏耶。非道則不可。

上清經祕訣

〔一〕生亡則道廢合道則長生也　此句三種老君内觀經皆作：「生亡則道廢，道廢則生亡，生道合一，則長生不死，羽化神仙。」由文句結構來看，應是本文節引老君内觀經，而非相反。

〔二〕方諸青童云　以下文字見于真誥卷六，略有參差，録文備參：「人爲道亦苦，不爲道亦苦。惟人自生至老，自老至病，護身至死，其苦無量。心惱積罪，生死不絶，其苦難説。況多不終其天年之老哉。爲道亦苦者，清净存其真，守玄思其靈，尋師轗軻，履試數百，勤心不墮，用志堅審，亦苦之至也。」其中「護身至死」，似應依本文作「獲身至死」爲是。又按，真誥此部分内容，實出自四十二章經。

〔三〕不爲道者從辛苦而已矣　「從」疑是「徒」之訛，徒勞之意。

78 天真授書，靈人授書。三千年六傳，二千二百年傳十人，千年五傳，七百年三傳。已上年限，並是聖帝相師玉籍金科，非代間可擬〔一〕。太平御覽卷六百六十八

79 有至學之子，唯當勤心幽靈，啓請玄師，才分苟合，必將感悟，得是衆真應付之限。然後乃盟，盟而修，修而必終。吾將分金與之爲友。不如此者，無煩强營。徒守之滿笈，適足累其七祖，考河之石，彌增其多耳。古人謂之皮好，吾今號爲耳學。所以聞道則膝行，道寂則俱亡也。夫道必須授受乃得遵修者，非爲徒然。如世中禁術，若非傳受，則用之不行。舉此一言，足以深悟。要修科儀戒律鈔卷一

〔一〕非代間可擬 「代間」即「世間」，唐人避諱所改。

80 上真之道有七〔一〕：第一太上鬱儀奔日文，二太上結隣奔月章〔二〕，三太上八素奔晨章，四太微飛天上經，五高上太洞真經，六金闕靈書紫文，七九真中經也。上真之位，爲諸天帝〔三〕。行則三七色節〔四〕，萬真前導。中真之道有六〔五〕：太丹隱書、九真玄文、太上金策、方諸上經、三皇内文、紫書訣籙。中真之位，上清卿相之列也〔六〕。紫毛持節，玉帝參

〔一〕上真之道有七　原文「真」字後衍「人」字。雲笈七籤卷六「三洞品格」引八素真經云：「太上之道有三，上真之道有七，中真之道有六，下真之道有八。」其後七部經名與本篇小異，依次爲：太上鬱儀奔日文、太上結鄰奔月章、太上八素奔晨隱書、太微帝君飛行天綱上經、高上大洞真經三十九章、金闕靈書紫文上經、黄老八道九真中經。

〔二〕第一太上鬱儀奔日文二太上結鄰奔月章　雍録卷四「結鄰鬱儀樓」條引登真隱訣曰：「上真之道七，鬱儀奔日文爲最，結鄰奔月文爲次。」揆其文句，應即摘録本條。

〔三〕上真之位爲諸天帝　上清太上八素真經作：「上真之道，總而行之，爲上清真人。給玉童玉女各三千人，位爲諸天帝之位。」

〔四〕行則三七色節　上清太上八素真經作「行則三七之節」。

〔五〕中真之道有六　雲笈七籤六部經名與本篇小異，依次爲太丹隱書朝真上經玉帝神符、三天正法鳳真之文九真昇玄文、三元布經四真之章太上金策、方諸洞房玉字上經六甲靈飛符、靈寶祕符三皇内文天文大字、青要紫書曲素訣詞三五順行經。

〔六〕中真之位上清卿相之列也　上清太上八素真經作：「中真之道，總而行之，則爲上清中道真人。給玉童玉女各一千人，位爲上清左右卿相之師。」

轅〔一〕。下真之道有八〔二〕：上清七變、隱地八術、玄皇玉書、神州洞經、紫庭中方、降籙黃道、素奏中章、上元玉書。下真之位，上清大夫之流〔三〕。五色節旌，飛行倒景。

太平御覽卷六百六十

81 崑崙瑶臺，刊定真經之所也。上品居上清，擬帝皇之尊。中品處中道，皆公卿之位。下品居三元之末，並大夫之流。三真品經，各有條次〔四〕。

太平御覽卷六百六十

82 歲月就遠，精勤無虧，彊體鍊氣，修樂得宜。然後五腴改貌，玄水之液也。七陽變質，

〔一〕玉帝參轅　上清太上八素真經作「五帝驂軒」。

〔二〕下真之道有八　雲笈七籤八部經名與本篇小異，依次爲上清九化十變三九素語、丹景道精隱地八術、天關三圖玄皇玉書、神州七變七轉洞經、紫度中方石精玉馬水母經、絳緑黃道玉目龍書衆文、素奏中章五行祕符、五帝玉女上元五書。

〔三〕下真之位上清大夫之流　上清太上八素真經作：「下真之道，總而行之，則爲上清下元真人。給玉童玉女五百人，位爲上清左右大夫之官。」

〔四〕三真品經各有條次　上清素靈上篇云：「道士若備修太上三真品經者，位爲帝皇之上公、上卿也。若所遭受者偏，聞道有限者，位爲小有靈宫之王，神州之卿，太極中下大夫耳。」

曲晨精也〔一〕。鶴竦沖虛，九轉丹也。龍翻駕日，琅玕華也。錫書玉階，詣太微也。受事瓊室，詣玉晨也。吾道畢矣〔二〕。

83 飛琅玕之華〔三〕，漱龍胎，飲瓊精〔四〕，服金丹〔五〕，挹九轉〔六〕，服靈寶，行九真〔七〕。白

三洞珠囊卷三

〔一〕曲晨精也　原作「曲是精也」，據雲笈七籤卷八十四太極真人石精金光藏景録形經説云：「此曲晨飛精，一名七陽日精之華，蓋琅玕之并例矣。」因知「曲是」爲「曲晨」之訛。

〔二〕吾道畢矣　此修煉法總論，以「賜書玉階，受事瓊室」爲終極目標。以上三洞珠囊注明引自登真隱訣第七。

〔三〕飛琅玕之華　此句至「十轉紫華」，皆真誥卷十四神仙故事中涉及之靈丹，次序亦同，引真誥爲注。真誥云：「吞琅玕之華而方營丘墓者，衍門子、高丘子、洪涯先生是也。」

〔四〕漱龍胎飲瓊精　真誥卷十四云：「漱龍胎而死訣，飲瓊精而叩棺者，先師王西城及趙伯玄、劉子先是也。」

〔五〕服金丹　真誥云：「服金丹而告終者，臧延甫、張子房、墨狄子是也。」

〔六〕挹九轉　真誥云：「挹九轉而尸臰，吞刀圭而蟲流，司馬季主、甯仲君、燕昭王、王子晉是也。」

〔七〕服靈寶行九真　真誥云：「夏禹詣鍾山，啖紫柰，醉金酒，服靈寶，行九真，而猶葬於會稽。」

琅之霜，十轉紫華〔一〕。隱遷白翳神散，石精金光靈丸〔二〕，此是金劍經曲晨丹滓。九宮右真公郭少金甘草丸方〔三〕，長桑公子服朮方〔四〕，扁鵲起死方〔五〕。胡麻散，伏苓丸〔六〕。九琳

〔一〕白琅之霜十轉紫華　真誥云：「北戎長胡大王獻帝舜以白琅之霜，十轉紫華，服之使人長生飛仙，與天地相傾。」

〔二〕隱遷白翳神散石精金光靈丸　上清道寶經卷四引紫虛元君内傳云：「與夫人兩劑藥，一曰隱遷白瞖神散，一曰石精金光化形靈丸。」按「石精金光藏景録形」是所謂「劍解之道」，故下文説：「此是金劍經曲晨丹滓。」

〔三〕九宮右真公郭少金甘草丸方　無上祕要卷八十三云：「右真公郭少金，撰甘草丸者。」

〔四〕長桑公子服朮方　真誥卷六有紫微夫人服朮叙，但不言長桑公子所傳。

〔五〕扁鵲起死方　無上祕要卷八十四云：「長桑公子，莊周師，授扁鵲起死方者。」陶弘景增補肘後方「扁鵲法」有注釋説：「按此前救卒四方，並後尸厥事，並是魏大夫（按即「魏夫人」之訛）傳中正一真人所説，扁鵲受長桑公子法。」

〔六〕胡麻散伏苓丸　雲笈七籤卷一百五清靈真人裴君傳，裴君受支子元服胡麻法、服茯苓法，即此胡麻散、伏苓丸所本。

玉液，八瓊飛精〔一〕。太上制仙丸，是八瓊丹也〔二〕。太極真人青飢飯上仙靈方〔三〕，太極真人採服雲芽玉方〔四〕，高丘先生四扇神仙散方〔五〕，龜臺王母四童靈方〔六〕，太上八瓊飛精

〔一〕九琳玉液八瓊飛精　三洞珠囊卷三引登真隱訣第四云：「得九琳玉液、八瓊飛精者，則合終二景，天地同符也。」無上祕要卷七十六引道跡經同。

〔二〕太上制仙丸是八瓊丹也　雲笈七籤卷一百四玄洲上卿蘇君傳云：「欲作真人，當先服制仙丸。制仙丸者，太上八瓊飛精之丹也。」

〔三〕太極真人青飢飯上仙靈方　雲笈七籤卷七十四有太極真人青精乾石飢飯上仙靈方，詳本書「疑似道經」部分。

〔四〕太極真人採服雲芽玉方　三洞珠囊卷三引登真隱訣第四云：「太極真人服四極雲芽也。」無上祕要卷七十六有「太極真人服四極雲芽神仙上方」，小字說：「南嶽夫人受清虛真人方。」

〔五〕高丘先生四扇神仙散方　雲笈七籤卷七十七「黃帝四扇散方」小字說「大茅君以授中茅君」，有云：「我昔受於高丘先生，令以相傳耳。」

〔六〕龜臺王母四童靈方　雲笈七籤卷七十四太上肘後玉經方八篇之第四爲「龜臺王母四童散方」，有云：「昔王母傳大茅君，大茅君傳弟哀（當作「衷」）。」同書卷七十七別有「王母四童散方」，組成與此不同。

丹〔二〕。服胎法還神守魄黄赤内真保靈松煙流青紫丸〔三〕，初神去本剬蟲丸〔三〕。赤丹金精石景水母，此紫文服日氣法〔四〕。黄氣陽精藏天隱月，此紫文服月精法〔五〕。黄水月華，徊

〔二〕太上八瓊飛精丹　上清道寶經卷四有「太上八瓊飛精之丹」，注釋闕如。本篇前「太上制仙丸，是八瓊丹也」句，引雲笈七籤卷一百四玄洲上卿蘇君傳云：「欲作真人，當先服制仙丸。制仙丸者，太上八瓊飛精之丹也。」與此句重複，未詳何意。

〔三〕服胎法還神守魄黄赤内真保靈松煙流青紫丸　此句無法點斷，亦不詳相關文獻背景。

〔三〕初神去本剬蟲丸　雲笈七籤卷一百四玄洲上卿蘇君傳云：「凡欲求真，當先服制蟲丸。制蟲丸者，一名初神去本丸也。」

〔四〕赤丹金精石景水母此紫文服日氣法　真誥卷五云：「道有赤丹金精石景水母。」雲笈七籤卷十一云：「上清紫文吞日氣法，一名赤丹金精石景水母玉胞經。」

〔五〕黄氣陽精藏天隱月此紫文服月精法　真誥卷五云：「道有黄氣陽精藏天隱月。」太上玉晨鬱儀結璘奔日月圖云：「靈書紫文曰：採服陰華，吞月精之法，昔授之於太微天帝君，一名黄氣陽精藏天隱月經。」

天玉精，鐶剛樹子，水陽青映，赤樹白子，絳樹青實，琅玕華丹〔一〕。太極隱芝〔二〕，九真五公石腴〔三〕。石精金精藏景化形法〔四〕。解鍊之道，反行法，服玉液，潮腦精〔五〕。心鏡道，具百

〔一〕黄水月華……琅玕華丹　以上皆見於真誥卷五，其略云：「仙道有黄水月華，服之化而爲月。仙道有徊水玉精，服之化而爲日。仙道有鐶剛樹子，服之化而爲雲。仙道有水陽青映，服之化而爲石。仙道有赤樹白子，服之化而爲玉。仙道有絳樹青實，服之化爲黄金。仙道有琅玕華丹，服之化爲飛龍。」原文「鐶剛」後缺「樹子」，據真誥補。又據太微靈書紫文琅玕華丹神真上經，所謂「琅玕華丹」，是外丹術，由琅玕華丹依次變化成黄水月華、徊天玉精、水陽青映。

〔二〕太極隱芝　真誥卷五云：「仙道有金液神丹，太極隱芝。」又云：「若得太極隱芝服之，便爲左右仙公及真人矣。」

〔三〕九真五公石腴　五公石腴乃是太陰練形之術，據真誥卷四提到：「（許）長史抄寫九真經後服五石腴事。」因知「九真五公石腴」爲一句。

〔四〕石精金精藏景化形法　真誥卷五云：「道有石精金光藏景録形。」其中「石精金光」，無上祕要、雲笈七籤等皆同，疑本篇作「石精金精」有誤。

〔五〕解鍊之道反行法服玉液潮腦精　此句見真誥卷四，謂許邁「師（王）世龍，授解束之道，修反行之法，服玉液，朝腦精」。疑本篇「解鍊」爲「解束」之訛。

神，守玄中道〔一〕。遁變化景道，遁變隱景道，隱解法〔二〕。九精鍊氣輔星存心術〔三〕。鍊魂法，杖解法〔四〕。水行不溺法，飛解脱網道〔五〕。九靈明鏡，守玄白術〔六〕。吞日景法，服丹霞

〔一〕心鏡道具百神守玄中道　此下數句皆出於真誥，但有脱訛。真誥卷十四平仲節受師宋君「存心鏡之道，具百神，行洞房事」。同卷趙廣信受師左慈「守玄中之道」。

〔二〕遁變化景道遁變隱景道隱解法　真誥卷十四施存「得遁變化景之道」。卷十三張玄賓遇真人樊子明「授以遁變隱景之道」。卷十二林屋仙人王瑋玄授韓崇「以隱解法」。

〔三〕九精鍊氣輔星存心術　真誥卷十二郭幼平教桃俊「服九精鍊氣輔星在心之術」。其中「輔星」，原本作「轉皇」，因據改。

〔四〕鍊魂法杖解法　真誥卷十二夏馥「從赤須先生受鍊魂法」。同卷劉寬遇青谷先生「授其杖解法」。

〔五〕水行不溺法飛解脱網道　真誥卷十二劉少翁，河侯河伯「教授水行不溺法」。卷三觀香受王子喬傳「飛解脱網之道」。

〔六〕九靈明鏡守玄白術　真誥卷十三范丘林「服九靈明鏡華，遂得仙」。同卷杜契遇介琰先生，「授之以玄白術」，又説「守玄白者能隱形」。

道〔二〕。守五藏含日法〔三〕，服氣法，食日精，雲氣迴行道〔三〕。服日月氣，服日月象〔四〕。日在心，月在泥丸〔五〕。行九息服氣，服三氣玄真法〔六〕。玄真服霧氣法〔七〕，服五星氣，服日月晨氣，服胎氣〔八〕。丹砂幽精，金碧紫漿，八瓊絳液，龍胎鳳腦，雲琅玉華〔九〕。九鼎、雲散，

〔一〕吞日景法服丹霞道　真誥卷十四鄧伯元、王玄甫，受「服青精石飯吞日丹景之法」。同卷尹虔子、張石生、李方回受「蘇門周壽陵服丹霞之道」。

〔二〕守五藏含日法　真誥卷十四鄭景世、張重華「行守五藏含日法」。

〔三〕服氣法食日精雲氣迴行道　真誥卷十四小白山中有學道者受「李法成服炁法」。同卷虞翁生受「仙人介君食日精法」，兼行「雲炁迴形之道」。

〔四〕服日月氣服日月象　真誥卷十四劉瑋惠事司馬季主，「服日月炁」。卷九有「東華真人服日月之象上法」。

〔五〕日在心月在泥丸　真誥卷七有南極夫人告「日在心月在泥丸之道」。

〔六〕行九息服氣服三氣玄真法　真誥卷十二劉寬遇青谷先生，「行九息服氣」之術。卷十三范幼沖恒服三氣。

〔七〕玄真服霧氣法　真誥卷十三含真臺女真張微子常服霧氣，有服霧法云云。

〔八〕服五星氣服日月晨氣服胎氣　真誥卷十三傅禮和「常服五星氣以得道」。卷十四劉平阿「常服日月晨炁」。同卷龍伯高從仙人刁道林受「服胎炁之法」。

〔九〕丹砂幽精金碧紫漿八瓊絳液龍胎鳳腦雲琅玉華　此段化裁真誥卷六紫微夫人服朮叙，原文爲：「爐轉丹砂之幽精，粉鍊金碧之紫漿。琅玕鬱勃以流華，八瓊雲焕而飛揚。絳液迴波，龍胎隱鳴。虎沫鳳腦，雲琅玉霜。太極月醴，三環靈剛。」

虹丹、石腦〔二〕。九華丹〔三〕，北育火丹〔三〕，流珠丹〔四〕，爐火丹〔五〕，岷山丹〔六〕，虹丹之液〔七〕，雲華丹，鳴丹金液〔八〕。導仙八方，石中黄水雲漿〔九〕。太極真人遺帶白散〔一〇〕，青精石

〔一〕九鼎雲散虹丹石腦　此數句論尸解，出自真誥卷四，云：「黄帝火九鼎於荆山，尚有橋領之墓。季主服雲散以潛升，猶頭足異處。墨秋咽虹丹以投水，寗生服石腦而赴火。」

〔二〕九華丹　真誥卷十四云：「趙廣信多來都下市丹砂，作九華丹。」卷十二陶注提到左慈乞丹砂合九華丹，云：「九華丹是太清中經法。」

〔三〕北育火丹　真誥卷十四莊子師長桑公子，隱於抱犢山，「服北育火丹。白日升天」。

〔四〕流珠丹　真誥卷十二林屋仙人授韓崇以流珠丹一法。

〔五〕爐火丹　真誥卷十二劉寬遇青谷先生，授以爐火丹方。

〔六〕岷山丹　真誥卷十二韓終授黄景華岷山丹，服之得仙。

〔七〕虹丹之液　真誥卷十四提到有吕子華者，已服虹丹之液。

〔八〕雲華丹鳴丹金液　雲華丹、鳴丹，不詳出處。真誥卷四云：「鹿皮公吞玉華而流蟲出户，仇季子咽金液而臭聞百里。」其中「金液」疑即是此。

〔九〕導仙八方石中黄水雲漿　真誥卷五，黄子陽在博落山中學道，但食桃皮，飲石中黄水。後逢司馬季主，「季主以導仙八方與之，遂以度世」。卷十二夏馥遇桐柏真人，授之以黄水雲漿法。「石中黄水雲漿」，原作「石中黄雲漿」，據真誥增「水」字。

〔一〇〕太極真人遺帶白散　真誥卷十云：「太極真人遺帶散，白粉，服一刀圭，當暴心痛如刺。三日欲飲，飲既足一斛，氣乃絶。絶即是死也。既斂，失尸所在，但餘衣在耳。是爲白日解帶之仙。」

飯〔一〕。流明散〔二〕，制仙丸，剬蟲丸〔三〕，澤瀉柏實丸〔四〕，澤瀉朮散〔五〕。

三洞珠囊卷三

84 九苞鳳腦〔六〕，太極隱芝，丹鑪金液，紫華虹英，太清九轉，五雲之漿，東瀛白香，滄浪青錢，高丘餘精，積石飛田。能使人壽考。琴高先生受鎮氣益命之道〔七〕，又行補腦反丹之法。

〔一〕青精石飯　真誥卷十四云：「鄧伯元、王玄甫，受服青精石飯吞日丹景之法。」

〔二〕流明散　真誥卷十，趙公成兩脚曳不能起，「太上真人賜公成流明檀桓散一劑，即能起行」。

〔三〕制仙丸剬蟲丸　即前注之「太上制仙丸」、「初神丸」。

〔四〕澤瀉柏實丸　真誥卷十四提到冶明期服澤瀉柏實丸。

〔五〕澤瀉朮散　真誥卷十三提到陳世京服朮澤瀉，應即是此。

〔六〕九苞鳳腦　漢武内傳云：「仙之上藥，有九色鳳腦。」上清道寶經卷四亦作「九色鳳腦」，似當以「九色鳳腦」爲是。但三洞珠囊卷三引上清消魔經則作「九包鳳腦」，故不改。本篇「九苞鳳腦」至「積石飛田」，皆見於三洞珠囊卷三引上清消魔經，又見於無上祕要卷七十八引道跡經及洞真太上智慧經。其中九色鳳腦、太極隱芝，屬「玉清藥品」；丹爐金液、紫華虹英，屬「太極藥品」；太清九轉、五雲之漿，屬「太清藥品」；東嬴白香、滄浪青錢、高丘餘糧、積石飛田，屬「天仙藥品」。

〔七〕琴高先生受鎮氣益命之道　雲笈七籤卷一百四玄洲上卿蘇君傳謂蘇林「師琴高先生，時年二十一，受煉氣益命之道」。

太平御覽卷六百七十一

85 第三卷中有琅玕丹〔一〕、曲晨丹、九轉丹、五公石腴、青精石飯、四鎮丸、四童散、四扇散、甘草丸、初神丸、伏苓丸、胡麻丸、流青丸〔二〕、流鍊腴、服朮。

三洞珠囊卷三

86 朱黃塞耳消尸，是鍊魄之要道〔三〕。剬魄法，飢絶滅三尸，雲芽絶穀去尸，初神丸穀蟲死三尸枯，五行紫文以除三尸〔四〕，服白芒消去三尸，數沐浴蕩鍊尸魄〔五〕。

三洞珠囊卷三

〔一〕第三卷中有琅玕丹　此條在三洞珠囊中續接佚文第一百一十則，應該也出於登真隱訣第七，則「第三卷中」四字出於陶注。琅玕丹以下共提到十五首丹方名稱，其完整處方，必然見於登真隱訣第三卷。今據雲笈七籤等，將部分内容收入本書「疑似道經」中。

〔二〕流青丸　不詳，佚文第八十三則未能斷句之「服胎法還神守魄黃赤内真保靈松煙流青紫丸」，或許與之有關。

〔三〕朱黃塞耳消尸是鍊魄之要道　此條在三洞珠囊中續接前條，也應出自登真隱訣第七，討論制服三尸方術。「朱黃」即朱砂、雄黃、雌黃。上清太上八素真經載太虛真人口訣云：「冥卧時，先擣朱砂、雄黃、雌黃三物，等分，細擣之，以綿裹之，使如棗大。臨卧時，以塞兩耳中。此銷三尸鍊七魄之道。」

〔四〕五行紫文以除三尸　可參雲笈七籤卷八十三五行紫文除尸蟲法。

〔五〕數沐浴蕩鍊尸魄　上清握中訣卷中云：「數沐浴，浴不患數，患人不能耳。盪鍊尸臭，而真炁來入。」

87 服食斷穀〔一〕，休粮山林。斷粒以清腸。清齋休粮。服飢飯，五年穀斷。噏雲芽以斷穀。欲斷穀，先服初神丸。太一四鎮丸亦以斷穀。子不斷穀，大洞未可得聞。斷穀世自有方，此九條以斷穀爲善也。　三洞珠囊卷三

88 甘草丸〔二〕，服少欲食，協穀而仙。次服飢飯，兼穀勿違。益體除疾，肌膚充肥。然後登山，詠洞講微〔三〕。右此二條以不斷穀爲善也〔四〕。　三洞珠囊卷三

89 食麵乃易減穀也〔五〕，或補實易充耳。腸胃填滿，不復虚疎。　三洞珠囊卷三

〔一〕服食斷穀　此條在三洞珠囊中續接前條，也應出自登真隱訣第七，討論斷穀休糧。本條末句言「此九條以斷穀爲善也」，故標點爲九句。

〔二〕甘草丸　此條在三洞珠囊中續接前條，也應出自登真隱訣第七，討論甘草丸與飢飯，皆不必斷穀。甘草丸方見三洞珠囊卷三，亦見太平御覽卷六百七十二，稱「清虚王真人授南嶽魏夫人穀仙甘草丸方」。

〔三〕次服飢飯……詠洞講微　此數句見真誥卷二。

〔四〕右二條以不斷穀爲善也　此句三洞珠囊另起一行，今與佚文前則「九條」云云同例，合併入正文中。

〔五〕食麵乃易減穀也　三洞珠囊注明出自登真隱訣第七。

90 夫斷穀不必長生〔一〕，長生必須斷穀者〔二〕，蓋以遵修靈妙，息肴休粮之累，服御藥石，求易効之致。三洞珠囊卷三

91 長生必須斷穀氣，穀未必能長生者也〔三〕。道樞卷十八

92 因穀以斷穀〔四〕，化六府於毫漸。三洞珠囊卷三

93 服五石者，亦能一日九食〔五〕，百關流淳〔六〕，亦能終歳不饑，還老反嬰。遇食則食，

〔一〕夫斷穀不必長生　三洞珠囊注明出自登真隱訣第七。

〔二〕長生必須斷穀者　原文缺「長生」兩字，據文意補全。

〔三〕長生必須斷穀氣穀未必能長生者也　疑即意引上條「夫斷穀不必長生」云云。

〔四〕因穀以斷穀　三洞珠囊注明出自登真隱訣第七。

〔五〕服五石者亦能一日九食　此段三洞珠囊注明引自登真隱訣第七。太平御覽卷六百七十一亦引有此文。本篇除「服五石者」四字以外，所有内容皆見於雲笈七籤卷七十四之太極真人青精乾石䬪飯上仙靈方。

〔六〕百關流淳　雲笈七籤作「百關流亭」。

不食亦平。真上仙之妙方，斷穀之奇靈也。陶隱居注云〔一〕：雖一日九食而吸響，流變不爲滓〔二〕。終歲不飯，而容色更鮮。

三洞珠囊卷三

94 吸引之易感〔三〕，無貴於七曜；修行之早成，不過於九道；保守之貞固，弗踰於鎮生〔四〕；衛用之急防，莫超於渾神；藥石之速效，豈勝於青精；祈拜之至感，孰賢於

〔一〕陶隱居注云　在登真隱訣原本中，陶注按例應該作雙行小字，但多數佚文均不區分，此少數幾條注明陶注之佚文，故仍然保留爲大字，「陶隱居云」四字亦予保留。下皆同此。

〔二〕雖一日九食而吸響流變不爲滓　三洞珠囊引作「雖一日九食而吸響流變不變不爲滓」，似以御覽於義爲長，因從御覽删改。

〔三〕吸引之易感　此段三洞珠囊注明引自登真隱訣第七。太平御覽卷六百七十一引有「吸引之易感」至「孰賢於朝謝也」數句。

〔四〕保守之貞固弗踰於鎮生　太平御覽作「保守之堅固，莫踰於鎮生」。

朝謝也。服五石，鎮五藏〔一〕。若暫死，白骨如玉〔二〕。七魄營侍，二魂守宅〔三〕，三元權息〔四〕，大神内閉〔五〕。外注皮肉，假來附身，故並應散朽。但使藏府不壞，色狀如生，骨髓不枯，筋腦相注，魂魄鎮守，三宫晏静。大神既不輪遊九變，恒内閉於洞房，須當生之日，乃復周流也。或四十年〔六〕、二十年、十年、三年，隨意而出。當生之時，即便收血育肉〔七〕，生津成液，復質成形，乃勝於昔未死之容。真人鍊身於太陰〔八〕，易貌於三宫，此之謂也。

三洞珠囊卷三

〔一〕服五石鎮五藏　太平御覽另起一行，引作：「服五石，鎮五藏不壞。」從内容看，三洞珠囊此句以後引文主要討論「太陰練形」，似乎確實是另一主題，當單獨提行者。缺乏旁證，姑任之。

〔二〕白骨如玉　此句以下至「太神内閉」，皆見於真誥卷四。

〔三〕二魂守宅　真誥作「三魂守宅」。

〔四〕三元權息　原作「三元歡息」，據真誥改。

〔五〕大神内閉　真誥作「太神内閉」。

〔六〕或四十年　此句以下至篇末皆見於真誥卷四。真誥原文與「太神内閉」句連續。又，真誥本句作「或三十年」。

〔七〕即便收血育肉　真誥作「即更收血育肉」。

〔八〕真人鍊身於太陰　「太陰」原作「大陰」，據真誥改。

95 天帝君云〔一〕：　太陰錬身形，勝服九轉丹。形容端且嚴，面色似靈雲。上登太極闕，受書爲真人也〔二〕。三洞珠囊卷三

96 九華安妃曰〔三〕：　憂累靡干於玄宅，哀念莫攖於絳津。淡泊眇觀，顧景共歡。俯仰四運，日得成真。視眇所涯，皆已合神。三洞珠囊卷三

97 太極真人青精干石䬣飯上仙靈方也〔四〕。注云：　此草有青精之神，而又雜朱青以爲干飯，故謂青干石䬣飯也。䬣，音迅。此則諸宫上仙之靈方，非下法也，豫章西山青米，吴

〔一〕天帝君云　三洞珠囊續接前段，亦應出自登真隱訣第七。本段内容在真誥卷四亦與前段相連。

〔二〕受書爲真人　「受書」原作「愛書」，據真誥改。

〔三〕九華安妃曰　見於真誥第七，在「顧景共歡」與「俯仰四運」之間，真誥尚有兩句，被删落。

〔四〕太極真人青精乾石䬣飯上仙良方也　登真隱訣服食類佚文中，有關青精䬣飯者最多。因此方尚保存於雲笈七籤卷七十四，故佚文盡可能按照雲笈七籤原文順序排列，但多數引文混雜正文與陶注，且先後互見，難於一律也。本條三洞珠囊注明出自登真隱訣第七，三洞珠囊卷四提到南燭説：「此方亦出登真隱訣第十也。」按，登真隱訣全仿真誥體例，七篇若干卷，此處説「第十」，疑是「第七」之訛。此外需要説明者，青精䬣飯方之「䬣」字，字書多數寫作「䭀」，道書則兩見，今點校本原文按照底本寫法不變，注釋文字則統一爲「䬣」。

越青龍稻米是也。青米理虛而受藥氣。南燭草木擣取汁，以淹青龍之米，作藥服之。其樹是木而似草，故號曰南燭草木也。一名猴藥，一名男續，一名後卓，一名惟那木，一名草木之王。生嵩高、少室、抱犢、雞頭山，名山皆有，非但數處而已。江左吳越至多，其土人名之曰猴叔，或曰染叔。似梔子，其子如茱萸。清虛真人王君内傳説其方法大具也。

三洞珠囊卷三

98 太極真人青精飷飯方〔一〕，按彭祖傳云〔二〕：大宛有青精先生，能一日九食，亦能終歲不飢，即是此矣。真上仙之一妙方，斷穀之奇靈也。清靈真人説霍山中有學道者鄧伯元、王玄甫，受服青精石飯吞日景之法，能夜中書〔三〕。又仙人龍伯高受服青飷方，醉亡，隱

〔一〕太極真人青精飷飯方　從内容看，此條也是陶注，主要輯録真誥中有關飢飯條文。

〔二〕按彭祖傳云　彭祖傳即神仙傳彭祖條，傳云：「今大宛山中，有青精先生者，傳言千歲，色如童子，行步一日三百里，能終歲不食，亦能一日九餐。」真誥卷十四注釋説：「鏗則彭祖名也，青精亦出彭傳及王君傳飢飯方中。」

〔三〕清靈真人説霍山中有學道者鄧伯元王玄甫……能夜中書　見真誥卷十四。「清靈真人」原作「清虛真人」，據真誥改。三洞珠囊卷三引登真隱訣第七云：「清靈真人説，霍山中有學道者鄧伯元、王玄甫，受服青精飢飯吞日景之法，用思洞房已來，積三十四年，乃内見五藏，冥中夜書。」即是此條，不重出。

處方臺〔一〕。又定録君命告掾云：次服䭀飯，兼穀勿違。益髓除患，肌膚充肥〔二〕。又掾書告長史，覓米藥來山，染作飯，恐草燥〔三〕。又長史與大掾書，令餉小掾白米，是染作飯〔四〕。凡此六事，有書者也。太極真人青精干石䭀飯上仙靈方〔五〕，王君注解其後，大書者是太素本經，及西梁口訣〔六〕，墨注者是清虚王君所釋，南岳魏夫人教撰，而使司命楊君書之。五真共成一法，足稱靈妙矣。

太平御覽卷六百七十一

〔一〕又仙人龍伯高受服青䭀方醉亡隱處方臺　真誥卷十四云：「常服青飢方，託形醉亡，隱處方臺。」
〔二〕又定録君命告掾云次服䭀飯兼穀勿違益髓除患肌膚充肥　見真誥卷二。
〔三〕又掾書告長史覓米藥來山染作飯恐草燥　見真誥卷十八。
〔四〕又長史與大掾書令餉小掾白米是染作飯　真誥卷十八，録許謐書云：「斧白米已當向盡，汝餉之。」小字注釋説：「此是供染爲青飢者。」
〔五〕太極真人青精干石䭀飯上仙靈方　「干石」，原誤作「十石」。
〔六〕及西梁口訣　太極真人西梁子文，故稱爲「西梁口訣」。

99 上元寶經曰〔一〕： 子食草木之王，氣與神通，子食青燭之津，此之謂也。此太素所傳，太極所撰，上真靈仙之至要，不同餘術也。服䭀飯百害不能傷，疾疫不能干，去諸思念，絶滅三尸，耳目聰明，行步輕捷，能隱化遁變，長服益壽。茅司命大君語二弟云： 宜服四扇散，昔黄帝授風后却老還少之道也。我昔受之於高丘先生〔二〕，今以相付耳。又語小弟保命君曰： 即宜服王母四童散，此反嬰之祕道也。體中少損，宜服此方以補腦耳。按小

〔一〕上元寶經曰　太平御覽卷六百七十一引登真隱訣三條，第一條注明「登真隱訣曰」，另兩條標爲「又曰」，前一條爲「青童君云五公之腴」云云，後一條即佚文第九十八則，「太極真人青精飷飯方按彭祖傳」云云，再以後即是本條。本條因爲以「上元寶經曰」開頭，而没有「又曰」，致使本條以後十餘條「又曰」都被認爲是上元寶經之佚文。今考雲笈七籤之太極真人青精乾石䭀飯上仙靈方正文即引有上元寶經，此處「上元寶經」云云，皆見於正文，「此太素所傳太極所撰」云云，則仍然是陶注。其後「服䭀飯百害不能傷，疾病不能干，去諸思念，絶滅三尸，耳目聰明，行步輕捷，能隱化遁變」，又複見於正文。再以後「茅司命大君語二弟」云云，或許另是一條登真隱訣文字，也因爲脱漏「又曰」字樣而錯誤連續。總之，太平御覽本條「上元寶經曰」爲登真隱訣佚文，應無疑問。不僅如此，本條以後，若干條「又曰」中，如「服五石者亦能一日九食」，即佚文第九十三則，三洞珠囊卷三明確引爲登真隱訣，更加證明，太平御覽卷六百七十一「上元寶經曰」，及其後十餘條「又曰」都出自登真隱訣。

〔二〕我昔受之於高丘先生　「受之於」原作「授之於」，雲笈七籤七十四太上肘後玉經八篇風后四扇散方云：「風后傳黄帝，黄帝傳高丘子，高丘子傳大茅君，大茅君傳弟固。」因改「授」爲「受」。

茅君服時已一百二十歲也。夫此二方皆妙法也，當齋戒修制。

　太平御覽卷六百七十一

100 其種是木而似草，故號南燭草木〔二〕。一名猴藥，一名男續，一名後卓，一名惟那木，一名草木之王。生嵩高、少室、抱犢、雞頭山，江左吴越至多，土人名之曰猴菽，或曰染菽，粗與真名相仿佛也。此木至難長，初生三四年，狀若菘菜之屬，亦頗似梔子，二三十年乃成大株，故曰木而似草也。凡有八名，各從其邦域所稱，而正號是南燭也。其子如茱萸，九月熟，酸美可食。葉不相對，似茗而圓厚，味小酢，冬夏常青。枝莖微紫，大者亦高四五丈，而甚肥脆，易摧折也。作飯法，以生白粳米一斛五㪷，更舂治，淅取一斛二㪷。木葉五斤，燥者用三斤亦可，雜莖皮益嘉，煮取汁，極令清冷，以潚米，米釋炊之。潚，即溲字也。今課其時月，從四月生新葉，至八月末，色皆深。九月至三月，用宿葉，色皆淺，可隨時進退其斤兩，寧小多。合採軟枝莖皮，於石臼中擣碎。假令四五月中作，可用十許斤，熟舂，以斛二斗湯漬染得一斛，以九斗淹斛二斗米。比來正爾用水漬一二宿，不必隨湯煮漬米，令

〔二〕其種是木而似草故號南燭草木　本草圖經引登真隱訣，亦雜正文與陶注。引文記南燭别名、産地與佚文第九十七則同；植物形態爲雲笈七籤所無，應是陶注；作飯法正文與陶注混引，如「煮取汁，極令清冷，以潚米，米釋炊之」爲正文，其後以陶注爲主；末段引上元寶經爲正文。

上可走蝦，周時乃漉而炊之。初漬米正作緑色，既得蒸，便如紺。若一過汁漬，不得好色，亦可淘去，更以新汁漬之。洒濩皆用此汁，當令飯作正青色乃止。向所餘汁一斗，以共三過洒飯。預作高格，暴令乾。當三過蒸暴，每一燥輒以青汁搜，令浥浥耳。日可服二升，勿復血食。亦以填胃補髓，消滅三蟲。上元寶經曰：子服草木之王，氣與神通。子食青燭之津，命不復殞〔一〕。此之謂也〔二〕。

重修政和經史證類備用本草卷十四

101 三蒸青飯非常來也〔三〕。

三洞珠囊卷三

〔一〕命不復殞　此亦上元寶經文字，前條太平御覽脱漏此句，雲笈七籤之太極真人青精乾石䬪飯上仙靈方正文有此。亦證明前條「上元寶經」云云，非上元寶經原文，而是轉引自太極真人青精乾石䬪飯上仙靈方也。

〔二〕此之謂也　在此句之後，引孫思邈千金月令之前，本草圖經尚有一句，云：「今茅山道士亦作此飯，或以寄遠。重蒸過，食之甚香甘也。」難於判斷是否登真隱訣佚文，且存疑。

〔三〕三蒸青飯非常來也　本條三洞珠囊注明出自登真隱訣第七。所謂「三蒸」，即前條本草圖經引登真隱訣提到之「三過蒸暴」。

102　三茅、四平山迺不多而樹大〔一〕，其子如茱萸，八九月熟，酸美可食。葉不相對，似茗而圓厚，味小酢，冬夏常青，枝莖微紫，大樹亦高四五丈，而甚脆，易摧折。　茅山志卷十二

103　服䬾飯〔二〕，百害不能傷，疾病不能干〔三〕，去諸思念，絶三尸，耳目聰明，行步輕騰也。注云：丹青和神養氣，能禦却災癘，故疾害不復犯。既精魂諧樂，無有憂悲雜念，肴穀既休，尸蟲自然消絶。肝腎清潤，耳目瑩徹，筋彊骨勁，行動如飛。　三洞珠囊卷三

104　復勵以晨漱華泉〔四〕，五方靈精，鳴鼓玉池，呼吸玄清。兼用雲芽之法，漱濯清泉，以助充其潤，則氣質並康也。華腴童於規方，胃滿鎮乎空青者，蜜能變老還少，使目青色潔，空青鎮胃補液，故腸滿肌光。

〔一〕三茅四平山乃不多而樹大　真誥卷十四小字注釋説，四平山「甚多南燭」。卷十八正文説：「方山（即四平山）大有侯叔草（即南燭），異佳，葉乃大，昨乃大取。」

〔二〕服䬾飯　此段三洞珠囊注明引自登真隱訣第七。

〔三〕疾病不能干　原作「疾疾」，據太極真人青精乾石䬾飯上仙靈方改。

〔四〕復勵以晨漱華泉　此段三洞珠囊注明引自登真隱訣第七。太極真人青精乾石䬾飯上仙靈方作：「晨漱華泉，夕飲靈精，鳴鼓玉池，呼吸玄清。華腴童于規方，胃滿填乎空青。」

三洞珠囊卷三

105 所以千箅一啓〔一〕，壽隨年榮，歲與藥進，飛步仙庭，服盡一劑，命不復傾，五雲生身，體神氣精者。青童云：長箅千祀，謂一劑而已，故言千箅一啓。服十劑則壽萬年，五方之老來降，青精之人神附體，則成真人也。

三洞珠囊卷三

106 青君曰〔二〕：干石飢飯，東青朱英，一服立使人長箅千祀，日服日延。

三洞珠囊卷三

107 荆木之華葉，通神見鬼精〔三〕。注云：尋荆有三種，直云荆木，即是今可作箠杖者。葉香，亦有花子，子不入藥。方術則用牡荆，牡荆子入藥。北方人略無識其木者。六甲陰符説一名羊櫨，一名空疏，理白而中虛，斷植即生。今羊櫨斫植亦生，而花實微細，藥

〔一〕所以千箅一啓　此段三洞珠囊注明引自登真隱訣第七。從「所以千箅一啓」至「體神氣精」，見於太極真人青精乾石飢飯上仙靈方正文。其中「體神氣精」作「體神氣清」。此後青童云云，當是陶注。

〔二〕青君曰　本條三洞珠囊注明出自登真隱訣第七。從内容看，似也是前條之陶注部分。

〔三〕荆木之華葉通神見鬼精　據太極真人青精乾石飢飯上仙靈方説，製作青精飢飯還需要荆木花葉，並説：「荆木葉華通神見鬼精，取荆之時，勿令雞犬見也。」

家所用者。天監三年，上將合神仙飯，奉勑論牡荆曰：荆，花白多子，子麁大，歷歷踈生，不過三兩莖，多不能圓，或褊或異，或多似竹節，葉與餘荆不殊。蜂多採牡荆，牡荆汁泠而甜。餘荆被燒，則煙火氣苦，牡荆體慢汁實，煙火不入其中，主治心風第一。于時即遠近尋覓，遂不值，猶用荆葉，今之所有者云。

重修政和經史證類備用本草卷十二

108 凶年無穀〔一〕，或窮不能得者，皆單服南燭，或和茯苓，或以蜜和南燭，或雜松栢葉也。

三洞珠囊卷三

〔一〕凶年無穀　本條三洞珠囊注明出自登真隱訣第七。太極真人青精乾石䬪飯上仙靈方云：「凶年無穀，或窮不能得米者，皆單服南燭，或和茯苓，或以蜜和南燭，或雜松柏葉，會用相參，非但須穀也，但當不得名之䬪飯耳。」

109 會以七白靈蔬〔一〕。合蕥同消，故云會也〔二〕。雲草玄清者，黑巨勝之腴者。术之精〔三〕。雲草者，以草潤澤如雲，亦諭雲能含水，草中有津也。玄者，色也。清者，資也。卉醴華英者，白蜜也。醴衆卉之英華，釀之以爲醴。蜜，土精也。五光七白靈蔬者，蕥菜也。蕥，音胡邁反。五者，五月不動掘之，避盛火之害。七者，金數。白蕥辛，金味也。蕥，金之精也。靈蔬者，謂神菜也。白素飛龍者，白石英也。白素衣，其形色，飛龍取其隱變。玄水玉液，玄清之腴水也。玉液，石英之液也。一名飛龍雲腴。飛龍，石英名也。雲腴，雲腴草也。一名鍊五石之華膏。華者，英也。膏者，玄腴也〔四〕。扇南燭之東暉，招始芽之朱靈〔五〕。南燭，陽物之精。東暉，伏靈之光津。始芽，荆葉之軟也。朱靈，丹液之鮮潔者。

〔一〕會以七白靈蔬　三洞珠囊注明出自登真隱訣第七。此段至「一名煉五石之華膏」句，皆見於太上巨勝腴煮五石英法，見雲笈七籤卷七十四，但有脱漏，且其中混雜有陶注。如開首原文爲四句：「竭以雲草玄波，徊以卉醴華英，會以七白靈蔬，和以白素飛龍。」本篇只存「會以七白靈蔬」一句。

〔二〕合蕥同消故云會也　此句應是前句「會以七白靈蔬」之注釋。

〔三〕术之精　此句前後不相關聯，亦無旁證説黑巨勝是「朮之精」，或「木之精」，且存疑。

〔四〕華者英也膏者玄腴也　此句應是前句「煉五石之華膏」之注釋。

〔五〕扇南燭之東暉招始牙之朱靈　此兩句又見於太極真人青精乾石䬾飯上仙靈方。其後爲本句注釋。

五液夷泯，百關通盈〔一〕。五藏之液平和調定，而關節皆得宣溢，故無復凋枯之患。

三洞珠囊卷三

110 五石雲腴，青童君曰：五公之腴，鎮生五藏，鍊貌易軀〔二〕。已下出五石雲腴訣第四，登真隱訣引而注之〔三〕。

三洞珠囊卷三

111 青童君云〔四〕：五公之腴，鎮生五藏，鍊白易軀。可以少顏色，須齋戒泥竈修鍊也。雲腴之味〔五〕，香甘異美，强血補骨，守氣凝液，鎮生五藏，長養魂魄，真上藥也。真人

〔一〕五液夷泯百關通盈　續接「扇南燭之東暉，招始牙之朱靈」，見於太極真人青精乾石䭀飯上仙靈方正文，其後云云爲本句注釋。

〔二〕五公之腴鎮生五藏鍊貌易軀　三洞珠囊卷三引上清消魔經云：「三十六芝，飛爐鍊煙。陽水月華，五公之腴。鎮生五藏，鍊貌易軀。乃至瑰葩雲屑，金粉玉柔，亦能延年至萬歲也。」

〔三〕已下出五石雲腴訣第四登真隱訣引而注之　五石雲腴是上清派「太陰練形」法術，本條所言「五石雲腴訣」今雖不見全本，雲笈七籤卷七十四之太上巨勝腴煮五石英法（一名太帝君鎮生五藏訣），以及無上祕要卷八十七所引洞真太極帝君填生五藏上經，應是佚文。本條既云「登真隱訣引而注之」，實可據以收入本書「疑似道經」中。

〔四〕青童君云　此條與前條佚文有部分重合，或許同是一條。「鍊白易軀」，該條作「鍊貌易軀」。

〔五〕雲腴之味　此句至「真上藥也」見於太上巨勝腴煮五石英法。

云〔一〕：此愈於鍊八石餌雲母也。真人鍊形於太陰，易皃於三官者，此之謂也。太平御覽卷六百七十一

112 服五石，鎮五藏不壞〔二〕。太平御覽卷六百七十一

113 雲芝英不擇日而修合〔三〕，治三尸伏疾。服食一劑，則穀蟲死，則三尸枯。若道士固食穀者，乃宜服也。穀蟲既滅，使人食穀而無病過，飽而不傷。去尸蟲之藥甚多，莫出於此。昔修羊公、稷丘子、東方朔、崔文子、商丘子，但服此藥以協穀，而皆得仙也。漢景帝及武帝求索東方朔脩羊公祕方，終不傳。太平御覽卷六百七十一

〔一〕真人云 此句至文末，亦出自太上巨勝腴煮五石英法，文字略異。「真人煉形於太陽」，據太上巨勝腴煮五石英法改。「真人煉形於太陰」，原作「真人煉形於太

〔二〕服五石鎮五藏不壞 此句或是前條異文。

〔三〕雲芝英不擇日而修合 雲芝英是去三尸蟲之要藥，作法可參太上除三尸九蟲保生經。

114 太一禹餘粮，定六府，鎮五藏〔二〕。注云：按本草有太一餘粮、禹餘粮兩種，治體猶同，而今世惟有禹餘粮，不復識太一。此方所用，遂合其二名，莫辨何者的是。而後小鎮直云禹餘粮，便當用之耳。餘粮多出東陽山岸間，茅山甚有。好者狀如牛黄，重重甲錯，其佳處乃紫色，泯泯如麪，齧之無復磣。雖然，用之宜細研，以水淘取汁，澄之，勿令有沙土也。

重修政和經史證類備用本草卷三

115 裴君受支子元服食茯苓之法〔三〕，焦山蔣山人所傳，能長生久視。修合之際，須謹

〔二〕太一禹餘粮定六府鎮五藏　本草圖經引用登真隱訣，蘇頌云「謹按，陶隱居登真隱訣載長生四鎮丸」云云，其後方是本文。雲笈七籤卷一百六紫陽真人周君内傳提到「四鎮丸」，其完整處方則見雲笈七籤卷七十七，題目爲「九真中經四鎮丸」，其中第一味藥物便是「太一禹餘糧」，並有小字説：「定六府，填（鎮）五藏。」與此處引用登真隱訣云云正合，只是缺陶弘景注釋。另，通志卷六十七著録有九真中經四鎮丸方一卷，雖然無法判斷鄭樵所記之九真中經四鎮丸方，究竟是陶弘景將這份「四鎮丸」處方收載入登真隱訣，並增加注釋，還是後人將「四鎮丸」處方從登真隱訣中割裂出來單獨成篇，但無論何種情況，登真隱訣中都應該包含此方。正因爲此，本書「疑似道經」部分，據雲笈七籤加以輯録。

〔三〕裴君受支子元服食茯苓之法　此篇又見雲笈七籤卷一百五清靈真人裴君傳。文字互有長短，大約也有陶注混雜其間。

密齋戒。裴君又受支子元胡麻之法。蔣先生惟服此二方，位爲仙真。此二方書與世少異，裴君所祕用者，驗而有實。凡服伏苓、胡麻之方甚衆，此法既真人所經用，真人手所書記，必當最神，勝於諸法。若能常服，仙道可期。但患人服，未覺甚益，便不服之，故少有尅終之効。若體先不虚損，及年少之時，當服伏苓。若年三十歲，當服胡麻。蔣先生曰〔一〕：此二方是大有之要法，長生神仙之祕寶也。大有者，謂委羽山洞天大有宮中之書法，彼人當有服之者。寶玄經云：伏苓治少，胡麻治老，合以齋戒，服以朝早〔二〕，卉醴華腴，蜜也〔三〕。百卉之花以成腴醴，五公謂爲卉醴華英。火精水寶，火精，伏苓也。性熱而合火，伏苓則其精矣。水寶，胡麻也。性冷，色黑，而含津澤，故謂之水寶。和以爲一，還精歸寶。此之謂也。裴君以年少時所用，故服伏苓也。清虚真人年十二便受此方，于時未必虧損，所以云服伏苓，夜視有光也。二方同耳，皆長年之奇方也。若合二物，倍用蜜，共煎，擣爲丸，乃佳。按青精方，伏苓禁食

〔一〕曰　原作「日」，據文意改。
〔二〕服以朝早　清靈真人裴君傳作「服以朝蚤」，俱不解其意。
〔三〕蜜也　原作「密也」，據文意改。下一處「倍用蜜」同，不另注。

酸〔一〕，此專用伏苓，不必禁酸味。

太平御覽卷六百七十一

116 清虚王真人授南岳魏夫人穀仙甘草丸方〔二〕。魏夫人少多病疾，王君於脩武縣中告夫人曰：學道者當去病，先令五藏充盈，耳目聰明。乃可存思服御耳。按王君初降真之時，是晉元康九年冬，於汲郡脩武縣廨内，夫人時應年四十八也。夫人按而服之，及隱影去世之時，年八十三歲也。此晉成帝咸和九年甲午歲〔三〕。則夫人從服藥已來，三十五年矣。其間或不必常相續也，了無復他患，先疢都愈，髮不白，齒不落，耳目聰明，常月中書道家章符。夫人既爲女官祭酒，故猶以章符示迹耳。存思入室，動百日。數十日，了不覺勞。既在俗世，家事相亂，欲脩齋研誦，便託以入室也。食飲通快，四體充盈，即甘草丸之驗也，謂之穀仙方。脾胃既和，則能食而不害，膚充而精察，起居調節，無澁利之患矣。食穀而得

〔一〕按青精方茯苓禁食酸　太極真人青精乾石䬪飯上仙靈方云：「禁食酸及豬犬肉，忌見血腥，犯之者藥勢不行，無益於身。」

〔二〕清虚王真人授南岳魏夫人穀仙甘草丸方　甘草丸是南嶽魏夫人傳中方，仙苑編珠卷中引魏夫人傳云：「夫人字賢安，少多疾，清虚王真人告曰：夫學道先去病除疾，五藏充盈，肌澤髓滿，耳目聰明，乃可修習。因授甘草丸方，按而服之，百病悉愈。」

〔三〕此晉成帝咸和九年甲午歲　原誤作「咸和八年」，該年爲癸巳，次年即咸和九年方是甲午，公元三三四年也。

仙，故謂之穀仙也。此本九宮右真公郭少金撰集，此方諸宮久已有之，至郭氏更撰集次第序説所治耳。猶如青精乃太素之法，而今謂太極真人也。學仙道者，宜先服之。昔少金以此方授介象，又授劉根、張陵等數十人，亦稱此丸爲少金丸。宜齋戒修合。並無毒，無所禁。食一年大益，無責且夕之効也。俗人亦皆可服之。

太平御覽卷六百七十一

117 太極真人昔以神方一首傳長里先生〔二〕，先生姓薛，自號長里，周武王時人也。先生以傳西域摠真王君，即金闕聖君之上宰也。按䬸飯方受西梁真人所傳，時在大宛北谷，今長里傳九轉，乃周初間。是爲受服䬸飯三四百年後，乃合此丹。蓋司命劍經序也〔三〕。摠真王君傳太元真人，即東卿司命茅大君也。以漢武帝天漢三年受之，時年四十八。後又以付二弟，并各賜成丹一劑。司命既傳二弟，而不載於此，當以王君命使付，非正次傳授也。自二君以後，惟定籙與楊君，使示許長史并掾，乃至于今。故漢晉之世，諸學道人各大合服金液昇仙，無言九轉。則此真人方下授以來，未有營之者。受經皆登壇盟誓，割帛歃

〔二〕太極真人昔以神方一首傳長里先生　本段主要涉及九轉丹，正文與陶注相雜。

〔三〕蓋司命劍經序也　太平御覽卷六百七十二提到劍經序云：「高丘子服金液水。」又説：「長史書云，欲合金液，意皆是此方。」引文所説即是金液丹。

金〔一〕，爲敢宣之約。敢，不敢也。前盟則金龍玉魚，後代止布帛而已。違盟負信，三祖獲考於水官，謂妄傳非人也。傳授須齋盟，用金玉偃録，以代剪髮歃血之誓也。欲合九轉，先作神釜。當用滎陽、長沙、豫章上釜，謂瓦釜也。昔黄帝火九鼎於荆山，太清中經亦有九鼎丹法，即是丹釜，從來咸呼爲鼎。用穀糠燒之。當在名山深僻處，臨水上作竈屋。屋長四丈，廣二丈，開南東西三户。先齋戒百日，乃泥作神釜，釜成，搗藥，令計至九月九日平旦發火。按合諸丹，無用年歲好惡，惟日月中有期限，及吉凶。琅玕以四月、七月、十二月中旬間發火。曲晨以五月中起火。太清九丹起火雖無定月，而云作六一〔二〕，五月、七月、九月爲佳。自齋以始，便斷絶人事，令待丹成也。合丹可將同志，及有心者四五人耳，皆當同齋戒。齋起日，先投玄酒五斛於所止之流水中。若地無流水，當作好井，亦投酒於井中，以鎮地氣，令齋者皆飲食此水也。合丹法，又令以青石函盛好龍骨十斤，沉于東流水中，名曰青龍液。飲食之，以通水靈也。取東海左顧牡蠣、吴郡白石脂〔三〕、雲母屑、蚯蚓土、滑石、礬，凡六物，等分。太極真人以太上天帝君鎮生五藏上經刻于太極紫微玄琳殿東殿墉上，此乃上清

〔一〕割帛𧵳金　原作「割帛跪金」，按，「𧵳信」特指接受傳授者支付之金帛信物，因改爲「𧵳」。

〔二〕而云作六一　「六一」即六一泥。

〔三〕吴郡白石脂　本草經集注說：「仙經亦用白石脂以塗丹釜，好者出吴郡。」

八龍大書，非世之學者可得悟了也。南岳赤松子受而服之，求其注釋於太極真人。

太平御覽卷六百七十一

118 此方泰清中經而治變駁，非後人能究也〔一〕。

華陽陶隱居内傳卷中

119 一者太一金液〔二〕，抱朴子所注。此乃可就，而闕在消石，兼無真人手跡，彌所未安。二者即泰清金液，此乃安期所傳，而用鹵鹹、虜鹽，此世難多。兼祭法用牢俎，以爲憚礙之也〔三〕。

華陽陶隱居内傳卷中

〔一〕 此方泰清中經而治變駁非後人能究也 以下數條亦出自華陽陶隱居内傳，皆記天監三年以來陶弘景爲梁武帝煉丹事，因涉及金丹，所以附録於此，可與佚文第六十六至七十五則相參。因内傳正文提到「黄帝九鼎九丹」，遂引登真隱訣爲注。

〔二〕 一者太一金液 此條正文提到：「復有二金液，亦訾合有礙。」

〔三〕 兼祭法用牢俎以爲憚礙之也 當時梁武帝崇信佛教，禁止血食，乃至宗廟薦修都用蔬果，故此處云云。

120 是太極法〔一〕。二法非唯下識未敢措心〔二〕，亦並須虜鹽、消石爲難致也矣。

華陽陶隱居内傳卷中

121 九轉神丹昇虚上經〔三〕，是太極真人傳長里先生，長里先生傳西城緫真王君，王君傳太元真人也。

華陽陶隱居内傳卷中

122 服雲牙，可絶穀去尸也〔四〕。

三洞珠囊卷三

〔一〕是太極法　内傳正文提到「琅玕淵重」，注釋説：「登真隱訣注具有其經，是上清法。」此條正文「曲晨精妙」，注釋「登真隱訣具有經方，是太極法」，其後云云。

〔二〕二法非唯下識未敢措心　即指前述之琅玕、曲晨二丹法。

〔三〕九轉神丹昇虚上經　此即佚文第一百一十七則所提到者。本條内傳正文云：「唯九轉所用藥石，皆可尋求，制方之體，辭無浮長，歷然可解，乃緘願畢志。」

〔四〕服雲牙可絶穀去尸也　三洞珠囊注明引自登真隱訣第二。有關服雲牙佚文較多，集中於此。據三洞珠囊所稱，大半出於第四，獨此一句標明第二。多數雲牙佚文似出於太極真人服四極雲牙神仙上方，見上清太極真人神仙經、上清明堂元真經訣，亦見無上祕要卷七十六引道跡經，可將相關内容收入「疑似道經」。

123 服雲牙可絶穀去尸蟲也〔二〕，可修真一之道。裴真人曰〔三〕：喜怒損志，哀樂損性，榮華滅德，陰陽寇身。皆學道之大忌，仙法之所嫉也。莫若知而不爲，爲而不敢散，此仙之要道，生生之本業也。欲得延年，當呑日華。食物多飲，慎便卧，多則生病，卧則蕩心，心蕩則失性，病生則藥不行，學道者慎此。

太平御覽卷六百六十九

124 服雲牙可修真一之道〔三〕，守元嚥液。若似饑，當食麵物，以漸遺穀却粒，不得一日頓棄。所謂損之又損之，以致於無爲也。

三洞珠囊卷三

〔二〕服雲牙可絶穀去尸蟲也　太平御覽稱太清登真隱訣云云。此句與前條似同一來源，但次句「可修真一之道」，却又與次條，即標明出自登真隱訣第四者相同。

〔三〕裴真人曰　以下内容多見於真誥第五，文字小異。如「當呑日華」，真誥作「口吐死炁，鼻噏日精」。「食物多飲，慎便臥，多則生病，臥則蕩心」句，文辭錯亂，真誥作：「食慎勿使多，多則生病。飽慎便臥，臥則心蕩。」

〔三〕服雲牙可修真一之道　三洞珠囊注明引自登真隱訣第四。

125 太極真人服四極雲芽神仙上方〔二〕：揖五方元晨之暉，食九霞之精也。注云：謂清晨之元氣，始暉之霞精。日，陽數九，是曰九霞。

126 所以神光内曜，朱華外陳，體生玉瑛。注云：形與明〔三〕。挹晨暉以止渴，食霞精以充粮。藏府與神光合曜，色貌隨朱華共鮮。玉潤映體，和氣明形。皆五晨之靈鋒，六澧之淵液所能致也。三洞珠囊卷三

127 得九琳玉液，八瓊飛精者，則合終二景，天地同符也。三洞珠囊卷三

〔二〕太極真人服四極雲芽神仙上方　三洞珠囊注明引自登真隱訣第四。以下數條三洞珠囊均注明出自登真隱訣第四，並標明「本文」與「注云」。可注意者，上清明堂元真經訣也是正文夾有小字注釋，體例類似登真隱訣，故劉師培讀道藏記疑此書爲「（登真隱訣）缺卷之别標書名者」。三洞珠囊此數段引文，正文皆見於上清明堂元真經訣之太極真人服四極雲芽神仙上方大字正文，但所引注釋，完全不與該經中太極真人服四極雲芽神仙上方小字部分相同，則劉説上清明堂元真經訣爲登真隱訣遺篇，實有可疑。

〔三〕形與明　此句疑有錯亂，據上清太極真人神仙經、上清明堂元真經訣，正文「神光内曜，朱華外陳，體生玉映」後，尚有「形與氣明」四字，則本篇「注云」當移在「形與氣明」之後。至於具體注釋内容，本篇依然不與上清明堂元真經訣小字相合。

128 虛淡内充，守元嘸液，所謂真一也。　三洞珠囊卷三

129 致神以六液五氣。　三洞珠囊卷三

130 常嘸赤液，以哺養三宫也〔一〕。　三洞珠囊卷三

131 雲芽者，五老之精氣〔二〕，太極之霞煙，故採暉景之鋒，以充於六液之和。洞微冥感，萬神來降，幽映相求，不唱而應。是以龍吟方淵〔三〕，故景雲落霄。虎嘯靈丘，故衝風四振。陽燧招明，而朱火鬱起。方諸罕陰，而玄流湛溢。自然不覺所測〔四〕。況學者方棲心　三洞珠囊卷三

〔一〕 常嘸赤液以哺養三宫也　此句不見於任何版本之太極真人服四極雲牙神仙上方，或許是前句之陶注，且存疑。
〔二〕 雲芽者五老之精氣　此段皆見於太極真人服四極雲牙神仙上方。
〔三〕 龍吟方淵　上清明堂元真經訣作「龍吟萬淵」，上清太極真人神仙經及無上祕要卷七十六皆作「龍吟方淵」。
〔四〕 自然不覺所測　前述三本皆作「自然而然，不覺所測」。

注玄，精研道根，穢累豁於中胷，真正存乎三宫。採五晨之散暉，服六醴之霞漿〔一〕。税九天之奇寶〔二〕，吐玄妙之祕言。龍曜發躍，明光七煥。味三華於皓齒，取飽液於脣鋒。内鍊六府，開聰徹明，呼吸天元，魂魄鍊形也。

三洞珠囊卷三

132 服玉女津液〔三〕，存日月在口中。日色赤，月色黄，日有紫光九芒，月有白光十芒也。芒直如弦，以入於口，嚥服光芒之液。常密行之無數〔四〕。

三洞珠囊卷十

133 其髮際以後九宫〔五〕，一名雙田宫，一名明堂宫，一名洞房宫，一名丹田宫，一名流

〔一〕服六醴之霞漿　「六醴」原作「六體」，據三本都作「六醴」改。

〔二〕税九天之奇寶　上清太極真人神仙經、上清明堂元真經訣皆作「祝九天之奇寶」，無上祕要作「咒九天之奇寶」。

〔三〕服玉女津液　三洞珠囊注明引自登真隱訣第四。此段内容似出於真誥卷九：「東卿司命曰：先師王君，昔見授太上明堂玄真上經，清齋休糧，存日月在口中。晝存日，夜存月，令大如環。日赤色有紫光九芒，月黄色有白光十芒。存咽服光芒之液。常密行之無數。」上清明堂元真經訣亦引有此段。

〔四〕常密行之無數　此句後三洞珠囊云「前服食品通有此嚥液語也」，當係王懸河按語，非登真隱訣文字。

〔五〕其髮際以後九宫　道門經法相承次第卷上討論九宫，兩處引用登真隱訣，其中一段見於今本登真隱訣卷上，此段則總論九宫之名，不見於今本。

珠宮，一名玉帝宮，一名天庭宮，一名極真宮，一名玄丹宮。

道門經法相承次第卷上

134 太微造形〔一〕，紫元内神，二十四人，生氣變神〔二〕，主仙上精〔三〕。能修存名字者，治鎮一身，保守元精。紫虛並結氣之玄宗，成體之真神〔四〕。連導雲霧，帶生真煙，各能致玉輦龍騎，千萬列行，同輿一體，白日登晨。此大真人乘飈歘之道。行之十八年，太上命太微混靈道君檄二十四真人〔五〕，千乘萬騎，馳風躡雲，呼吸流昇，白日造天。注内案三一經云：太微中有二十四氣，氣中有二十四真人，皆帝皇之臣，所以致分道變化矣。既致守身

〔一〕太微造形　本段正文出自太微帝君二十四神回元經，亦見雲笈七籤卷三十一。兩書均作「太微帝君，太一造形」。

〔二〕二十四人生氣變神　兩書均作「二十四真人，混氣變生」。

〔三〕主仙上精　此句後，兩書尚有「散解胞結，釋滯關元」八字。

〔四〕成體之真神　「真神」原作「具神」，雲笈七籤亦作「具神」。太微帝君二十四神回元經及上清紫微帝君南極元君玉經寶訣、上清紫精君皇初紫靈道君洞房上經所引太微帝君二十四神回元經，均作「真神」，因改。

〔五〕太上命太微混靈道君檄二十四真人　太微帝君二十四神回元經作「太上命太微帝君太一五神，化生混靈道君，從二十四真人」。

中三一，則上太微三一帝皇之君而降見於外，與子言矣。皆出入上清，寢止太微〔一〕。

上清仙府瓊林經

135 齒者，膽神之外扞，胃神之威力，坎神之英華也〔二〕。豈非以外扞而去不祥，以威力而制邪惡，以英華而感至真乎。然後調聲正炁，誦詠寶章。夫聲既調，則知其炁已正，蓋發見於外者如此。故曰心和則炁和，炁和則形和，形和則聲和，聲和則天地之和應矣〔三〕。隱訣注曰〔四〕：誦經至五百言，則叩齒三通。以舌舐上下唇，咽液三過。令人炁不極，而聲清也。

洞玄靈寶自然九天生神章經解義卷一

136 尸解者，當死之時，或刀兵水火，痛楚之切，不異世人也。既死之後，其神方得遷

〔一〕寢止太微　此句以後尚有：「案如此言，令守身中三部，亦能致彼二十四真，千乘萬騎而來迎也。入日左龍名飈精，右龍名欻亭，存二龍並吐白煙，非止己身之神，真能騰躍玄霄矣。」難於判斷是陶弘景注釋，還是上清仙府瓊林經所加按語，録此備參。

〔二〕齒者膽神之外扞胃神之威力坎神之英華也　此句不見於他書，洞真太上素靈洞元大有妙經云：「齒者，胃宮之威刀也。手者，膽神之外援也。」或許與本説有關。

〔三〕故曰心和則炁和炁和則形和形和則聲和聲和則天地之和應矣　此句見漢書卷五十八。

〔四〕隱訣注曰　原本誤作「隱注訣曰」。

逝，形不能去尔。

太平御覽卷六百六十四

137 登真隱訣具説奔星行五星道也〔一〕。

金鎖流珠引卷十三

138 大洞真經今世中有兩本〔二〕：一則大卷，前有回風混合之道，而辭旨假附，多是浮僞。一本唯有三十九章，其中乃有數語與右英所説者同，而互相混糅，不可分別。唯須親見真本，乃可遵用。又聞有得楊、許三十九章者，與世中小本不殊。自既未眼見，不測是非，且宜繕寫，以補品目。又有玉注一卷，即是略釋洞經中旨，亦可録也。

上清大洞真經玉訣音義

139 老子道德經，有玄師楊真人手書張鎮南古本〔三〕。鎮南即漢天師第三代系師魯，魏

〔一〕登真隱訣具説奔星行五星道也　金鎖流珠引卷十三「奔辰揖想五行之主」句注釋云云。此雖非直接引用登真隱訣，但證明書中收録有飛步五星之術，如太上飛步五星經之類。

〔二〕大洞真經今世中有兩本　上清大洞真經玉訣音義注明引自登真隱訣第一經傳條例。另，紫陽真人内傳後有注釋云「貞白條例云有三千四百八十八字」，此處所稱「貞白條例」應即登真隱訣之「經傳條例第一」。

〔三〕老子道德經有玄師楊真人手書張鎮南古本　此殆指敦煌所出之老子想爾注。

武表爲鎮南將軍者也。其所謂爲五千文者，有五千字也。數系師内經有四千九百九十九字，由來闕一。是作三十輻，應作卅輻，蓋從省易文耳，非正體矣。宗門真蹟不存，今傳五千文爲正本，上下二篇，不分章。

140 楊君、許長史共書洞房經於小碧牋紙〔一〕。又云篆書白麻帋。　茅山志卷九

141 八素之經是聖君以白素之繒，八色之彩筆自書也。　太平御覽卷六百七十二

142 辛玄子贈楊君詩云：　神隨空無有，炁與慶雲消〔二〕。　太平御覽卷六百七十二　洞玄靈寶自然九天生神玉章經解卷中

〔一〕楊君許長史共書洞房經於小碧牋紙　真誥卷十四記霍光典衣奴事，小字注釋説：「此事出方諸洞房經，後長史抄出。」應即是此經。

〔二〕神隨空無有炁與慶雲消　見真誥卷十六，原作「神隨空無散，炁與慶雲消」。

143 恭伯榮詩云：玄玄即排起〔一〕。

洞玄靈寶自然九天生神玉章經解卷中

144 戒者，遏穢垢之津路，防邪風之往來〔二〕。

要修科儀戒律鈔卷四

145 道齋謂之守静，謂齋定其心，潔静其體，在乎澄神遣務，撿隔内外，心齋者也。

太平御覽卷六百六十七

146 修道之人須齋戒，禮謝七世之愆。

太平御覽卷六百六十七

147 未見無功受賞而保安〔三〕，有罪不罰而永全。兆心自然之感，猶影響之相應。

〔一〕恭伯榮詩云玄玄即排起　「玄玄即排起」、「恭伯榮」皆見於真誥卷三、卷十七。其中，「恭伯榮」卷十七作「恭柏榮」。真誥卷十七小字注釋説：「玄玄即排起，調彈恭柏榮，竝是神虎隱文揮神詩中句。」今本洞真太上神虎隱文中尚有「道藏金極章，彈調赫栢榮」，「靈道趣蘭闕，玄玄那排起」兩句，因知洞玄靈寶自然九天生神玉章經解稱「登真隱訣載恭伯榮詩云玄玄即排起」，實不妥當。陶弘景恐不至有此錯誤，疑王希巢著洞玄靈寶自然九天生神玉章經解時誤讀真誥或登真隱訣也。

〔二〕戒者遏穢垢之津路防邪風之往來　真誥卷十云：「遏穢垢之津路，防其邪風之往來耳。」

〔三〕未見無功受賞而保安　雲笈七籤注明引自登真戒忌。

148 夫學道者〔一〕，第一欲得廣行陰德，慈向萬物，救人危難，度人苦厄，輕財重道，施恩布德，最爲上善〔二〕。遵戒避忌，第一戒貪，第二戒殺，第三戒慾。守此實學者之堅梯，登真之樞要。苟不依承，是求没溺之漸矣。

雲笈七籤卷四十五

149 婬爲十敗之首，可不慎乎〔三〕。

雲笈七籤卷四十五

150 男女同席而坐息，列罪於北玄。若犯污穢，殃注三祖〔四〕。

雲笈七籤卷四十五

要修科儀戒律鈔卷九

151 上清每以吉日會五真。凡修道之人，當其吉日，思存吉事，心願飛仙，立德施惠，振

〔一〕夫學道者　雲笈七籤注明引自登真戒忌。

〔二〕第一欲得廣行陰德……最爲上善　此説當出於太微靈書紫文仙忌真記上經，云：「夫學道者，第一欲得廣行陰德，慈向萬物，救人艱厄，度人危難，輕財重道，施惠布德，不悋財寶，投之窮地，啓誓真氣，虛心跪請。」

〔三〕婬爲十敗之首　據上清修身要事經引靈書紫文仙相十敗法，其第一敗爲「好淫」，故本篇云云。

〔四〕男女同席而坐息列罪于北玄若犯污穢殃注三祖　內容亦見於上清紫精君皇初紫靈道君洞房上經引太上迴元隱道用除罪籍內篇。

救窮乏。此太上之事也。當須齋戒，遣諸雜念，密處静室。太平御覽卷六百六十七

152 立夏之日日中〔一〕，五帝會諸仙人於紫微宫，見四真人，論求道之功罪。五帝之位，諸宫皆有之。此五方之帝，非三十六天帝限也。亦主學道者，故謂太極紫微宫奉見四真人，論抵其功罪之多少。太平御覽卷二十三

153 立秋之日日中〔二〕，五岳諸真人詣黄老君於黄房靈庭山〔三〕，會仙官於日中，定天下神圖靈藥。太平御覽卷二十五

〔一〕立夏之日日中　此段正文見上清洞真解過訣「清靈真人裴君八節日謝罪第一」（雲笈七籤卷一百五之清靈真人裴君傳略同），經云：「至立夏之日，日中之時，上清五帝會諸仙人於紫微宫，見四真人，論求道之功罪。」

〔二〕立秋之日日中　此段正文見於上清洞真解過訣「清靈真人裴君八節日謝罪第一」。

〔三〕五岳諸真人詣黄老君於黄房靈庭山　「詣黄老君」，原本作「諸黄老君」。上清洞真解過訣云：「立秋之日日中，五嶽諸真人詣中央黄老君於黄房雲庭山。」因據改。

154 太極真人常以立春日日中〔一〕，會諸仙人於太極宮，刻玉簡，記仙名。至春分之日日中，崑崙瑶臺太素真人會諸仙人，刊定真經也。崑崙瑶臺是西母之宮，所謂西瑶上臺，天真祕文盡在其中矣〔二〕。太素真人治白水沙洲之上，定其真經也〔三〕。至立夏日日中，上清五帝會諸仙於紫微宮，見四真人，論求道之功罪。至夏至日日中，天上三官會于司命、河候，校定萬民罪福，增減年筭。至立秋日日中，五岳諸真人詣中央黄房，定天下祀圖靈藥。至立冬日日中，陽臺真人會集列仙，定新得道人，始入名仙録〔四〕。至冬至日日中，諸仙詣方諸宮，東海青童君刻其仙籙，金書内字。凡學道之人，當以夕半、日中謝罪，罪名自除，尅

〔一〕太極真人常以立春日日中　此段正文見上清洞真解過訣「清靈真人裴君八節日謝罪第一」（雲笈七籤卷一百五之清靈真人裴君傳略同）。其中立夏、立秋兩條佚文已見於前，但前條正文與陶注分别清晰，本條則混雜，故兩存之。

〔二〕崑崙瑶臺是西母之宮所謂西瑶上臺天真祕文盡在其中矣　此句應是陶注。其中「西瑶上臺」云云，亦見於佚文第二十四則，並請參考該條注釋。

〔三〕太素真人治白水沙洲之上定其真經也　此句亦是陶注。太素真人居白水沙洲之白山宫，見無上祕要卷二十二。太素真人在白水沙洲空山之上授裴真人經書，見清靈真人裴君傳。

〔四〕定新得道人始入名仙録　此句上清洞真解過訣作「新定得道始入仙名録籍」，清靈真人裴君傳作「定新得道始入仙録之人」。

身歸善以來，長生神仙。秋分之節，氣處清虛太和，正日也。衆真諸仙，是日聽訟。又刺姦吏及部内諸仙官，並糾奏在處道士之功過，及含生有罪應死生者。故仙忌真記曰：子欲升天慎秋分，罪無大小皆上聞。此朱火丹陵宫仲陽先生之要言也。又云此館出列紀，是青童君述古真人之言，以傳龔氏。言罪福纖介，刻于丹城之籍也。伏匿之犯惡〔一〕，陰德之細功，無不縷陳也。

太平御覽卷六百六十

155 戊戌、戊辰〔二〕，其日太上丈人太清丈人中之尊者也。詣太上老君，太清中之尊也。對校天下男女，應生者，注玉曆。九炁丈人亦太清丈人，主諸鬼神之職。詣九老僊都君，太清之僊都，非玄洲之僊都。對校天下男女，應死者，注死籍。天帝丈人玄都傳所載。詣天帝君，太清中東宫之一帝也。

〔一〕伏匿之犯惡　原作「伏匿之善惡」，文意難通，據上清洞真解過訣改。

〔二〕戊戌戊辰　本段道門定制稱「按玄都律、赤松子章曆、並戒律鈔、登真隱訣諸處所載」云云。其正文内容亦見於三洞珠囊卷六，但説法有異，其略云：「其日太上丈人詣太上老君，對校天下男女，應生者，注玉曆。九老丈人詣九老君，對校天下男女，應死者，注死籍。道德丈人詣道德君，對校天下男女，爲功德者，記名左契。天帝丈人詣天帝君，對校天下男女，爲罪過者，著名右契。仙都丈人詣仙都君，對校天下男女，應得仙者，上名仙籙。天師還天曹，校揀簿録，分別善惡。此日閉天門，塞地户，龍遊五嶽，狗行河梁。中黄大神備守天門，中黄丈人備守地户。外事一斷，其日不得燒香行道，關啓章奏。」

對校天下男女，爲罪過者，度著右契。此並太清上三天東宮之真，章奏所闕也。天師還天曹，校揀留薄録，分別善惡。此日閉天門，塞地户，外事一斷，不得關啓。若遇吉日，得上言功章。蓋大慶之日，爲吏兵神將普遷功賞，不得別奏餘章。違者，考病百日。

道門定制卷一

156 其日或遇三元三會八節本命，亦於上章不忌。謂此日正許人懺謝。餘日不許。章後古人寫年月日下，止云天門開時，蓋別有法。謂陽日子寅辰午申戌日也。當陰時，天門開。謂酉亥時之類。陰日丑卯巳未酉亥日也。當陽時，天門開。謂子戌時之類。吾儕不可不知。

道門定制卷一

157 正月午，天地凶門日，不可建造穿鑿。

太平御覽卷二十

158 正月亥，地破日，不可開山動土。

太平御覽卷二十

159 四月戌，天地凶門日，不可入山建創。四月十一日，地破日，不可開山動土。

太平御覽卷二十二

160 二十四氣者〔二〕，立春、雨水、驚蟄、春分、清明、穀雨、立夏、小滿、芒種、夏至、小暑、大暑、立秋、處暑、白露、秋分、寒露、霜降、立冬、小雪、大雪、冬至、小寒、大寒，以爲二十四氣也。三洞珠囊卷七

161 稽首再禮者，先一拜，額叩地，次再禮，合爲三拜。若言再拜稽首者，即先兩禮，後額叩地一禮，合爲三禮。稽首三禮，是其義也。書云：稽，開也。開兩手，將頭首稽留至地，故云。要修科儀戒律鈔卷九

〔二〕二十四氣者　三洞珠囊注明引自登真隱訣時日詮次訣。所謂「時日詮次訣」，今本登真隱訣卷下，推算二朝時日，陶弘景有注釋説：「别有用日之訣，受之玄旨，不可得言，其詳論此事，具在第三卷中。」乃知登真隱訣中專有一篇討論時日選擇。

162 稽首者〔一〕，先一拜，額至地，乃再拜，接先一拜〔二〕。而世相承不見於至〔三〕。再拜猶不肯全，何況能先一拜以行稽首。今或因坐，仍額至地，稽首首至地〔四〕，如因坐地，非稽首也。凡齋醮拜伏，皆當稽首拜，不稽首，不足爲恭。拜章拜表，皆當稽首也。

道法會元卷二百四十五

163 夫再拜者，兩拜是也。别起更坐，勿因拜便坐也。拜坐止一拜，全非再拜也〔五〕。

雲笈七籤卷四十五

164 夫誠惶誠恐者，即握簡低身戢地兩過，捧簡長跪當心，少時復下戢地，又兩過，

〔一〕稽首者　此條與前條似轉録同一篇文字，但詳略不一，故兩存之。此外，雲笈七籤卷四十五「稽首訣第十五」亦引録登真隱訣，文字與本條接近而稍略，僅標注異文，不重録。

〔二〕接先一拜　雲笈七籤作「按先一拜」。

〔三〕而世相承不見於至　此句不通，疑「至」字下落一「地」字，即「而世相承不見於至地」，意指先一拜需額頭至地，而世間相承，都不肯以頭觸地。因此下句繼續説：「再拜猶不肯全，何況能先一拜以行稽首。」雲笈七籤作：「按先一拜，而世相承不見。至於再拜，猶不肯全，何況能先别一拜以行稽首。」

〔四〕稽首首至地　原文作「稽首至地」，文意不通，據雲笈七籤補「首」字。

〔五〕全非再拜也　道法會元卷二百四十五作「全非再拜之禮也」。

止〔一〕。若言頓首者，便以頭頓也〔二〕。陶隱居曰：道雖心存，亦須形恭，口宣詞列，進退足蹈〔三〕，並使應機赴會，動靜得宜。內以沖神，外以協禮〔四〕。

雲笈七籤卷四十五

165 朝修之時，先烈火燒香，使一舉便達，不宜綿綿翳翳〔五〕。又須左手拈香，左手者，凈手也。凡事舉運，莫非右手，左手故凈也。凡拈香，先敷壇，執簡端立，如對君父。次以左手拈香一片，提對印堂，心存印堂中有上真居其內。祝曰：此一瓣香，供養玉清聖境元始天尊。然後插香在爐，秉簡，退揖，再進前拈香如前。祝曰：二捻上香，供養上清真境

〔一〕又兩過止　道法會元卷二百四十五作「又兩拜過，止」。此後，道法會元多「謂之誠惶誠恐」六字。

〔二〕便以頭頓也　道法會元作「便以頭頓地，爲之頓首也」。

〔三〕口宣詞列進退足蹈　道法會元作「口宣詞旨，列拜進退，足蹈詳緩」。

〔四〕外以協禮　此句以後，道法會元還有：「凡朝真謁帝，拜表伏章，皆當致恭如此。若高功臨壇，不審前件禮法，則詞表章文所言誠惶誠恐稽首頓首，皆虛文也。」因道法會元此段未標明出自登真隱訣，故未取爲底本，僅作校勘雲笈七籤引文用。

〔五〕朝修之時先烈火燒香使一舉便達不宜綿綿翳翳　雲笈七籤卷四十五引作：「夫朝奏之時，先烈火豐香，使一舉便到，了不宜綿綿翳翳。」本條祝三清，玉清元始天尊、上清靈寶天尊、太清道德天尊之說似晚於陶弘景，故難保證全部引文皆屬於登真隱訣。

靈寶天尊。插香秉簡如前。祝曰：三捻上香，供養太清仙境道德天尊。燒三捻上香符，默祝曰：玉華散景，九炁含煙。香雲密羅，逕衝九天。當願侍香金童，傳言玉女，爲臣通達，上奏帝前。令臣所啓，咸賜如言。即存爐左右玉童玉女，侍香烟上達也。

道法會元卷二百四十五

166 香者，天真用兹以通感，地祇緣斯以達言。是以祈念、存注，必燒之於左右，特以此煙能照玄達意，亦有侍衛之者，宣讚辭誠故也。

要修科儀戒律鈔卷八

167 香者〔一〕，天真用兹以通感，地祇緣斯以達信。非論齋潔、祈念、存思，必燒香。左右侍香金童，必爲招真達意。

齋戒籙

168 真人攝日暉以通照〔二〕，役月精以朗幽。故然九光之微燈，晃八方之晝夜。

齋戒籙

〔一〕香者　此前條別寫本，因內容差別較大，故兩存之。除齋戒籙外，至言總卷一亦引有此條，文字同於齋戒籙。

〔二〕真人攝日暉以通照　至言總卷一亦引此段，末句「晃八方之晝夜」，作「晃八方之静夜」。要修科儀戒律鈔卷八僅引用「真人攝日暉以通照，役月精以朗幽」兩句。

169 其燒香之鑪，無言其形範者。古人多用博山及三足也。八威召龍經有博山香鑪也。三洞珠囊卷四

170 建城縣及高陵並有然石〔一〕，一燒令赤，便永不糜耗。得一丸以燒香，實爲省要。要修科儀戒律鈔卷八

171 上道法衣巾褐不假人，衣服牀寢不共之也。奉六天山川魔神者，弗入其室，弗享其饌，勿著其衣，勿冠其巾。要修科儀戒律鈔卷九

172 褐者，尋字邊「曷」，乃取「日」下「月」，旨要大顯，是日月字。今「褐」則是日、月、衣。而法二景者，可以左邊爲九條，右邊爲十條。條者，是間中片片耳，勿數縫處。世中用三十二條，事無所據，其長短大小隨人耳。要修科儀戒律鈔卷九

173 太玄上丹霞玉女戴紫巾〔二〕，又戴紫華芙蓉巾，及金精巾、飛巾、虎文巾、金巾。太平御覽卷六百七十五

〔一〕建城縣及高陵並有然石　酉陽雜俎卷十云：「建城縣出燃石，色黄理疏。以水灌之則熱，安鼎其上，可以炊也。」

〔二〕太玄上丹霞玉女戴紫巾　上清握中訣卷下茅君所傳訣作「太玄上玄丹霞玉女」。

疑似道經

失題道經〔一〕

保全〔二〕。出景藏幽，五靈化分。合明扇虚，時乘六雲。和攝我身，上升九天。七韻。畢，又叩齒七過〔三〕，乃開目，事訖。前云服霧之法，其序云：霧者，山澤水火之華精，金石之盈氣，而金所存

〔一〕失題道經　法藏敦煌卷子P.2732，首尾殘缺，一面抄寫佛書入理緣門，一面爲本篇。本篇無標題，大淵忍爾敦煌道經目録擬定爲顧歡真跡殘本，李德範編輯敦煌道藏，即以真跡（擬）爲篇名；饒宗頤論敦煌殘本登真隱訣，認定本文爲登真隱訣遺篇，胡道静主編藏外道書從之；王卡敦煌道教文獻研究擬名上清經修行祕訣，中華道藏乃用上清修行祕訣爲標題。殘卷大小字雜書，大字爲正文，共七段，皆見於真誥，小字注釋。體例與今本登真隱訣卷中完全一致，且前數行完全同於今本，應是現存文獻中最近似登真隱訣遺篇者。

〔二〕保全　前缺，據真誥卷十、登真隱訣卷中，知所缺者爲：「太霞發暉，靈霧四遷。結氣宛屈，五色洞天。神煙含啓，金石華真。藹鬱紫空，鍊形（保全）。」

〔三〕又叩齒七過　此句後，真誥、登真隱訣並有「咽液七過」四字。

服〔一〕，猶是我五藏中氣者，何耶？謂向呼出廿四氣，使與外霧相交，兩煙合體，然後服之五十過〔二〕，則是服霧氣得廿六通矣。此道神妙，神州玄都多有得此術者。尔可行此耶。亦告楊君也。久行之，常乘雲霧而遊也。又云：久服之，則能散形入空，與雲氣合體。

右中君告。楊書。〔三〕

杜廣平所受介琰玄白之術，一名胎精中景玄白内法。常旦旦坐卧任意，存泥丸中有黑氣〔四〕。

〔一〕而金所存服　當依登真隱訣作「而今所存服」。

〔二〕然後服之五十過　登真隱訣作「然後服之，故頓服五十過」。

〔三〕楊書　以上大字見真誥卷十及卷十三，大字及小字注釋悉見於登真隱訣卷中。「楊書」兩字下，卷子寫有「金剛檀廣大」五字。據饒宗頤目驗卷子，另面「信筆雜書金剛壇廣大清浄陀羅尼經三行」，故知此五字是經生試筆，今删去。但需注意者，以字跡而論，此五字與文本似出一人之手，其中「廣」字之結體與此行「杜廣平」之「廣」字完全一様。饒宗頤説卷子「殆李唐以前之寫卷」，而此雜書五字「爲中唐以後人手筆」，恐不可信。

〔四〕存泥丸中有黑氣　據饒宗頤目驗，卷子由兩篇合成，此爲第一片，「被裁截之後，與另紙粘連」。以上大字見真誥卷十三及卷十，大字及小字注釋悉見於登真隱訣卷中。在登真隱訣中，杜廣平條亦與前條連續。

芒紫□〔一〕。從臂骨肉及肉之中通，使流上至於肩腋〔二〕，而日猶在握中。日芒忽變成火以燒臂，使内外通帀洞徹〔三〕，良久。存一臂皆如火炭之狀，咽咽然也。畢，乃陰祝曰：四明上元，日月氣分。流光焕曜，灌液凝魂。神大散景〔四〕，蕩穢緑烟。洞徹風炁，百邪燔燃。使得長生，四支皃全〔五〕。注害鬼鬼〔六〕，收付北辰。六韻。畢，存思良久，放身自忘。存火燒疾處，左右覺令有熱勢，久久乃悦焉忘身，於此乃畢。昔長史息手臂不佳，故小君説此法耳。令學者脱有諸風攣疾痛，可施用之。亦不但手臂，若頭面四支，皆當如此。日之所在，不必把握，唯令是所疾之處而燒之也。亦兼制却家訟考炁矣。

右保命説此，云案消摩上祕祝法〔七〕。此蓋所謂消摩之愈疾者也。

〔一〕芒紫□　此卷子第二片第一行之始。「芒」字可識，「紫」字殘存左半，下一字全泐。饒宗頤補「色」字，中華道藏作「芒氣，即」。

〔二〕使流上至於肩腋　「肩腋」，饒宗頤釋作「眉腋」。

〔三〕使内外通帀洞徹　真誥卷十「使」後多一「臂」字。

〔四〕神大散景　真誥作「神光散景」，中華道藏作「神火散景」。

〔五〕四支皃全　真誥作「四支完全」。

〔六〕注害鬼鬼　真誥作「注害考鬼」。

〔七〕云案消摩上祕祝法　「消摩」即是消摩經，真誥原注：「此經未出世，若猶是智慧七卷限者，未審小君亦安得見之。」此段正文見真誥卷十。

常以生氣時，後云向王而祝，則亦宜先向王平坐案之。咽唾二七過〔一〕。畢，案體所痛處，後云案卌一過，此謂的有痛處，則以手急案之，炁極通之，小舉手，復案，凡卌一過。雖無正疾處者，亦常先摩。將案，抑身躰而祝之，但不復限其數耳。向王而祝曰：亦當微言。左玄右玄，三神合真。左黄右黄，六華相當。風炁惡疾，伏匿四方。玉液流澤，上下宣通。内遣水火，外辟不祥。長生飛仙，身常休强〔二〕。六韻。畢，又咽唾二七過。常如此則無疾。又當急案所痛處卌一過〔三〕。

右滄浪雲林宫右英王夫人所出，云出太上録渟發華經上案摩法，亦云辟惡氣〔四〕。從前風病來至此，凡四條〔五〕，皆衆真令告長史，即事爲言耳。長史書〔六〕。

〔一〕咽唾二七過　「咽唾」，真誥作「咽液」，下一「咽唾」同。

〔二〕身常休强　真誥作「身常體强」。

〔三〕又當急案所痛處卌一過　「卌一」，真誥作「二十一」。

〔四〕亦云辟惡氣　真誥無此句。

〔五〕從前風病來至此凡四條　據上清三真旨要玉訣亦引有本條正文，其前爲「太虛真人曰，風病之所生」云云，及「手臂不援者」云云，共兩條。若再添本篇之前條「消摩上祕祝法」云云，亦能符合「從前風病來至此，凡四條」之説。鑿空之論，聊備一説。

〔六〕長史書　以上正文見真誥卷九。

恒以手案兩眉後小空中三九過〔一〕，各以手第三指案眉後空空中，中自有小穴，叩齒聞四動處是也，一名六合之府〔二〕。又以手及指摩兩目下權上，又各以第三指及掌心，横摩權上目下凹中，向目門，兩手相隨，俱將之。亦應三九過。又以手捉耳，行卅過。又各以手大指虎口，俠扠耳〔三〕，向上將之，手上行至於頭頂。摩唯令數，無時節也。畢，輒以手逆乘頟三九過，從眉中始，乃上行入髮際中。又以兩手大指扶耳上真手令兩小指併合〔四〕，從眉上而將頟上，入髮際，出頂上也。口傍咽唾，多少無數也。始乘頟時，便就咽唾，至畢。如此常行，耳日清明〔五〕。一年可夜書。以手乘頟，内存赤子，日月雙明，上元歡憙，三九始眉。數畢乃止。此謂手朝三元，固腦堅髮之道也。乘頟時，當臨目，心存泥丸宫上元赤子名字，容色和悦，及明堂中左日右月，映照頭内諸宫也。頭四面以兩手乘之，順髮結，唯令多也。於是頭血流散，風濕不凝。乘頟竟，又痛，以手更互上將頭髮，亦可徐擳無定數，覺通帀小热而止。都畢，以手案目四眥

〔一〕恒以手案兩眉後小空中三九過　真誥作「常以手按兩眉後小穴中三九過」。

〔二〕一名六合之府　真誥卷九云：「眉後小穴中，爲上元六合之府，主化生眼暉，和瑩精光，長珠徹童，保鍊目神，是真人坐起之上道。」即是其處。

〔三〕俠扠耳　「俠」，中華道藏作「使」，此從饒宗頤釋文。黄庭内景經云：「雲儀玉華俠耳門。」

〔四〕又以兩手大指扶耳上真手令兩小指併合　此句疑有訛誤。

〔五〕耳日清明　真誥作「目自清明」，饒宗頤釋作「目日清明」，寫本「耳」當係「目」之訛。

二九，覺令見光分明，是檢眼神之道。久爲之，得見百靈。兩手各以第二、第三指案之，令見紫青赤三色光，圖曜分明也。此前諸事，皆各各以訣爲之，每欲凝久，勿速略矣。勲而行之，使手不離面乃佳。已成真人，猶不廢也。脩事有閒，便可爲之，不待時節，益易恒耳。

右裴清靈説此道，出太上寶神經中，此經初不下傳於世也。當來爲真人者，時有得者。案前序云鈔偪相示者，是指説此一事出耳。南真云〔一〕：寶神經是裴清靈錦囊中書，侍者常所帶。昔從紫微夫人受此書。吾亦俱如此。寫西宮中定本。如此，寶神經别有大卷，當並是治身之要法，已成真人者乃得受之也。長史書〔二〕。

夜卧覺，常更急閉兩目〔三〕，一夜數過，覺，便皆爲之，勿得遺忘。叩齒九通，咽唾九過。畢，以手案鼻之邊，左右上下數十過。俱以兩手第二、三指摩案，從鼻下起，至眉閒，可三九過也。微祝曰：太上

〔一〕南真云「南真」即南嶽魏夫人。此數句見真誥卷一，文字小異，真誥云：「寶神經是裴清靈錦囊中書，侍者常所帶者也。裴昔從紫微夫人授此書也。吾亦有，俱如此寫西宮中定本。」

〔二〕長史書　正文見真誥卷九。真誥此篇有陶弘景注釋説：「凡修行此道及卷中諸雜事，並甚有節度，悉以别撰在登真隱訣中，今不可備皆注釋。」似可證明本篇内容屬於登真隱訣。

〔三〕常更急閉兩目　真誥無此句。

四明，九門發精。耳目玄徹，通真達靈。天中之臺〔一〕，流炁調平。驕女雲儀，眼童英明。華聰炅朗〔二〕，百度眇清。保和上元，徘徊九城。五藏植根，耳目自生。天臺鬱素，柱梁不傾〔三〕。七魄藻練，三魂安寧。赤子携景，輒與我并。有敢掩我耳目，太上當摧以流鈴。万凶消滅，所願必成。日月守門，心藏五星。真皇所祝，羣嚮敬聽〔四〕。十四韻。畢，又咽唾九過，摩拭面目令小熱，以爲常，每欲也〔五〕。卧覺，輒案祝如此，勿失一卧也。真道雖成如我輩，故常行之。但不復卧，自坐爲之耳〔六〕。此法既卧覺所行，恐人疑真人亦復眈寐，故發坐爲之言，以明之，則不必以卧覺用也。

右紫微夫人言。此太上寶神經中祝辭，上道也。令人耳目聰明，强識豁朗，鼻中調平，不垂津洟，四響八徹，面有童顔，制魂録魄，却辟千摩〔七〕，七孔分流，色如素華。

〔一〕天中之臺　真誥作「天中玄臺」。
〔二〕華聰炅朗　真誥作「華聰晃朗」。
〔三〕柱梁不傾　原缺「不」字，據真誥補。
〔四〕羣嚮敬聽　真誥作「羣響敬聽」。
〔五〕每欲也　真誥作「每欲數也」。
〔六〕自坐爲之耳　「坐」，原本誤作「生」，據真誥改。
〔七〕却辟千摩　真誥作「却辟千魔」。

真起居之妙道也〔一〕。所以名之爲起居者，常行之故也。此亦應是寶神經中事，夫人、裴君説竟，仍復及此，故亦云此寶神經中祝辭也。如此亦不必止在夜卧覺坐起，及晝卧並可恒用耳。序祝皆有佳説，何可不懃。長史書〔二〕。

天真是兩眉之閒眉之角也。此則眉内角兩頭，先各以手弟三指案之。山源是鼻下人中之本側，在鼻下小入谷中也。此對鼻中鬲内際，宛宛凹中。次以兩手第三指端俠案之。華庭在兩眉之下，是徹視之津梁。眉下目匡上骨凹中，次各横第二指案之。天真是引靈之上房。此一句猶重説前眉角之義耳。旦中暮，旦，平旦，丑寅時也。中，午時也。暮則初夕，戌亥時也。咽唾三九。光咽唾，畢，乃案之。急以手三九陰案之，以爲常。以次各案一處，輒三九過，畢，乃次一處也。令人致靈徹見，杜遏万邪之道也。一日三過行耳。如此則夜中不爲。案而祝曰〔三〕。餘法皆案畢乃祝，此云案而祝者，似是於案中便祝，令案三處，遂曰□□□祝當以最後案華庭時臨目，仍視之故□□開□□□□□□俱案三處亦得耳。以第〔四〕。

〔一〕真起居之妙道也　真誥作「真人起居之妙道也」。

〔二〕長史書　正文見真誥卷九。

〔三〕案而祝曰　正文大字止於此。此段正文見真誥卷九，可據以補完祝辭：「開通天庭，使我長生。徹視萬里，魂魄返嬰。滅鬼却魔，來致千靈。上升太上，與日合併。得補真人，列象玄名。」

〔四〕以第　以下殘爛，不能辨識。

紫文行事決〔一〕

十六日十八〔二〕。□亦足成仙也。此日之夕，是陰精飛合〔三〕，三炁盈溢，月水結華，黃神下接之時也。行之一十八年，上清當鍊魂易魄，映以玉光，桑玄轡景，飛行太空。案此皆用偶日，至於廿六、廿八，是月數已就周虛，卅者，月有大小，是以並不得取。而十二日復不用者，夜陰當精有虧故耳。亦不可都該究也。

〔一〕紫文行事決　法藏敦煌卷子P.2751，首殘尾完，末行題「紫文行事決」，大字經文，小字注釋，十分類似登真隱訣卷上。其本經分別出自皇天上清金闕帝君靈書紫文上經及上清太上帝君九真中經。英藏殘片S.4314、S.6193可以與P.2751綴合。雖然無法肯定紫文行事決一定是登真隱訣之遺篇，因體例近似，附録於此。部分校勘成果參考中華道藏，特此説明。

〔二〕十六日十八　殘片S.4313存七行，此第一行首五字，本行末字「亦」尚完好，中間空缺。因本篇正文出自皇天上清金闕帝君靈書紫文上經（以下簡稱靈書紫文）之「太微飲日氣開明靈符」，可據該經補完前後文字：「要法：月二日、四日、六日、八日、十日、十四日、十六日、十八日、二十日、二十二日、二十四日，一月之中十一過，亦足成仙也。」

〔三〕是陰精飛合　靈書紫文作「是陰陽之合」。

月　符〔一〕

紫微服月精太玄陰符〔二〕。前服月之法，亦太微所授，而此符云紫微者，當是□□□□□□□□□□□□□□□□□□□□今祝符云紫微黄書〔三〕，又飲月祝云飛仙紫微，如似日月陰陽之用，並各異矣。右月晦夜半，黄書青紙上〔四〕，東向服之〔五〕，先以告月魂也〔六〕。是時當先服開明靈符也。日朱月黄即其本位之色也。尔夜但併書兩符，既同一夕，先服日符，畢，仍服月□□□□□乃書之。月晦夜半，日月俱在東方，月在日道後〔七〕，故亦向東服也。臨服月符，閇炁，右手執符，心祝曰：月陰像，故用右手，節度依前法。紫微黄

〔一〕月符　紫文行事決每段皆有兩字標注卷眉，此處卷子依稀存標眉「符」字之下半，從中華道藏補「月符」兩字。

〔二〕紫微服月精太玄陰符　靈書紫文作「紫微飲月精太玄陰生符」。卷子前半「服」字皆寫如「肷」，或因此誤作「飲」字。

〔三〕今祝符云紫微黄書　卷子S.4314止於「黄」字，「書」字起接殘片S.6193。殘片S.6193又可以與卷子P.2751拼綴，S.6193爲卷子前三行半之上半幅。

〔四〕黄書青紙上　殘片S.6193與卷子P.2751綴合後仍缺一字，據靈書紫文補「紙」字。

〔五〕東向服之　靈書紫文作「東向飲之」，以下「服」字多如此，不復注明。

〔六〕先以告月魂也　靈書紫文作「先以告月魄也」。

〔七〕月在日道後　此前小字敦煌道藏多漫漶，據中華道藏描補。

書，名曰太玄〔一〕。致月華水，養魄和魂。方中嚴事，發自玄闕。藏天隱月，五靈夫人。飛光九道，映朗泥丸。五韻。祝畢，乃服符。仍用右手卷吞之。亦可十咽炁，存令上入泥丸中。此即日在心，月在泥丸，服芒之義也。凡此二符，皆云先以告日月之魂者，謂明日應服日月，先使我精氣上通，招告二魂，令嚴裝下接耳。既改月異數，故以其晦，輒更申勒之也。

拘魂

太微靈書紫文拘三魂之法。月三日、月十三日〔二〕、月廿三日夕，魄既有三，故以月之諸三。而神鬼尚陰，並皆以夕。從或□□□□□□夕，須卧便爲之，得於初夕弥好，遂能終夜不寐爲佳。若山居無務，自可夕夕爲之，不必止此三日也。是此時也，三魂不定，爽靈浮游，胎光放形，幽精擾喚。其爽靈、胎光、幽精三君，是三魂之神名也。三魂本在心中，大數三，故有三神，亦是震位，左三右七之義也。其夕皆棄身遊敖，飈逝本室。或爲他魂外鬼所見留制，或爲魅物所得收録，或不得還反，離形放質，或犯於外魂，二炁共戰。皆躁競赤子〔三〕，使爲他念，去來無形，心悲意悶也。道士皆當拘而留

〔一〕名曰太玄　卷子「名」字殘爛，據靈書紫文補。
〔二〕月十三日　原作「十月三日」，據靈書紫文倒乙。
〔三〕皆躁競赤子　原作「皆蹝競赤子」，據靈書紫文改。

之，使無遊逸矣。魂曰拘，魄曰制，於義爲善。而飛步祝反云拘魄制魂，五辰祝亦尔。不審真人作法，何以不同。凡有如此處，吾自誓得道後，必欲上詣，皆刊正之。魂自是善神，正患其棄身他逝，與邪物相觸，則爲傷亂。又不對黃老，侍大君，故使內外越。吾今人有時精爽怳惚，若有所喪，或氣色沉憒，起居迷罔，此皆魂逝未反。動經旬日，然後方還，若因此遂亡，則身亦仍病，而致於□□。拘留之法〔一〕，當安眠向上，下枕申足，交手心上，制魂云去枕，此云下者，當不都除，但下之，令高二寸許，平身也。初卧當先存洞房事，都竟。又存三宮大君，畢，乃下枕申足，覆兩手相交沓，正以掩心，左手在上。冥目，閇炁三息，叩齒三通。一閇令如呼吸三過之久，乃徐通之而叩齒。叩齒各三者，是三魂意耳。存心有赤炁如雞子，從內上出於目中〔二〕，從目中出外，赤炁轉大，覆身，下流身體，上至頭頂，魂雖在心，而是肝神，故令心炁出眼以延之。存此赤炁如雞子大，晃晃然，從心孔出。□□□□□內孔上，至左目中乃出外，漸漸而大，遂通覆身上，兩邊至席，狀如衾被，兼以蒙頭，混混親身，唯不須繞度背下耳。變而成火，因以燒身，使帀一身，令內外洞徹，有如燃炭之狀。都畢。其時當覺體中小熱，存向覆身赤炁忽俱變成火，因合燒身，初猶炎焰，良久皆成炭。骨內五藏，一時烔烔，見三魂亦同赫然。此時存我猶生，但身赤耳。初先想使熱，末乃當真覺之。乃又叩齒三通，畢，存呼三魂名，當存爽靈在玄闕，侍大君，守魄，胎光在

〔一〕拘留之法　原本殘爛，據靈書紫文補。

〔二〕從內上出於目中　靈書紫文作「從內仰上出於目中」。

洞房中〔一〕，對黄老，侍赤子，守泥丸。幽精在心中，受節度。乃呼名。呼名時，亦各當其所在存呼之。爽靈、胎光、幽精，三神急住。因微祝曰：太微玄宫，中黄始青。内練三魂，胎光安寧。神寶玉室，與我俱生。不得妄動，鑒者太靈。若欲飛行，唯得詣太極上清。若欲飢渴，唯得飲徊水玉精。六十四字。都畢也。因忽然忘身，良久乃更，復餘存想也。魂化□□□□遊行，魄止云饑渴，聽出走也。徊水月黄等，皆是琅玕丹所變化者。此物非魂魄所能得，故以此誓之。

制魄

太微靈書紫文制七魄之法。月朔、月望、月晦夕，此三日並月中之要，會諸鬼司行遊縱逸之日也。月望依曆筭取之，或十五、十六。魄既凶躁，弥宜恒制，自可夕夕爲之。是此時也。七魄流蕩，游走穢濁。或交通血食，往鬼來魅。或死尸共相關入〔二〕。或淫惑赤子，聚奸伐宅。或言人之罪，詣三

〔一〕守魄胎光在洞房中　原本「守」、「中」之間缺爛，中華道藏補「七魄胎光在洞房」七字，未説明出處。今據紫庭内祕訣修行法云：「爽靈在玄闕，侍大君之左，以右守魄。胎光在洞房宫，對黄老君赤子，守泥丸。幽精在心中，受心節度。」並結合寫本殘存字跡，補「魄胎光在洞房」六字。

〔二〕或死尸共相關入　靈書紫文作「或與死尸共相關入」。

官河伯〔一〕。或變爲魍魎，使人厭〔二〕。或將鬼入身，呼邪煞質。諸殘病生人，皆魄之罪。樂人之死，皆魄之性。欲人之敗，皆魄之疾。皆爲凶鬼，恒欲人死，輒得放逸天地，遊走冢墓，歆享禋祭，注犯子裔。故令人華想紛雜，生死混淈。或交通淫濁，或接對飲食，及遊踐非所，驚懼糺執。諸如此事，詭變非一。致令精神離錯，念慮擾怖，患禍潛搆，灾疾突起。此皆魄之爲害，弥宜檢制。道士當制而厲之，謂祝不得妄動也。練而變之，謂素炁九迴也。御而正之，謂和柔相安也〔三〕。攝而威之。謂天狩守門也。其第一魄名尸苟，第二魄名伏矢，第三魄名雀陰，第四魄名吞賊，第五魄名非毒，第六魄名除穢，第七魄名臭肺。此皆七魄之陰名也，身中之濁鬼也。此七□□□穢誹，皆是惡目。其數七者，魄常居肺，肺金神也，故能煞伐。魂雖常願生，而是木神，所以每爲魄所遏，轉其宅在心中，微有火以制之。故人生作惡事恒居多。若□□□□□若守三宮八景，則此七鬼自然弭伏矣。制檢之法，當正卧，去枕申足，兩手掌心掩兩耳，令指端相接，交於項中〔四〕。此亦先脩存竟，乃正用，都去枕，交手枕之，使掌心掩耳，指端交於腦户下也。申足覆蹠，向席後，仍以

〔一〕或言人之罪詣三官河伯　原本「之」、「河」之間缺爛，據靈書紫文補「罪詣三官」四字。

〔二〕使人厭　靈書紫文作「使人厭魅」。

〔三〕謂和柔相安也　原本前三字殘爛，中華道藏補「謂和柔」。靈書紫文本段祝辭有云：「鍊魄和柔，與我相安。」因從中華道藏補此三字。

〔四〕交於項中　原本誤作「交於頊中」，據靈書紫文改。

蹈龜虵也。閉息七過，叩齒七通。此猶是閉七息也。此前不云冥目者，以後應存青龍在目中，雖然，亦應小臨之。存鼻端有白炁如小豆，須臾漸大，以冠身九重，下至兩足，上至頭上。此亦應先存白炁分□□從脚中，上出喉，由鼻内右孔出，在鼻頭，光朗照曜，重重漸生，從外爲始，通冠一身，周度背下九重，數畢，鼻端乃盡。魂云覆身，故須蓋上，此云冠身，所以應周帀。今用胇中白炁而出鼻頭，即是其本宫家事。一小豆無容從鼻兩孔出，五神存素明令從右孔出〔一〕，故可以爲準。而赤炁出目，亦不應頓兩，是以令從左眼也。如此輩事，皆經中書不盡言處，並應以意裁，不可率尔而任也。既畢，於是白炁忽又變成天狩〔二〕，使兩青龍在目中，身既在九重之裏，今炁變應先從内化，當令内二炁欻激聚兩目，從左始，各變爲青龍〔三〕，身在目瞳之内，並出頭向面外，形各長九寸。兩白虎在兩鼻孔中，皆向外，次二炁激聚鼻兩孔，亦從左始，各變爲白虎，身在孔内，頭上迴向外，形各長七寸。此龍虎身雖小促，而令形體宛具，玃牙爪，奮驎角，使嚴然可畏。朱鳥在心上〔四〕，向人口，次一炁激聚心上，變爲朱鳥，以足正

〔一〕五神存素明令從右孔出　上清紫精君皇初紫靈道君洞房上經之「太素上清致帝君五神氣法」，其中提到：「存肺中有一童子，上下白衣，從鼻右孔中出。」或即指此。

〔二〕於是白炁忽又變成天狩　「天狩」，靈書紫文作「天獸」。

〔三〕各變爲青龍　原本「各變爲」三字殘爛，據次句「各變爲白虎」補。

〔四〕朱鳥在心上　靈書紫文作「朱雀在心上」。

蹈心，舒翼覆兩脅，張啄臨注我口，上至於脣齒。想其形，頭尾合長三尺。倉龜在左足下〔一〕，靈虵在右足下。次二炁激兩足下，左變爲倉龜，徑五寸，右變爲靈虵，亦倉色，長五尺，並覆在席上。虵刑蟠屈，身尾繞龜，還申頭相□□□□足心各蹈其背上，怡怡然也。此四靈形狀，即如今人所畫者，唯龜虵小異，不正相纒繞如玄武耳。兩耳中有玉女，著玄錦衣，當耳門，兩手各把火光。餘外二炁又貫手掌，激耳門，亦從左始，各變爲玉女，長五寸，並著倉玄錦披裳，飛雲髻，兩手各把火光，合四火也。在我掌手内，當耳門，向前坐。此即是耳神驕女、雲儀也。如是白炁都盡，通更存七狩二女，一時皆令具在。良久，都畢。又咽唾七過，叩齒七通，呼七魄名。叩咽各七，即是七魄□，猶有咽唾者，以魄性好煞，故以和之耳。此直云呼不云存者，謂七魄共在一處，不如三魂分張，應須存耳。亦應仿佛存其七形相隨，在脾中命門右邊列立，爲第一魂爽靈所守制，不得動。乃呼曰：尸苟、伏矢、雀陰、吞賊、非毒、除穢、臭肺。諸呼名字者皆三過，而此魂魄獨正尔者，當以其並是我身之神鬼，既御得其道，則易致召服，不假三呼也。畢，乃微祝曰：素炁九回，制魄邪凶。天狩守門，驕女執關。練魄和柔，與我相安。不得妄動，看察形源。若汝飢渴，聽飲月黄日丹。卅二字。都畢也。因忽然忘身，良久乃更爲餘事。於是七魄内閇，相守受制。若恒行之，則魄濁下消，反善合形，上和三宫，與元合靈。此云恒行，當謂朔望晦不虧也。夕夕爲之弥佳耳。魄既損消穢濁，練成善神，與三宫和合，承受節度，則不復欲人死逝矣。

〔一〕倉龜在左足下　靈書紫文作「蒼龜在左足下」。

人一身有三元宫神，命門有玄關大君及三魂之神，合七神，皆在形中，欲令人長生，仁慈大吉之君也。此七神，道俗賢愚皆恒有之。其神清貞瑩潔，則才高秀。若鄙濁昏闇，則質行陋拙耳。並居身，則無疾。互遊逝，則致病。既各各襄逸〔一〕，則大神亦去，是故死矣。其七魄亦受生於一身，而與身爲攻伐之賊，故當制之。道士徒知求仙之方，而不知制魄之道，亦不免於徒勞〔二〕。魂魄雖俱受生於父母，而魄禀其陰濁，陰濁鍾邪穢，恒興尸虫合勢，每欲陷人於非所。夫善惡理對，生煞事諧，此自然之常法也。凡諸經中，如三奔、七元〔三〕，乃有妙絶高事，而莫有説魂魄之名字者，唯今乃得識耳。此二神常在身中，庸人皆知有此，巫覡之徒亦頗覿形像。至於名字，實古今幽顯所祕，世莫能得傳。若有見者，深共隱祕也。人中品經目，有五行祕符呼魂召魄列紀，云服五行以呼魂，如此别當復須符也。經既未行，正當且懃斯法。但復思一條，今魂魄既出自身，爽不知其體服爲何，若不即如我之容飾，便應各依其本宫之色像。至於長短大小，各隨存用之宜。此又最須先明。巫氏所見，止有一人，未必真是也。

〔一〕既各各襄逸　「襄」疑是「喪」之訛。中華道藏作「既各各衰逸」。

〔二〕亦不免於徒勞　原本「免」作「勉」，據靈書紫文改。

〔三〕如三奔七元　三奔、七元皆是奔日月星辰或存念北斗之術，如道藏之上清華晨三奔玉訣、北帝七元紫庭延生祕訣等。

三一

三元宮所在。其上元宮，泥丸中也。其神赤子，字元先〔一〕，一名帝卿。中元宮，絳房中心是也。其神真人字子丹〔二〕，一名光堅〔三〕。下元丹田宮，齊下三寸也。其神嬰兒，字元陽子〔四〕，一名谷玄〔五〕。此三一之神矣。此三宮所在，猶三一經所詺宮府耳。但名字離合不同者，以此法高妙，相混一體，故不復須其對坐相扶，尊卑兩位。既云七神，明其必無二矣。所謂金闕帝君真書之首篇者，蓋此章乎。欲拘制魂魄時，皆先陰呼其名，存三神，皆玉色金光，有嬰孩之貌，中上二元並衣赤，下元衣黃，頭如嬰兒始生之狀也。存三真質色如玉，而光曜若金，其餘容服皆如三一經法，但省□不□想其把執諸物耳。凡服色形狀，乃各心呼曰：上元泥丸宮赤子字元先，一名帝卿。次存中元、下元，並如之。畢，仍存玄闕，竟，方乃拘制耳。行道服炁時，亦存呼名字。凡有所脩存，吐納之始，並如之。若行迴炁之道，又應先呼此法，乃得

〔一〕字元先　靈書紫文作「字三元先」。
〔二〕其神真人字子丹　靈書紫文作「其神真人字子南丹」。
〔三〕一名光堅　靈書紫文作「一名中光堅」。
〔四〕字元陽子　靈書紫文作「字元陽昌」。
〔五〕一名谷玄　靈書紫文作「一名谷下玄」。

存脩大君之事耳。

大君

命門，齊也。自齊至後三寸，亦可謂命門，猶如頭中皆呼爲泥丸耳。却入三寸，正是命門下一所居也。玄闕是始生胞腸之通路也。人生皆以齊繫胞，猶如□□繫帶。既生以後，自然隕落，爲元炁之本也。始其中有生宫〔一〕，宫内有大君，名桃孩〔二〕，字合延，著朱衣，巾紫容冠。坐當命門〔三〕。此玄闕生宫，即是入齊一寸明堂宫也。方一寸，有三老君居之。大君處其左，今存時亦小小近左邊，貌如嬰兒，玉色，上下朱衣，巾紫芙容冠，右手執皇象符，向外坐。既對命門之前，故云坐當命門。涓子云：明堂三老君宫胇共館脾，旦朝胇而還脾，□□右也。左右都請之耳。此正在脾外□□□也。其三魂神侍側焉。我三魂神雖恒侍大君至□條法，亦各各分張。向思洞房中原有第二魂，合則不容便還，此當止是第二爽靈耳。然存想三魂歡悦不恒，一離一合，在其所念。今者猶當悉存三

〔一〕始其中有生宫　靈書紫文無「始」字。

〔二〕名桃孩　靈書紫文作「名桃康」。

〔三〕坐當命門　原本「當」字殘爛，據靈書紫文補。此後十行，卷子殘損嚴重，大字依靈書紫文補，小字主要參考中華道藏釋文。

魂，並立於大君之左邊，兼令守七魄也。大君恒手執天皇象符，以合注元炁，補胎反胎〔一〕。此神既胞元之始，精炁所宗，故恒執此符，以相引注，使津溉流通，補腦益髓者也。暮卧，先閇炁廿四息，乃心祝大神名三通〔二〕，因咽唾五十過，又三叩齒，存三宫意，乃閇炁，存大君服色及我魂如上數。畢，心呼曰：玄闕生宫大君桃孩字合延。畢，乃徐徐咽唾，存以灌注闕□□□□也。微祝曰：胎靈大神，皇綱天君。手執胞符，首巾紫冠〔三〕。黄迴赤轉，上精命門。化神反生，六合相因。形骸光澤，玉女妻身〔四〕。五韻。畢。能恒行之十八年，大君將能左激三田，右御三炁，田化成飛轝，炁化成玄龍，仰役廿四神，俯使魂靈，呼陽官六甲，召陰官六丁，千乘万騎，白日升天。皆桃君之感致也。道雖小，亦有可觀者焉。明堂三老，此法最高，次則中部黄庭内經所誦是也。右則黄赤内真之法，若修之得理，亦能致仙。而清真不以比德，故爲穢賤之下僚耳。涓子云：合延居左，理真命神，能左激雲輪，右騁飛龍，仰役廿四神，俯使魂靈，千乘万騎，呼陽召陰，白日升天。其事之妙，出靈書紫文上經也。陽通居右，理陰調陽，和象二儀，迴丹注黄，度應六合，精鎮五行，亦能使舉體升化，上入太清。此道嶮阻，至人乃行。其事之妙，黄赤内真具陳委密也。靈元居中部之中英，理

〔一〕補胎反胎　靈書紫文作「補胎反胞」。

〔二〕乃心祝大神名三通　原本「名」字殘爛，據靈書紫文補。「大神」，靈書紫文作「大君」。

〔三〕首巾紫冠　靈書紫文作「首冠紫冠」。

〔四〕玉女妻身　靈書紫文作「玉女棲身」。

胃生肌，和血灌津，消實散堅，凝精形神，百疾滅墜，固魄鍊魂，耳目聰明，面顏玉鮮，亦能輕舉浮空，晨登太霄也。此即周紫陽載涓子所説明堂三老之事矣。其左君名字，即此經是也。右名桃康，字陽通，中名混康，字靈元，各有所主，輕重不同矣。尋真經諸法，並男女同用，都無偏脩者。至於身中諸神，亦同爲男形，冠服不異。唯道一爲分别之主，是上宫女神來降成之耳，故獨以顯言也，其餘皆男形耳。此祝云玉女妻身，非言以爲妻妾之妻。禮云：妻者，齊也。謂以玉女與己齊共寢處，猶如玄真之道，玉女下降與子寢息。豈復女人不得行之耶。龜臺夫人即其本矣。世學多惑此事，故復寄言也。

象　符

太微帝君天皇象符。

有天皇象符〔一〕，以付生宫大神桃孩合延〔二〕，合元上炁，理胞運精。朱書青紙，月旦、月望夜半，北向服之。以左手執符，閇炁，其日夜半起，束帶燒香，北向畫符畢，各各前竟，以次沓執，更臨目閇炁，存大君，乃祝之。心祝曰：天帝玄書，皇象靈符。以合元炁，運精及胞。万年嬰孩，飛

〔一〕有天皇象符　靈書紫文繪有此符，故作「右天皇象符」。按今本登真隱訣皆不繪符，卷中陶注説：「符在第六卷符圖訣中。」本篇亦不繪符，體例與登真隱訣同。

〔二〕以付生宫大神桃孩合延　靈書紫文作「以付生宫大君桃康合延」。

仙天樞。生宮大神，披丹建朱。首建紫容，與我同謀。五韻。畢，乃服。服畢，起再拜。服符時，於所寢床上也。以次一一卷服，各存今至大君之所，乃使左手取執之。竟，仍北向，存拜太微天帝也。此是迴津注精之法，故欲止在寢處，不須他方静室。

右道士有行還精之道，佪黄轉赤，朝精灌命，注津溉液〔一〕，使男女共丹，面生玉澤者，宜知大君之要〔二〕，服象符以不老矣。若在世之日未絶伉儷之道，猶爲内真之事者，則男女俱應受行脩服，不得一人偏用也。若徒行事而不知神名，還精而不服此符〔三〕，不見其祝説，不測其宫府所住者，雖獲千歲之壽，故自歸尸於太陰，徒積歷紀之生，故應還骨於三官也。此謂徒能精行内真，善解陽通，而不知此左部之祕祝，象符之要法，雖可延齡千百，終不成仙。況乎今人盡不能行，而欲爲之，其自取朽没，盖其宜耳。道士暮卧，常存大君，爲祝説之法。朔望服符，次運胎精之益者〔四〕，如此亦成仙人，可不煩男女還補之術也。夫人生男女，陰陽二象，倫對草木昆虫，亦自然心性。今既孤影林澤，絶偶深巖，既無復交接之理，兼亦隱書所禁。每至四氣氤氲，何能都無懷春感秋之氣。如此則靈關壅滯，精想凝曠，則邪魅交遘，心事浮動。

〔一〕注津溉液　原本作「注津既液」，據靈書紫文改。

〔二〕宜知大君之要　靈書紫文作「宜知大君之名要」。

〔三〕還精而不服此符　靈書紫文作「還精而不知服此符」。

〔四〕次運胎精之益者　靈書紫文作「以運胎精之益者」。

內使靈池虚泄，外令髮貌衰摧，故宜服符以代迴鍊之益，存神以運灌化之道。然後二氣無偏，神和交結。斯實輒身之良方，守静之至要矣。然御女以要飛騰，佪炁以求天仙，嶮巇甚於水火，煞伐速於斧釿，自非灰心抱一之性，殆不以此取喪失者也〔一〕。中才行之〔二〕，所謂吞劍而欲使喉咽不傷，當可得耶。內真之事，嶮害如此。唯上才乃能行之，而又復鄙其淺穢。中下士故自絶言，如斯之術則永爲棄矣。今世俗之徒，皆掘三官之筆耳，可謂嗚呼哀哉。

禁忌

生宫大神君忌人食生血〔三〕，忌燒六畜毛，忌燒葫蒜皮葉，及諸薰菜輩。皆伐亂胎炁，臭傷嬰神〔四〕，慎之。凡薰臭血穢一切皆避，非唯數條而已。此盖舉其所至忌者耳。人髮、狩角、鳥羽、虫皮，諸如此炁，並身神惡聞，一觸其禁，則靈爽奔越。積年招致，一旦驚亡，豈不嗟乎。

〔一〕殆不以此取喪失者也　靈書紫文作「殆不可以此取喪失者也」。
〔二〕中才行之　靈書紫文作「中方行之」。
〔三〕生宫大神君忌人食生血　「生宫」原作「生害」，據靈書紫文改。
〔四〕臭傷嬰神　原缺「嬰」字，據靈書紫文補。

謝過〔一〕

學道者至秋分之日，皆存真齋戒，勿念邪惡，心當常願飛仙。此事蓋學者之常行，豈但秋分一日而已，但此日自弥宜篤耳。古之神人曰：子欲升天慎秋分，罪無大小皆上聞。以罪求仙仙甚難，是故學道爲心寒。真要言也。此青君説古先得道者之言。夫皇農之代，雖無灼然推曆，而節炁之會，自皆知之。至蓂英候月〔二〕，已爲澆矣。若長齋道士，秋分日中皆謝七祖父母下及一身罪過，求自改之誓也。其日正中，入密室，北向燒香，關啓太上聖君以下諸領教衆真，依數各再拜，乃自陳首謝，次如五通法，更自誓不敢復犯之辭，隨人所言。此亦别有成，唯故不一二矣。自非真正絶世之性，慎於此日謝罪，慎之。若非高志遠節，心堅氣淳者，便不可都以爲誓。裴傳云：重犯其罪，則不復可解。精若是意，量必能不復爲者，乃隨事陳謝，但未宜揔言之可。此日謝過爲要，亦當與五通相似，但不具示其儀法，如爲踈略。裴傳八節，乃支公之説，而既經真人所覽，理應可用，亦宜參取彼秋分日事而用之。

〔一〕謝過　本條正文見太微靈書紫文仙忌真記上經。

〔二〕至蓂英候月　「蓂英」疑是「蓂莢」之訛。蓂莢爲一種植物，傳説其莢生長有規律，可以用來紀日月。白虎通云：「蓂莢，樹名也。月一日生一莢，十五日畢，至十六日去莢，故莢階生似日月也。」李嶠詩云：「階前蓂候月，樓上雪驚春。」

存　真

青僮君諱厶厶〔一〕，每八節日存之。此諱上一字當用玉録音，不如今佛家音也。節日平旦、日中、夜半，當入室燒香，再拜，存注啓祝，以請乞神仙記名青録之事，隨意所言。日出向日。存脩時依丁卯法弥佳。青君上相，揔領司命，觀校兆民，八節吉慶，故令祈存。此雖載諱，盖是採出經中自稱小臣之意耳，不令呼之。今不宜口道，若心自識念，乃無嫌也。

右紫文決凡十二事。

七。九真八道行事決第七〔二〕。九真八道，即以其事數爲名也。

沐　浴

八道祕言曰：九真八道乃存脩異法，而俱是黄老所宜，則相輔爲用，故此九真之事，乃爲祝言所書也。欲

〔一〕青僮君諱厶厶　上清衆經諸真聖祕卷七引太微琅玕華丹上法寶妙略云：「青童君諱梵湄，八節日存之。」因知所缺爲「梵湄」，故注釋説：「此諱上一字當用玉籙音，不如今佛家音也。」

〔二〕七九真八道行事決第七　以下正文主要出自上清太上帝君九真中經（以下簡稱九真中經）。但「第七」二字，其意未詳。標目「七」字，亦不詳其意。

行九真之法者，長齋清室，行九真之道，一日九過，内觀精審，至須專寂，自非長齋守静，難得恒脩。常以三月三日、五月五日〔一〕，東流水沐浴〔二〕。又以甲子日沐浴〔三〕，燒香於沐浴左右，畢，向王炁再拜〔四〕。甲子沐浴雖别之於後，是其日例既異，故不同句，非爲不用東流水也。令用湯水，隨寒暑先早沐，至日中使髮燥，仍浴。沐浴亦皆向王，燒香於其所。都畢，乃梳頭，束帶整服，燒香於静室，隨向王再拜而跪禮也。心祝曰：太上高真，九靈之精〔五〕。使某飛仙，上登紫庭。沐浴華池，身神澄清。精通太虚〔六〕，五藏自生。四韻。尋此祝辭，判應是沐浴畢拜祝，所以有畢字。又祝中沐、浴俱言，豈得各用耶。若意言燒香畢便拜祝者，今臨沐時自可各燒香，向王再拜，先祝，乃沐乃浴，亦無嫌。都畢，更拜祝也。凡事疑從重，無妨於煩曲矣。

〔一〕五月五日　九真中經此句後尚有「九月九日及本命日」。

〔二〕東流水沐浴　九真中經此句後尚有「五香之氣」四字。

〔三〕又以甲子日沐浴　九真中經作「又以甲子日夜半沐浴」。

〔四〕向王炁再拜　九真中經作「向本命心再拜」。

〔五〕九靈之精　九真中經作「九靈景精」。其後尚有「帝君五神，太一歸明」八字。

〔六〕精通太虚　九真中經作「上通太虚」。其前尚有「桃君守命，帝君反嬰」八字。

論神

太上曰：夫人生結精積炁〔一〕，受胎斂血，所以凝骨吐津，散布流液。忽尒而立，悅亦而成，罔尒而具，脱尒而生。人之寄生託誕，先因精爲端，精既凝結，陰陽之炁積附成胎，於是注血立骨，稍構人形〔二〕，人形既充具，神亦來入，乃能自生。此變化精微，不可以理而求，生生之本，莫復過斯者矣。譬如鳥卵，剖之正一滴之液耳，及其□胞，須臾遂形羽潛育。此從何處而來，誰所雕匠，正自然而然，造化亦不測所以。凡含炁之品〔三〕，非唯質□與父母相類，乃性識志意亦皆不異。念此分神注炁，乃至於此。及其長也，或有移情易操者。猶如草木之實，植乎異壤，則色味不復同本，此皆鑄染之所由，非源繫之遷革矣。於是乃九神來入〔四〕，五藏玄生〔五〕。其形質既具，五藏既立，當生之時，須大神來入，而壽夭吉凶定矣。一神九名，故曰九神。父母唯知生育之始，不覺神適

〔一〕夫人生結精積炁　此數句九真中經作：「夫人唯結精積氣，受胎斂血，黃白幽凝，丹紫合煙。所以凝骨吐津，散佈流液，四度會化，九宮一結。五神命其形軀，太一定其符籍。」

〔二〕稍構人形　原作「刑」，據文意改。

〔三〕凡含炁之品　「含」字原本殘爛，依中華道藏補之。此下十餘行殘爛較甚，大字據九真中經補，小字參考中華道藏校勘成果。

〔四〕於是乃九神來入　此後九真中經有「安在其宮」四字。

〔五〕五藏玄生　此後九真中經有「五神主焉」四字。

其閒也〔一〕。父母□不知此是化所生，而不測神之所以耳。神亦不自識其然，而況於人乎也。人體有尊神，其居無常〔二〕，展轉縈輪，流注元津。此神外來〔三〕，內結以立一身〔四〕，非如三魂七魄，是積靈受炁，生於父母者也。魂魄皆因父母之津，化胞絡以相成也。陽清以成魂，陰濁以結魄，非假外物矣。至於大神，則爲司命之所詮，玄精之所配，昔是破冢之遺爽，今注此胎以成人，所謂先身者是也。今我一身，魂魄是父母之分神，形骨是五行所造作，百神是天靈所營匠，智欲是炁候所没治。至於壽命生死，貧富貴賤，運分多少，罪福善惡，及輪迴五道，既□□□滅，必是此一大神耳。人人有之，而皆不能自知也。尊神有九名，号曰九真君〔五〕。分化上下，轉形万道〔六〕，子能脩之，則出水入火，五藏自生。不滯乎一處，故能遷變萬端。既長守不離，則所在恒□。雖則蹔求□□示，所以改化反真耳。長齋隱栖，以存其真。道齋謂之守靜，佛齋謂之耽晨。道靜接

〔一〕父母唯知生育之始不覺神適其閒也　此句九真中經作：「父母唯知生育之始我也，而不覺帝君五神，來適於其閒也。」

〔二〕其居無常　此後九真中經尚有「出入乎上中下三田，迴易陰陽，去故納新」數字。

〔三〕此神外來　九真中經作「大神虛生」。

〔四〕內結以立一身　此後九真中經尚有「灌質化鍊，變景光明」八字。

〔五〕號曰九真君　此後九真中經尚有「此太一帝君之混合而一變也」數字。

〔六〕分化上下轉形万道　此句九真中經作「分爲上下，旁適萬道」。

手於兩膝，佛晨合手於口前〔一〕。此盖明齋之爲義也。接手静觀則百神自朗，合掌耽念則身相具徹，斯道佛之真致，二齋之正軌。夫佛之爲道，乃道之一法，忘形守神，亦妙之極也。耽晨即今所謂思禪者矣。玉皇、留秦，玄精同象〔二〕。南岳赤君，隨教改服。方諸者之境，奉之者半。三真第子，兩學相若。此乃術有内外，法有異同，本非華戎之隔，精麁之殊也。而邊國剛踈，故宜用其宏經。中夏柔密，所以遵其淵微耳。

一心　第一真法。平旦，太神在心内，号曰天精君〔三〕。太神猶大神也。神之始位，故曰太耳。大神正在洞房，今始變本質，來在心中，故從第一而起也。平旦，平旦隨日之長短，既無定名，是以不得云寅時，而卯時又不被存，則進退就兩時中取之也。所向方面，各依升玄别決，所用月，取其義類。接手於兩膝上，閉炁，冥目内視，向午方平坐，接手加於兩膝，冥目，閉一息，存神，吐一炁。凡閉九息神，吐九重炁。畢，乃通息，叩咽而祝。吐閉皆

〔一〕道齋謂之守静佛齋謂之耽晨道静接手於兩膝佛晨合手於口前　九真中經無此句，或許是注釋文字誤作大字者。

〔二〕玉皇留秦玄精同象　「留秦」原作「留泰」，據文意改。「留秦」爲過去七佛之一，今譯「拘留孫」。道學傳九江王問陸修静道佛異同，陸回答説：「在佛爲留秦，在道爲玉皇，斯亦殊途一致耳。」陸修静關於佛道主張，與此段注釋十分一致。

〔三〕平旦太神在心内號曰天精君　本篇之九真法較九真中經所述，頗有節略化裁。以第一真法爲例，九真中經作：「以正月本命日，甲子、甲戌日平旦，帝君太一五神，壹共混合，變爲一大神，在心之内，號曰天精君，字飛生上英，貌如嬰兒始生之狀是。」以下各法皆類此，不復詳注。

使徐微也。後皆如之。存天精君，座在心中〔一〕，存神上下並朱衣，巾丹精蓮冠，左佩神書。右帶虎文，並如祝中所言也。凡大神九變，形貌並如嬰兒始□□□□□□坐面向外，長短大小無定形也。其所坐之□□□□穴之中，其有不悉空虛者，雖於實中亦得□□□□□形彷佛，令不覺有闕也。其藏府所在高下次第，具載廿四神中，不復顯出。又安大神向子時在洞房，丑時不經存，猶應仍留，至今寅時乃忽然入心中。存心時不復思所從來之本處，直尔而見耳。後皆如此。使大神口出紫炁，以繞心外九重〔二〕。紫炁如今紫花色也。以繞心九重者，猶如制魄白炁冠身九重，各各作一重也。初一吐炁，衹令近外，後漸漸以次一吐，輒左右分，通冠之。凡吐九炁，得九重乃止。每一重間中亦不相關，惟狀如雞子內殼，使周員，覺有九重之數耳。見心及神居在炁中，曖曖然也。後皆效此。畢，因叩齒九下，咽唾九過，此八事叩咽並用九過者，同准九重炁也，故不各依其藏之數。祝曰：亦當微祝。天精大君〔三〕，來見心中。身披朱衣，頭巾丹符。左佩神書〔四〕，右帶虎文〔五〕。口吐紫華，養心凝魂。赤藏自生，得爲飛仙。五韻。畢，乃開目。

〔一〕座在心中　九真中經作「坐在心中」，其後尚有「號曰大神」四字。

〔二〕使大神口出紫炁以繞心外九重　此句九真中經作：「使大神口出紫氣，鬱然以繞我心外九重，氣上衝泥丸中，內外如一。」

〔三〕天精大君　此句後九真中經尚有「飛生上英，帝君內化」八字。

〔四〕左佩神書　九真中經作「左佩龍書」。

〔五〕右帶虎文　此句後九真中經尚有「和精三道，合神上元，五靈奉符，與帝同全」十六字。

二骨　第二真法。辰時，大神分形盡在骨中，号曰堅玉君。既云分形盡在骨中，則骨骨皆有一神，不可定數，其形服悉同也。辰時接手兩膝上，閇炁，冥目内視，存堅玉君〔一〕，入坐一身諸百骨中。此前卯時又不被存，則猶在心中矣。今當向西方存神。上下並白衣，巾蓮精白冠，左佩龍書，右帶金真。先在頭骨，乃以次互存，開穿髓節，皆使周遍，骨骨皆有。都畢，更通存一身諸骨髓中，盡覺有神。使口出白炁，吐以繞骨九重。白炁如今白玉色也。存思諸骨〔二〕，皆使各各吐炁以繞骨外。畢，又通存一身筋骨之外，大小隨形，周帀上下，盡有九重。骨形雖有長短，而各隨其節解爲断，不得通以一身首尾也。畢，因叩齒九下，咽唾九過，祝曰：玉堅大君，來入骨中。身披素衣，頭巾白冠。左佩龍書，右帶金真。口吐白炁，固骨凝筋。白骨不朽，筋亦不泯。百節生華，使我飛仙。五韻〔三〕。畢，乃開目。案前二名皆云堅玉，而此祝云玉堅，或當是誤〔四〕。然反覆呼此，猶爲一類，今但當依之。又「存」字作「在」，亦是誤耳。

三血脉　第三真法。巳時，大神分形盡流入諸精血中，号曰元生君。此亦分軀散景處皆有，形服並同。此止云精血，舉其綱耳。巳時，接手兩膝上，閇炁，冥目内視，存元生君，周遊一身血脉

〔一〕冥目内視存堅玉君　原本「内視」倒乙作「視内」，又缺「存」字，據本篇其餘八真法文例改。

〔二〕存思諸骨　原作「存存諸骨」，從中華道藏改。

〔三〕五韻　此段祝文實爲六韻，然較九真中經仍少八字。

〔四〕案前二名皆云堅玉而此祝云玉堅或當是誤　九真中經此條祝文第一句仍爲「堅玉大君」，未倒乙。

精液之中。血脉精液無的孔穴，故不得言入坐，而云周遊也。向未方存神，上下並黄衣，巾紫容冠，左佩虎録，右帶龍書。存分形流散，悉入此四處。血精液皆消散流通，唯脉是内中氣血之路，與諸精液雖通津腴，無的宫府，而最爲有形畔，可得炁繞，故令纏之。使口吐黄炁，以纏孔脉外九重。黄炁如今雌黄色也。氣血精液既皆由脉，通脉處有孔，使諸神各各吐炁，以纏其外，枝分縷散。隨其大小，皆令九重，不得如餘處，通統共一也。神既各於外吐炁，故不曰繞，而獨言纏。此當令炁先纏向内，乃以次作外。脉不如骨，節節有限，令當依明堂流注，取十二經，并任脉、督脉、脾絡，合十五脉爲始終也。畢，叩齒九下，咽唾九過，祝曰：元生大君，周灌血樞。身披黄衣，頭巾紫芙。左佩虎録，右帶龍書。口吐黄津，固血填虚。精盈液溢，九靈俱居。使我飛仙，天地同符。五韻〔一〕。畢，乃開目。

四肝　第四真法。午時，大神在肝中，号曰青明君。午時，接手於兩膝上，閇炁，冥目内視，存青明大君，入坐肝内。向寅方存神，上下並青衣，巾翠容冠，左佩虎章，右帶龍文。凡五藏，唯心内有孔爲大，餘悉細小，入坐其内，不必各從其輸之孔穴，但貫實而入耳。藏府各有大小，肝肺並大，葉數又多，吐炁皆通令周帀也。使口吐青炁，以繞肝九重。青炁如今空青色也。自後繞藏，亦皆於外而起至内，令數畢。畢，叩齒九下，咽唾九過，祝曰：青明大君，來入我肝。身披青衣，頭巾翠冠。左佩虎章，右帶龍文。

〔一〕五韻　此仍是六韻，較九真中經尚少十六字也。

口吐青炁，養肝導神。青藏自生，上爲天仙。太一護精，抱魄撿魂。六韻。畢，乃開目。

五脾　第五真法。未時，大神在脾中，号曰養光君。未時，接手於兩膝上，閇炁，冥目内視，存養光君，入坐脾中。向辰方存神，上下緑衣，巾蓮冠，左佩玉鈴，右帶威神。使口吐緑炁，以繞脾九重。緑炁如今緑青色也。畢，叩齒九下，咽唾九過，祝曰：養光大神，來入脾中。身披緑衣，頭巾蓮冠。左佩玉鈴，右帶威神。口吐緑華，養脾灌魂。黄藏自生，上爲真人。五韻。畢，乃開目。

六胇　第六真法。申時，大神在胇中，号曰白元君。申時，接手於兩膝上，閇炁，冥目内視，存白元君，入坐胇中。向申方存神，上下龍文衣，巾黄晨華冠，左佩玄書，右帶虎文，左手把皇籍，右手執靈篇。使口吐五色炁，以繞胇九重。五色謂青赤白黑黄也。使一吐便有五色俱出。畢，叩齒九下，咽唾九過，祝曰：白元大君，來坐胇中。身披龍衣，黄晨華冠。左把皇籍，右執靈篇。左佩玄書，右帶虎文。口吐五炁，理胇和津。白藏自生，飛仙紫門。六韻。畢，乃開目。

七腎　第七真法。酉時，大神分坐散形在兩腎中，号曰玄陽君。腎有二枚，神止分爲兩形耳。酉時，接手於兩膝上，閇炁，冥目内視，存玄陽君形，並入兩腎中。向子方存神，並著紫衣，巾扶晨華冠，左佩龍符，右帶鳳文，各在一腎中，相向對坐。此入形字應作分形，是書時諱前例，仍作入字，後脱，忘治改耳。使口吐倉炁，以繞腎九重。倉炁如今望水作淺碧色也。神神吐炁，各統一腎。畢，叩齒九下，咽唾九過，祝曰：玄陽大君，入坐腎中。身披紫衣，頭巾扶晨。左佩龍符，右帶鳳文。口吐倉華，灌腎靈根。黑藏自生，身爲飛仙。北登玄闕，游行天關。六韻。畢，乃開目。

八膽 第八真法。戌亥時，大神在膽中，号曰合景君〔一〕。戌亥時，此用闇暮時也。日有短長，故顯兩時。假令長日則用戌時，短日則用亥時，二月八月則戌亥之間〔二〕。其前平旦用寅卯之義，亦令如此。真人玄祕，乃能若斯。接手於兩膝上，閉炁，冥目内視，存合景君，入坐於膽中。向卯方存神，著緑錦衣，巾紫容冠，左佩神光，右帶玉真。使口吐五色炁，繞膽九重。畢，叩齒九下，咽唾九過，祝曰：合景大神，來坐膽中。身披錦衣，頭戴紫冠。左佩神光，右帶玉真。口吐五炁，養膽强魂。和精寶血，理液固身。使我上升，得爲飛仙。六韻。畢，乃開目。

九頭 第九真法。子時，大神在頭洞房之中，号曰无英君〔三〕。无英君本洞房之左神也。此又以爲号者，是體合變，復歸於真。其在胇時号白元，亦是洞房之右白元君也。離合雖異，其實一神。子時，平坐，接手於兩膝，閉炁，冥目内視，此既夜半，怨人卧存，故獨曰平坐，且又以明正神之本位也。當向丑地。存无英君，坐在明堂之内，洞房之中。存神上著鳳文披，下著龍文衣，並五色采章，紫領青帶，巾映晨華冠，左佩玉瑛，

〔一〕号曰合景君　九真中經作「號曰含景君」，此後兩處「合景」，九真中經亦作「含景」。

〔二〕二月八月則戌亥之間　原作「二月八日則戌亥之間」，從中華道藏改。

〔三〕号曰无英君　九真中經作「號曰帝昌上皇君」，此後兩處，本篇皆作「無英」。

右帶虎文，手把金真之精，光明焕照，近洞房之左，向外坐。使口吐紫炁，繞頭九重。頭之空内皆爲洞房之城，今神雖居正室，而吐炁通貫九宫。九宫皆相開涉，如三一存想法。其服舌齒，自别在前及下，故各須更繞之。九重畢，又使吐紫炁，繞兩目内外九重。存吐紫炁，從明堂内，便合繞兩目，其外邊九重，出在服外也。今神在他處，吐炁繞彼，猶如前纏脉法，使先於内而起，以次出至外耳。舌齒亦同如此也。九重畢，又使吐紫炁，繞舌九重〔一〕。存吐炁從泥丸宫下穴出，入喉，仍貫繞舌本之際，不覺復使有艱閡也。九重畢，又使吐紫炁繞齒九重。繞舌畢，又更吐，猶從向處下，於舌上出。仍合繞齒上下兩邊，令帀也。獨不繞耳鼻者，耳鼻内穴皆通腦，其繞頭之時，已併在炁中，不如眼齒舌，各自區域，不相關。畢，凡四九卅六繞炁，使帀也。都畢也。此非共卅六重，謂四處合卅六。説此者，欲以明後叩咽之數耳。若一閇不得卅六息者，可一處九息竟，通之更閇，分作四閇。叩齒卅六下，咽唾卅六過，祝曰：无英大君，三元上神。鎮守洞房，宫在泥丸。黄闕金室，化爲九真。龍衣鳳被，紫翠青緣。手把真精，頭巾華冠。左佩玉暎，右帶虎文。下坐日月，口吐紫烟。周炁齒舌，朝溉眼唇〔二〕。出丹入虚，呼魄召魂。凝精堅胎，六合長歡。上登太微，得補真官。十一韻。畢，乃開目。

〔一〕繞舌九重　原作「繞九舌重」，據九真中經改。

〔二〕朝溉眼唇　原作「朝溉眼辰」，據九真中經改。

右九真道畢矣。則泥丸鎮塞，目童長全，五藏自生，血脉保津。无英常鎮洞房，四九之氣纏固頭面之境，又周藏府，繞布骨脉，所以能常保生全也。人之欲亡，先由五藏損壞，血脉枯凝，腦宫空絶，七孔昏蔽。於是目童散潰，精光墜落，神逝氣盡，尔乃死矣。今九真恒來栖衛，向者諸敝，永不爲敝，何從得自然而隕乎。右塹入太陰，身經三官者，則九真召魄，太一守骸，三元護炁，太上攝魂，骨肉不朽，五藏不隕，能死能生，能陰能陽，出虚入无，天地俱生。是道士精静營形，感致九真之炁應也。三元飛精以盈虚，太一抱我尸而反質，微乎深哉，微乎深哉。若宿挺緣運，應塹經三官，或須練質改貌，以入太陰者，當其告盡之日，亦不異於世。既殯之後，猶如生人，雖弥歷歲稔，膚骨方新。太上攝其魂，不使酆、岱久執。大神召其魄，不聽縱肆爲鬼。三官真一愛護其氣，不令断絶。太一真君領守形骸，不致腐朽。須時運當生，便忽然而立，同與衆神，出入无形，不復以棺壙爲閡。於是方隨所禀之録，以詣諸官，皆緣存脩此道故也。其五石填生，乃相輔爲用，若專服其藥，不行九真，唯五藏能生，而血肉消矣。此存真所致不朽，又異乎尸解之仙。今凡人有埋窆積年而形質不毁者，或由時月使然，或由金玉在體，皆非神衛之應。又有因開得生者，此正是筭紀未訖，大神猶鎮其魂魄，諸神皆已遊散，應活之日，亦更相招引。雖獲平復爲人，皆不從脩攝所致，不能與神同體，出有入无也。

用炁

閇炁使極炁，吐炁使微妙，出虚入无，令綿綿不自覺也。九真閇炁，無有息數，止是於閇一炁之中，存想事畢，當是其事少故耳。今此復云吐炁使微妙，如似不限閇，但令吐閇不覺以呼吸爲異。若止如八真，自可一閇得竟，其第九方須四處周繞，恐脱未得委曲，所以作四閇中存之。凡諸脩事，無不有閇炁閇息者，至於此卷，獨説其法，當以存神吐炁，周行藏府，流轉榮輸，並與人炁相通，故弥宜綿微，不可便驚振喘慑故也。閇炁既則通之，易致奔迸，唯在寬徐，乃得好耳。此法亦並可爲諸經節度，非但九真而已。

别日

九真中經在人閒施行，亦有口訣。本文似祕不書也，今請言之。此訣出升玄記後，應是已分經後，青童君所説。既欲明升玄用日之意，故先言九真也。人閒難恒，復不可得暇便脩，是以詮其吉日，令有條領耳。

第一真法。當以五月五日、十五日、廿五日、廿七日、廿九日，一月之中五過行之耳，皆以平旦。心王在火，故專以五月午。

第二真法。當以八月八日、十一日、十四日、十九日、廿三日、廿七日，一月之中六過行之耳，皆以辰時。骨白金氣，故專以八月酉。

第三真法。當以六月六日、七日、十七日、十八日、廿五日、廿六日，一月之中六過行之耳，皆以巳時。血脉精液皆禀土氣，故專以六月未。

第四真法。當以正月二日、八日、十四日、十八日、十九日、廿八日，一月之中六過行之耳，皆以午時。肝王在木，故專以正月寅。

第五真法。當以三月三日、八日、十三日、廿日、廿六日，一月之中五過爲之耳，皆以未時行事也。脾王在土，故專以三月辰。

第六真法。當以七月七日、十一日、十四日、十八日、廿三日、廿五日、廿八日，一月之中七過行之耳，皆以申時。肺王在金，故專以七月申。此肺金肝木，正取三孟也。

第七真法。當以十一月二日、六日、九日、十三日、十六日、十九日、廿三日、廿七日，一月之中八過行之耳，皆以申時或酉時。腎王在水，故專用十一月子。此心火腎水，正取二仲也。本經止用酉時，肺已用申，於重非宜。

第八真法。當以二月二日、七日、九日、十五日、十八日、十九日、廿七日，一月之中七過行之耳，皆以戌時或亥時。膽副肝木氣，故專用二月卯。此膽木骨金，復正取二仲也。

第九真法。當以十二月三日、九日、十七日、十九日、廿六日、廿九日，一月之中六過行之耳，皆以子時夜半也。一年終畢，還歸於本，故以十二月丑。

右行九真中經口訣畢矣。此月此日皆是合真迴順，生氣攝精之時，善可以存思，易致玄感。夫脩真家事，乃自可恒行。要月中復有勝日，如紫文服日月，亦選其良妙，以爲人間之法，他日兼以相裨助者耳。

若高栖絶嶺，潛標雲巖，断人事於内外，割粒食以清腸，接手正心，合手含晨，皆當日日施行，自如本經。今之所書，盖人閒多事，不得清閑以行之也。論大神，一日自恒運九府，存祝則爲用致益，不存則與衆人無異，猶如三一家耳。今若依此訣者，則一年正遍九神，而一神各得數過存祝，去乎日日乃數百倍。比於日月之魂，復大省少。然常脩之者，一日之中，殆無空隙，所賴事不多耳。長史所云九真至須專静，亦是訝其繁數。故列記云：脩九真以弥懃也。行之十四年，亦超浮虚无，能死能生，出水入火，上登上清，五藏生華，與天相傾。凡生養五藏，運役身神，莫如九真之妙，其餘法爲是枝條兼茂耳。

八道

中央黄老君八道祕言。道有八條，其言高祕。

閑心静室，寥朗虚真。逸想妙觀，騰濯玄人。苟誠感上會，精悟輝晨。若能閑淡其心，於幽静之室，逸想高靈，妙觀霞極，誠標通感，注精悟會，於是虚玄可覩，真輝鏡接耳。若乃浮躁滯於中匈，滛競留乎神宅，雖瓊轝降寢，録盖儀軒，亦莫之覿矣。亦將得見丹景之炁，三素飛雲。八轝朱輦，紫霞瓊輪。上清浮眄，徊鸞三元〔一〕。高皇秉節，靈童攀轅。太素擁盖，南極臨軒。於是溟光外映，蒙蔚龍顔。

〔一〕 徊鸞三元　九真中經作「徊轡三元」。

象燭太虛，流逸七觀也。夫真靈遊晏，任浪虛舟，陟降欻怳，出有入无。將玄察有志之子，懷道之夫。乃紆光曜采，映蔚綺雲，垂眄太虛，流輝下觀。使悟之者仰燭天崖，覩之者遠羨煙采。雖誠言自過，固以飛衿進會，驟能若斯，將迴龍軿而迎之者矣。子能見之，則白日登辰，不煩復凝霜灌華，玄腴金丹也。玄挺高邈，端拱致真，無事營贍丹石之資，劬勞爐竈之側，雖復琅玕九轉，填生金液，非復所崇矣。

一節朝　一道祕言曰〔一〕：以八節日清朝北望〔二〕，清朝小畢，於清旦未明便出伺之。若節日有與戊巳同者，清朝時訖，又各隨其日，向其方面，餘有一日，更復伺之。有紫緑白雲者，其雲如此三色，依次相沓，紫在上也。雲當從下而上飛，或亦橫列，翩翩然也。是爲三元君三素飛雲也〔三〕。其時三元君乘八轝之輪，上詣天帝〔四〕，三元君是太素三元君，女真也。天帝是天帝玉清君也。子候見〔五〕，當再拜，因陳乞，乞得侍給輪轂之祝矣〔六〕。見之先再拜，長跪，心呼曰：太素三元君，某甲小兆乞得神仙飛行，侍給八轝之輪，上詣天

〔一〕一道祕言曰　此八道祕言與九真中經所記者頗有出入，以本條爲例，注其異同。

〔二〕以八節日清朝北望　九真中經作：「以立春日，正月甲乙日，清朝北望。」

〔三〕是爲三元君三素飛雲也　九真中經作「是爲太上三元君三素飛雲也」。

〔四〕上詣天帝　九真中經作「上詣天皇太帝」。

〔五〕子候見　九真中經作：「子候見是三色雲，當心存叩頭自搏，心存四再拜。」

〔六〕乞得侍給輪轂之祝矣　九真中經作：「曾孫某甲，少好道德，修行九真，沐浴五神，並爲天帝、帝君所見記録。今日有幸，遇三元君出遊，乞得侍給輪轂。任意祈祝矣。」

帝。因尔稽顙。若雲行遲徊，不即消散，當復隨宜所陳。此恐儵忽不得多言耳。其餘日皆効此，各隨所見之真及畢輦所詣處，而改其辭也。三見元君之輦者，白日升仙〔一〕。向曰畢，今言輦，輦畢猶同類互言之耳。始既見雲，詳者覩輦，若雖不見畢服之形，猶拜乞如前。但恐止見雲，不必依數得得仙也。凡此諸過數不同者，是真高則見少而易邁，仙劣則覩多而難登也。

二節夜　二道祕言曰〔二〕：以八節日夜半東北望，有玄青黄雲者，是爲太微天帝君乘八景之畢，上詣高上玉皇也。四見天帝之畢者，則白日有龍車見迎而升天也。

三戊辰、己巳　三道祕言曰：以甲子上旬，戊辰、己巳之日清旦西北望，後云是月上旬之甲子也，他甲効此。其戊與己二日並應伺之。清旦，小晚清朝，而早於平旦也。有紫青黄雲者，是爲太極真君真人三素雲也。其時太極真君、太極上真人乘玄景緑畢，上詣此紫宮〔三〕。九見太極畢者，則白日升仙。

四戊寅、己卯　四道祕言曰：以甲戌上旬，戊寅、己卯之日清旦東南望，有赤白青雲者，是爲扶桑太帝君三素雲也。其時扶桑公太帝君乘光明八道之輦，上詣太微宫。七見之者，

〔一〕白日升仙　此句之後，九真中經尚有：「不須復他存思，千百所施爲也。八道所行祝拜之辭，亦如此。」

〔二〕二道祕言　原誤作「二節祕言」，據文例改。

〔三〕上詣紫宮　原倒乙作「宮紫」，九真中經作「紫微宫」。

則白日有雲龍見迎而升天也。

五戊子、己丑　五道祕言曰：以甲申上旬，戊子、己丑之日清旦正西望，見白赤紫雲者，是爲太素上真白帝君三素雲也。其時太素上真人白帝君乘倏條玉輦，上詣玉天玄皇高真也。十四過見之，則白日神仙。

六戊戌、己亥　六道祕言曰：甲午上旬，戊戌、己亥之日清旦正南望，有青赤黄雲者，是爲南極上真赤帝君三素雲也。其時南極上真赤君此脱「乘」字也。絳琳碧輦上詣閬風臺。十過見之，則白日升仙。

七戊申、己酉　七道祕言曰：以甲辰上旬，戊申、己酉之日清旦西南望，見緑紫青雲者，是爲上清真人三素雲也。其時上清真人乘玄景八光丹輦，上詣高上天帝君。四見之者，則太一來迎，白日升辰。

八戊午、己未　八道祕言曰：以甲寅上旬，戊午、己未之日清旦東望，有朱碧黄雲者，是爲太虚上真人三素雲也。其此脱「時」字也。太虚上真人乘徘徊玉轝，上詣太微天帝君。十五見之者，則白日升仙。凡此諸真位号品序及所詣之方，亦各有指趣，既非事用，故不復詳論〔一〕。

〔一〕　故不復詳論　原本無「不」字，據文意補，中華道藏同。

右八道祕言畢矣。見者當再拜，自陳如上法。皆效前一道之法也。三素雲各自有色，色炁上下相沓積，如所次説也。假令八節日見三元三素雲者，則紫雲在上，緑雲次之，白雲在下，共相沓也。子謹視之。此雖同曰三素，而色沓各殊，皆如所言之次。此素者，非白素之素，特是其雲位名耳。故三素元君亦以紫黄白爲号，則此雲是其所因之本也。凡望此諸雲三色及方面，必應恒相部屬，不於彼方而見此雲也。宜謹候之。上旬者，謂甲子之日，初入月十日之内，有甲子日是也。他日效於甲子矣。今甲去戊五日，若入月十得甲，猶是上旬，不論其戊己入中旬也。若入月十内有戊己，弥佳耳。

他日

非其日，非其時，而見此雲者，亦當拜祝，則三倍於其日見也。謂他旬之戊己，或非戊己日，或非八節，或非清旦、夜半，若方面雖不定，猶以雲色爲正，則知其何真，何所遊詣，便依前拜呼陳乞也。既非正登行降眄之日，故所見之數，方須積多，乃能致感。服令是三見之限者，則十二過乃得仙耳。

服咽

南岳夫人曰：常以生炁時服炁咽唾，令得百過乃卧，鎮益精髓，腦液流溢也。南真哽經之時，又説此法在後者，謂脩九真之道，夜半後宜行之，以和神導液故也。

右九真八道決凡廿一事〔一〕。九真十一事，八道十一事。

上清握中訣〔二〕

上清握中訣卷上

闕文〔三〕

玄上太微，北極紫蓋。下有太真，遊翔九外。翠華飛裙，金鈴青帶。腰佩玉光，玄雲晻藹。賜某隱書，上行七氣。登清戲煙，真人合會。乞丐飛仙，書名丹界。所向所願，無災無害。有惡我者，令彼傷敗。

〔一〕右九真八道決凡廿一事　實數爲廿二事，其下小注亦説：「九真十一事，八道十一事。」

〔二〕上清握中訣　此書通志著録爲三卷，陶弘景撰。其後茅山志亦用此説。太平御覽卷六百六十六云：「握中祕訣，門人罕能見之，（陶隱居）唯傳孫韜與桓闓二人而已。」則上清握中訣成於陶弘景之手，應該不是無根之言。不能肯定此書一定是登真隱訣遺篇，但其内容與今本登真隱訣及諸書引用登真隱訣佚文相合處甚多，故附録於此。

〔三〕闕文　據太上飛行九晨玉經，此是「反行法」之後半段，亦見於雲笈七籤卷二十，乃是「步綱之道」之祝辭。

次乘虚躡景〔一〕

從北極上俱上天關，右手拊心，左手指天關，閉氣三息，叩齒三通，咽液三過，微祝曰：太上七極，紫微絶辰。寶玄金房，外有玉門。周運九宫，調和天關。中有尊神，號曰紫皇。授某隱書，攜某乘龍。上浮九天，下飛地元。景雲丹輿，玄華翠裳。腰佩龍策，頭巾虎文。包生萬物，教化飛仙。脱某死名，天地長存。乘龍步斗，所向受恩。有惡我者，風刀火燃。

遊行三命

從天關上俱上輔星，閉氣一息，叩齒三通，咽液一過，微祝曰：太極輔星，精在紫關。養生育命，寶守神魂。金房再開，奉見輔君。賜某隱書，使某遊旋。列名聖皇，飛仙九天。巾金佩真，出入洞門。

徘徊三陽〔二〕

從輔星上俱上弼星，閉氣一息，叩齒三通，咽液一過，微祝曰：太虚泥丸，紫宫天尊。玄空真紐，爲帝之先。精入明堂，彊胎益魂。朱山再開，奉迎靈元。左挹日華，右掇月根。

〔一〕　次乘虚躡景　此段太上飛行九晨玉經等稱爲「乘龍之道」。

〔二〕　徘徊三陽　此段太上飛行九晨玉經等稱爲「徘徊三陽出入三生」。

流火萬丈，金羅碧裙。腰帶虎符，首戴花冠。賜某隱書，得行天關。乞願飛仙，役使萬神。萬向皆會，福德如山。

朝四極〔一〕

春步綱畢，正身入魁中，東向，視歲星象在肝中，再拜，跪祝曰：太歲元神，木公九元。陽華玄元，盡來入身。叩齒九通。畢，登天旋出。

夏步綱畢，正身入魁中，南向，視熒惑星象在心中，再拜，跪祝曰：南上元神，火陽四光。重離丹火，來入丹房。叩齒九通。畢，登天旋出。

秋步綱畢，正身入魁中，西向，視太白星象在肺中，再拜，跪祝曰：西上太玄，金精七道。玉元二帝，氣回胎腦。叩齒九通。畢，登天旋出。

冬步綱畢，正身入魁中，北向，視辰星象在腎中，再拜，跪祝曰：北玄紫辰，金車水元。龍胎化靈，來入一身。叩齒九通。畢，登天旋出。

甲子日、八節日，步綱畢，正身入魁中，弼星後，向真人存鎮星象在脾中，再拜，跪祝

〔一〕朝四極　此段內容略同於雲笈七籤卷四十一之「朝極」。可注意者，雲笈七籤之「朝極」，夾有小字注釋爲本篇所無，不知是否登真隱訣佚文。朝四極既畢，雲笈七籤注云：「若值六甲日，即步三台。非六甲日，乃便步五星。」故本段朝四極之後，即是步三台與步五星之術。

曰：太極九真，流康陰根。飛一華蓋，來入泥丸。叩齒九通。畢，登天旋而出。

步綱脱死名上玉録法亦如此，但用有異耳。右六甲日步者〔二〕，出，仍左迴向下台，閉氣，隨綱禹步，躡星上至金上。先以左足在前，右足撤後，共上一星，至金畢。仍轉右足在前，躡星還。往還九過，畢，住金上，叩齒三下，通氣，祝曰：上台虛精，中台六淳，下台曲生。若願金玉，呼上台言之。願禄位，呼中台言之。願田土，呼下台言之。三事，隨人意所乞，乃隨綱下散步，還登五星也。

次步五星〔三〕。先向綱口，臨目，閉氣，叩齒五通，咽液五過，存五星精各在五藏中。星形及芒數，並藏内光明照徹。微祝曰：五星列照，焕明五方。水星却災，木星致昌。熒惑消禍，太白辟兵。鎮星四攄，我得利貞。名刊玉簡，録字帝房。乘飆扇景，飛騰太空。出入冥无，遊宴十方。五雲浮蓋，招神攝風。役使萬靈，上衛仙公。

又心祝五星皇君、夫人名字，依八數所呼法也。通息，更閉，乃越綱蹈星，左足上金，右足

〔二〕右六甲日步者　此段即是前説「步三台」之道，其内容亦見於洞真上清太微帝君步天綱飛地紀金簡玉字上經。經云：「求田土之屬，祝上台。求禄位，祝中台。求金玉，祝下台。常以六甲日。此則法，不必常修也。上台虛精，中台六淳，下台曲生，皆名也。」與本篇説：「若願金玉，呼上台言之。願禄位，呼中台言之。願田土，呼下台言之。」小有不同。

〔三〕次步五星　步段即是前説「步五星」之道，其内容參見太上飛步五星經。

進，併，隨方面向之。左手拊心曰飛仙。次上土、當轉足向火也。上火、上木、上水，又倒上木。凡倒還，皆先舉右足。如此往還三過。又依圖上金、上火、上土、當順足向木也。上木、上水，又倒上木。如此往還十五過，止，乃下。恐亡去，亦可屈指數之。左迴向綱口，存祝。如每至星上，皆併足，左手拊心，呼所至星皇君、君夫人名字，心祝飛仙。都畢，乃跪卷圖而還。燒香再拜。若見兇鬼惡人，存斗星覆頭，以杓指前，閉氣，心祝曰：吾是天目〔一〕，與天相逐。精若雷電，明曜八域。徹知表裏，無所不伏。

行飛步，一年辟非，二年辟兵，三年辟死，四年地仙。行之十四年，爲上清真人。

列紀行事訣〔二〕

月晦日夜半，東向，朱書日氣符於青紙上，黄書月精符於青紙上。先左手執日符，閉氣，心祝曰：太微丹書，名曰開明。致日上魂，來化某形。平旦嚴裝，發自圓庭。飛華水母，日根金精。紫映流光，號爲五靈。乃服之。

又右手執月符，閉氣，心祝曰：紫微黄書，名曰太玄。致月華水，養魄和魂。方中嚴

〔一〕吾是天目　真誥卷十八有此句，小字注釋説：「出飛步經祝。」本經卷中亦有此祝，亦稱「飛步祝」。

〔二〕列紀行事訣　兩祝皆見於皇天上清金闕帝君靈書紫文上經，云：「靈書紫文上經，是後聖李君自少學道，所受修行要文者也。」此所以本篇稱「列紀行事訣」，「列紀」即上清後聖道君列紀，但今本無此兩祝。

事，發自玄闕。藏天隱月，五靈夫人。飛光九道，映朗泥丸。乃服之。

服日氣法〔二〕

平旦，伺日初出，乃對日，坐立任意。叩齒九通，心呼：日魂珠景照韜綠映迴霞赤童玄炎飆像。仍冥目握固，存日中五色流霞，皆來接身，下至兩足，上至頭頂。又令光霞中有紫氣如目童，累數十重，與五色俱來入口，吞之四十五咽氣，又咽液九過，叩齒九通，微祝曰：赤爐丹氣，圓天育精。剛以受柔，炎水陰英。日辰元景，號曰大明。九陽齊化，二煙俱生。凝魂和魄，五氣之精。中生五帝，乘光御形。探飛以虛，掇根得盈。首巾龍蓋，披朱帶青。轡烏流玄，霞映上清。賜書玉簡，金閣刻名。服食朝華，與真合靈。飛仙太微，上昇紫庭。再拜。

服月精法〔三〕

伺月初出，對月，坐立任意。叩齒十通，心呼：月魄曖蕭芬豔翳寥婉虛靈蘭鬱華結翹淳

〔二〕服日氣法　真誥卷九云：「日中五帝字曰：日魂珠景昭韜綠映迴霞赤童玄炎飆象。凡十六字。此是金闕聖君採服飛根之道，昔受之於太微天帝君，一名赤丹金精石景水母玉胞之經。」其具體法術亦見於上清太極真人神仙經引「靈書紫文採吞日氣之法」。

〔三〕服月精法　此篇亦見於上清太極真人神仙經引「靈書紫文採服月精之法」。

金清瑩炅容臺標。仍冥目握固，存月中五色流精，皆來接身，下至兩足，上至頭頂。又令光精中有黃氣如目童，累數十重，與五色俱來入口，吞之五十咽氣，又咽液十過，叩齒十通，微祝曰：

黃青玄暉，元陰上氣。散蔚寒飆，條靈歛胃。靈波蘭穎，挺濯渟器。月精夜景，玄宮上貴。五君夫人，各保母位。赤子飛入，嬰兒續至。迴陰三合，光玄萬方。和魂制魄，五胎流通。乘霞飛精，逸虛於東。首結靈雲，景華招風。左帶龍符，右腰虎華。鳳羽朱帔，玉珮金璫。騫樹結阿，號曰木王。神蕎控根，有虧有充。明精内映，玄水吐粱。賜書玉札，刻名靈房。服食月華，與真合同。飛仙紫微，上朝太皇。再拜。若天陰，可於寢室存之。山林中旦夕恒行。

拘三魂法〔一〕

其日夕卧，去枕，向上伸足，交手心上，冥目，閉氣三息，叩齒三通。存心有赤炁如雞子，從内仰上，從目中出外，轉大覆身，變成火，燒身，周帀内外，洞徹如一。覺體中小熱。叩齒三通，呼爽靈、胎光、幽精三神急住。因微祝曰：太微玄宫，中黄始青。内鍊三魂，胎光安寧。神寶玉室，與我俱生。不得妄動，監者太靈。若欲飛行，唯得詣太極上清。若欲飢渴，

〔一〕拘三魂法　此篇及下篇「制七魄法」，皆見於上清太極真人神仙經、紫庭内祕訣修行法等引靈書紫文。

唯得飲徊水玉精。

制七魄法

其日夕卧，向上伸足，兩手掌掩兩耳，當使指端接交頸中。冥目，閉氣七過，叩齒七通，存鼻中端有白氣如小豆，須臾漸大，冠身九重，忽又各變成天獸。青龍在目中，白虎在鼻兩孔中，頭皆向外。朱雀在心上，向人口。蒼龜在左足下，靈蛇在右足下，頭亦向上。玉女著玄錦衣，兩手各把火光，當耳門〔一〕。如此良久，咽液七過，叩齒七通，呼尸狗、伏矢、雀陰、吞賊、非毒、除穢、臭肺。又微祝曰：素氣九迴，制魄却姦。天獸守門，嬌女執關。鍊魄和柔，與我相安。不得妄動，看察形源。若汝飢渴，聽飲月黄日丹。

凡暮卧，先存泥丸宫赤子〔二〕，字三元先，一名帝卿。赤衣。絳宫真人字子南丹，一名中光堅。赤衣。丹田宫嬰兒字元陽子，一名谷下玄。黄衣。凡六人。頭並如嬰兒，有金光玉色。

〔一〕當耳門　此段小字，上述各經引靈書紫文皆作大字本經，在「疑似道經」紫文行事決中亦作大字。

〔二〕凡暮卧先存泥丸宫赤子　此段中華道藏認爲别是一標題，因擬「闕題」二字。今據皇天上清金闕帝君靈書紫文上經及上清太極真人神仙經所引上清金闕帝君靈書紫文，皆在「制七魄之法」標題内有存三元之法，「疑似道經」紫文行事決在「制魄」以後，亦是本段，其標目爲「三一」。由此看來，上清握中訣此段本與「制七魄之法」連續，未必單獨一篇。

又存臍中命門玄闕生宮大君，著朱衣，巾紫蓉冠，手執天皇象符，向外坐。三魂神侍側。乃閉氣二十四息，心呼桃孩字合延，三過。咽液五十過，叩齒三通，微祝曰：胎靈大神，皇綱天君。手執胞符，首巾紫冠。黄迴赤轉，上精命門。化神反生，六合相因。形骸光澤，玉女奉身。先存此，乃拘魂制魂。又以月朔望日夜半，朱書天皇象符於青紙上，北向，左手執符，閉氣，心祝曰：天帝玄書，皇象靈符。以合元氣，運精反胎。萬年嬰孩，飛仙天樞。生宮大神，披丹建朱。首戴紫蓉，與我同謀。服畢，再拜。但於所寢牀上服之。行列記事一十八年，乘華三素，飛行太空。

上清握中訣卷中

守玄丹法〔一〕

其月一日、三日、七日、十一日、十五日夜半，所存即與三一同法。其常日夕，當依今事。其暮夕静寢，去諸思念，先存北極辰星，出一紫氣如弦，來下入玄丹宫，須臾，滿宫溢

〔一〕　守玄丹法　此所謂「守玄丹太一真君之道」，見上清仙府瓊林經引守玄丹上經，恐皆出於大有妙經。本條内「若聞耳鳴」云云及「若項間色色寒者」，亦見於本經卷下之「蘇君所傳訣」。

出，外帀身通洞，與紫氣合體。又存日忽飛來入宫，在紫氣中晃晃然。乃存上清中黄太一真君從北極紫氣中來，入日中坐，服色名字把執，悉如前。因三呼位號名字。忽存我入在太一前，再拜稽首，問道求仙。因乃咽紫氣三十過，咽液三十過。又存北斗魁中出一赤氣如弦，直入來玄丹宫。於是真君與我共乘日，入行赤氣道中，上詣魁中寢，注想令分明，於是仍以寢，即有真感。其非夕時，亦當恒存太一在玄丹宫，并出紫氣以繞身，及咽之也。若聞耳鳴，錯手掩耳，祝曰：赤子在宫，九真在房。請聽神命，亦察不祥。太一流火，以威萬凶。手指耳門七過，覺面熱者佳。若項間色色寒者，惡氣入，當急卧，臨目存玄丹太一真君，以火鈴煥而擲之，令惡炁即出耳外，火光亦隨之炯炯，以照映一身，良久平復。

凡諸聞見不吉，並精存真君，以求救護，則萬凶不干。

大静法〔二〕

守一之人，每以甲午、甲辰、甲寅日夜半，掃除静寢之庭，亦可作壇，方一丈，障四面，布席，燒香，向北再拜，平坐，按手，臨目，存三宫、三一如法。又存三素雲氣，各在宫中，三人

〔二〕　大静法　本段前半見元始天尊説玄微妙經，亦見雲笈七籤卷四十九「守五斗真一經口訣」。「上建日平旦」以後，多數見於上清金闕帝君五斗三一圖訣。其中「太上天輔」、「上元三真」、「百穀入胃」等祝詞，亦見於本經卷下之「蘇君所傳訣」。

在氣中。三素者，紫青絳衣，次重沓之。因仰視北斗，存紫氣從魁中出，如弦直，來入口，分注三宮。於是三一、三卿、及我，乘三素雲忽出，共乘紫氣，上登斗魁，因乘三素，度入北極中，見紫房玉階天官序列，太一帝君巾紫晨冠，龍錦鳳衣，向南坐，我等七人登階，北向拜，求乞飛真長生之道。良久自忘，如在天上，久久乃密起還寢。陰雨可於寢牀存之。

上建日平旦，向王平坐，閉氣，臨目，内視三宮、三一、三卿如法。乃存忽出在我前對坐，我乃心起，各再拜，令如見，乃心祝曰：天尊三帝，守某命門。出游虛中，六氣玄分。養我五神，正我三魂。五藏自生，長生飛仙。又存從虛中忽還三宮，如法而住，乃咽液三十過。久行之，當夢見金玉白鳥諸物，見一之漸也。

上除日夜半，密起向北，仰視北斗内像輔弼之形，忽見三一、三卿，從輔星中出來，下入三宮中，仍還室，更閉氣，臨目内視，精思如法，良久，微祝曰：太上天輔，三帝所遊。三卿從胥，與真合俱。下入我身，安寂坐無。吐精灌形，魂魄和濡。使我飛仙，雲車行浮。咽液二十七過。

每開日夜半起，坐東向，去巾，亦可解髮，更梳結之，臨目内視，微呼曰：上元三真，真中嬰兒。散髮開煙，上通天台。泥丸堅凝，與天同時。使我飛仙，交行洞臺。咽液十九過，乃巾而卧。更存三一宮中呼氣三十過，我亦自呼氣三十過，當覺令身中薰薰熱，則和魄凝魂之驗。

月初出，向月再拜，存月白光十芒，來接我身，洞照三宫，乃心祝曰：　太陰玄精，明月夫人。初生流光，照我三宫。神仙上飛，高遊八方。所向所願，皆與福中。亦可再拜。

臨食初就食，皆先正心，目想三一各於其宫，遥共歆饗，畢，乃食。食畢，心祝曰：　百穀入胃，與神合氣。填補血液，尸邪亡墜。長生天地，飛登玉闕。役使六丁，靈童奉衛。

巾斗却惡守一，出入行住，恒存北斗覆頭，柄指前，令天關去面七尺，如此百邪凶氣不敢干犯也。尋此要訣，亦可兼作飛步祝曰：　吾是天目，與天相遂。精若電雷，明曜八域。徹視表裏，無物不伏。

吸火鍊形。夜臨目向火，口吸取火光，咽之無數，存覺身帀體洞然如火，良久乃止。三年行之，能入火坐。此赤將子鍊形法。

朝太素〔一〕

正月九日、二月八日、三月七日、四月六日、五月五日、六月四日、七月三日、八月二日、九月一日、十月十日、十一月十一日、十二月十二日夜，於寢靜室，北向，再拜稽首，跪曰：

謹啓太上大道高虚玉晨太素紫宫八靈三元君、中央黄老无英白元太帝、五老高真上仙太極

〔一〕朝太素　本段内容亦見於真誥卷九。

黄精三皇玉君，大洞三景弟子某甲，謹以告日之夜，天關九開之間，上聞太上玉皇真君，乞得長生世上，壽無億年，時乘黄晨緑蓋龍轅，上詣紫庭，役使萬神，侍衛四明。畢，勿令人知。云施行太丹隱書，存三元洞房者，此謂修先進之法，非關三一，乃諸訣法。若未行此道，謂亦不得用此拜請。而此日是月中吉辰，宜爲諸善事。

朝玉晨〔一〕

正月四日、二月八日、三月十五日、四月八日、五月九日、六月六日、七月七日、八月八日、九月九日、十月五日、十一月三日、十二月十二日，平旦日出時，北向再拜，自陳本懷所願，畢，咽液三十六過。云此日太上大道玉晨君登玉霄琳房，四眄天下有志節遠遊之心者，是故令拜請。先應呼位號，如朝法，云糞土小兆某甲，乞願云云也。若雨雪，可於静室中啓請。畢，更再拜，仍長跪咽液止。

朝青君〔二〕

丁卯日，日出，向日再拜請乞。九月後，正月前，日出同其方，可因此以服日精。此日

〔一〕朝玉晨　本段内容亦見於真誥卷九，文字略有不同。

〔二〕朝青君　真誥卷九云：「東海青童君常以丁卯日登方諸東華臺四望，子以此日常可向日再拜。日出行之，可因此以服日精。」此即本條「朝青君」之由來。

東海青童登方諸東華臺四望。按方諸在會稽東，小近南，著則應對乙地。若夏月，日出東北，便不得正向日，存拜東華所在啓請。若請乞畢，又再拜，乃修日事，受者但吸服霞精，而九咽之。

精思〔一〕

常以二月二日、三月三日、八月八日、九月九日、十月十日夜，於寢室存思洞中訣事，燒香念真，精苦勿眠，如有所待，兼慎於其日，益善。云修洞訣者，其日衛經玉童玉女，將太極典禁真人來於空中，觀察善惡。故令謹慎，勿爲他事，唯營道務，修諸善法也。

惡夢〔二〕

若遇惡夢，覺，以左手捻人中二七過，啄齒二七通，微祝曰：大洞真玄，張鍊三魂。第一魂速守魄，第二魂速守泥丸，第三魂受心節度，速啓太上三元君，向遇不祥之夢，是七魄遊尸來俠邪源。急召桃康護命，消滅惡津。反凶成吉，生死无緣。畢，又卧，必獲善應。云數遇惡夢者，一曰魄妖，二曰心試，三曰尸賊。故令厭消，則受閉三關之下，反凶爲吉也。

〔一〕　精思　此條亦見真誥卷九。

〔二〕　惡夢　此條亦見真誥卷九。

善夢〔一〕

〔一〕善夢　從「朝太素」至此條，在真誥卷九中亦相連續，録其原文備參考：「受洞訣施行太丹隱書存三元洞房者，常月月朝太素三元君。以正月九日、二月八日、三月七日、四月六日、五月五日、六月四日、七月三日、八月二日、九月一日、十月十日、十一月十一日、十二月十二日夜，於寢静之室，北向，六再拜訖，稽首跪曰：謹啓太上大道高虚玉晨太素紫宫八靈三元君、中央黄老無英白元太帝、五老高真上仙太極皇精三皇君，大洞三景弟子某，謹以吉日之夜，天關九開之間，上聞太上玉皇真君，乞得長生世上，壽無億年。時乘黄晨緑蓋龍轅，上詣紫庭，役使萬神，侍衛四明。畢。勿令人知也。右四朝太素三元君法，以吉日夜半時（此即朝太素）。太上大道玉晨君，常以正月四日、二月八日、三月十五日、四月八日、五月九日、六月六日、七月七日、八月八日、九月九日、十月五日、十一月三日、十二月十二日，登玉霄琳房，四眄天下有志節遠遊之心者。子至其日平旦日出時，北向再拜，亦可於静中也。自陳本懷所願。畢，因咽液三十六過（此即朝玉晨）。東海青童君常以丁卯日，登方諸東華臺四望。子以此日常可向日再拜，日出行之，可因此以服日精（此即朝青君）。右紫虚元君所出。（原注：右此三事並上學隱朝之法，其經並不顯世，故南真出之，亦是令長史遵用也。）常以二月二日、三月三日、八月八日、九月九日、十月十日夜，於寢室存思洞中訣事，而獨處不眠者吉也。其夕衛經玉童玉女，將太極典禁真人，來於空中而察子也。是其夜常燒香精苦，有如所待者也。坐卧存思，或讀書念真，在意爲之，唯不可以其夕施他事，非求道之方耳。若兼慎於其日益善，匪唯守夜矣。受洞訣之始，常當修此，好以爲意也（此即精思）。數遇惡夢者，一曰魄妖，二曰心試，三曰尸賊，厭消之方也。若夢覺，以左手躡人中二七過，琢齒二七遍，微祝曰：大洞真玄，張鍊三魂。第一魂速守七魄，第二魂速守泥丸，第三魂受心節度，速啓太上三元君，向遇不祥之夢，是七魄遊尸，來協萬邪之源，急召桃康護命。上告帝君，五老九真，皆守體門。黄闕神師，紫户將軍。把鉞摇鈴，消滅惡津。反凶成吉。生死無縁。畢。若又卧必獲吉應。而造爲

若遇善夢，卧覺，當摩目二七過，叩齒二七通，微祝曰：太上高精，三帝丹靈。絳宫明徹，吉感告情。三元柔魄，天皇授經。所向諧合，飛仙上清。常與玉真，俱會紫庭。此善惡二夢祝法，出太丹洞房事。若未受此經，不敢朝拜所求，而行此二夢祝，謂非當也。

夫夢惡者〔一〕，明旦當啓太上，以正魂魄，折除不祥。當朝拜，仍啓乞首謝除之。枕麝香一具於頸間，辟水注之氣，絶惡夢也。

惡夢之氣，則受閉於三關之下也。三年之後，唯神感旨應，乃有夢也。夢皆如見將來之明審也，略無復惡占不祥之想矣（此即惡夢）。若夜遇善夢，吉應好夢，而心中自以爲佳，則吉感也。卧覺，當摩目二七，叩齒二七遍，而微呪曰：太上高精，三帝丹靈。絳宫明徹，吉感告情。三元柔魄，天皇授經。所向諧合，飛仙上清。常與玉真，俱會紫庭。畢。此太洞祕訣，以傳於始涉津流者矣（此即善夢）。（原注：右此三事亦是洞房太丹家事，真經亦未顯世，今世中經乃粗有其事，皆增損不同。）」

〔一〕夫夢惡者　此下當別有標題，疑皆脱漏。本條原文見真誥卷八：「枕麝香一具於頸間，辟水注之來，絶惡夢矣。」

若每夢塚墓及亡者〔一〕，卧覺，正向上三啄齒，而祝之曰：　太元上玄，九都紫天。理魂護命，高素真人。我受上法，受教太玄。長生久視，神飛體仙。塚墓永安，鬼訟塞姦。魂魄和悦，惡氣不煙。遊髟莫覬切。罔象，敢干我神。北帝呵制，收氣入淵。得籙上皇，謹奏玉晨。如此者再祝，祝又三叩齒。云此北帝祕祝。凡得諸惡夢不祥者，可皆按此法，有心者並可行之。

〔一〕若每夢塚墓及亡者　此段見真誥卷十，云：「若常夢在東北及西北，經接故居，或見靈牀處所者，正欲與塚相接耳。墓之東北爲徵絶命，西北爲九厄，此皆塚訟之凶地。若見亡者於其間，益其驗也。若每遇此夢者，卧覺，當正向上三琢齒而祝之曰：　太元上玄，九都紫天。理魂護命，高素真人。我佩上法，受教太玄。長生久視，神飛體仙。塚墓永安，鬼訟塞姦。魂魄和悦，惡氣不煙。遊魅罔象，敢干我神。北帝呵制，收氣入淵。得籙上皇，謹奏玉晨。如此者再祝，祝又三叩齒，則不復夢塚墓及家死鬼也。此北帝祕祝也，有心好事者，皆可行之。若經常得惡夢不祥者，皆可按此法，於是鬼氣滅也，邪鬼散形也。」卷十八又提到：「三啄齒，太元上玄。」注釋説：「夢冢墓祝，今在第三篇。」所指即此。

夜臥覺〔二〕，常更急閉目，叩齒九通，咽液九過，畢，以手按鼻之邊，左右上下數十通，微祝曰：太上四明，九門發精。耳目玄徹，通真達靈。天中之臺，流氣調平。嬌女雲儀，眼童英明。華聰炅朗，百度眇清。保和上元，徘徊九城。五藏植根，耳目自生。天臺鬱素，柱梁不傾。七魄澡鍊，三魂安寧。赤子攜景，輒與我并。有敢掩我耳目，太上當摧以流鈴。萬凶消滅，所願必成。日月守門，心藏五星。真皇所祝，群響敬聽。畢，又咽液九過，摩拭面目，令小熱，以爲常。臥覺，輒按祝如此，勿失一臥也。云此是真人起居當行之道，恒坐臥爲之，令耳目聰明，面有童顏，制魂鍊魄，却辟千魔也。

〔二〕 夜臥覺　此段見真誥卷九，云：「夜臥覺，常更叩齒九通，咽液九過。畢，以手按鼻之邊左右上下數十過，微呪曰：太上四明，九門發精。耳目玄徹，通真達靈。天中玄臺，流炁調平。驕女雲儀，眼童英明。華聰晃朗，百度眇清。保和上元，徘徊九城。五藏植根，耳目自生。天臺鬱素，柱梁不傾。七魄澡鍊，三魂安寧。赤子攜景，輒與我並。有敢掩我耳目，太上當摧以流鈴。萬凶消滅，所願必成。日月守門，心藏五星。真皇所祝，羣響敬聽。臥覺，輒按祝如此，勿失一臥也。真道雖成，如我輩故常行之也。但不復臥，自坐爲之耳。此太上寶神經中祝辭上道也，令人耳目聰明，强識豁朗，鼻中調平，不垂津洟，四響八徹，面有童顏，制魂録魄，却辟千魔，七孔分流，色如素華。真人起居之妙道也。所以名起居者，常行之故也。畢，又咽液九過，摩拭面目，令少熱，以爲常，每欲數也。」此段亦見「疑似道經」第一則，可參看。

夜卧覺〔一〕，存日象在疾手中握之，使日光赤芒從臂中逆至肘腋間，良久，日芒忽變成火，以燒臂，使内外通帀洞徹，良久，乃陰祝曰： 四明上元，日月氣分。流光焕曜，灌液凝魂。神火散景，盪穢鍊煙。洞徹風氣，百邪燔然。使得長生，四支完全。注害考鬼，收付北辰。畢，存思良久，放身自忘。云患手眼者如此，若頭面餘處風邪，亦各隨其處，依此法燒祝之。

常以生氣時〔二〕，咽液二七過，按體所痛處，向王而祝曰： 左玄右玄，三神合真。左黄右黄，六華相當。風氣鬼疾，伏匿四方。玉液流澤，上下宣通。内遣水火，外辟不祥。長生飛仙，身常休彊。畢，又咽液二十七過。常如此，則无疾。云又當急按所痛處三十一過，如此則向疾急按而祝，祝畢，又作數次乃止。此痛處亦當无指的所在也。

〔一〕夜卧覺 此段見真誥卷十，云：「夜卧覺，存日象在疾手中握之，使日光赤芒從臂中逆至肘腋間，良久，日芒忽變成火，燒臂，使臂内外通匝洞徹，良久，畢。乃陰祝曰： 四明上元，日月氣分。流光焕曜，灌液凝魂。神光散景，蕩穢鍊煙。洞徹風氣，百邪燔然。使得長生，四肢完全。注害考鬼，收付北辰。畢。存思良久，放身自忘。」

〔二〕常以生氣時 此段見真誥卷九，云：「常以生氣時，咽液二七過。畢，按體所痛處，向王而祝曰： 左玄右玄，三神合真。左黄右黄，六華相當。風氣惡疫，伏匿四方。玉液流澤，上下宣通。内遣水火，外辟不祥。長生飛仙，身常體强。畢，又咽液二七過，常如此則無疾。又當急按所痛處二十一過。」此段亦見「疑似道經」第一則，可參看。

手臂不授者〔二〕，先以一手徐徐按摩疾臂，良久，畢，乃臨目内視，叩齒咽液三過，正心微祝曰：太上四玄，五華六庭。三魂七魄，天關地精。神府營衛，天台上明。四支百神，九節萬靈。受籙玉晨，刊書玉城。玉女侍身，玉童護命。永齊二景，飛仙上清。長與日月，年俱後傾。超騰昇仙，得整太平。流風結痾，注鬼五飛。魍魎塚氣，陰氣相淩。徊我四支，干我盛衰。太上天丁，龍虎曜威。斬鬼不祥，風邪即摧。考注匿訟，百毒隱非。使我復常，日月同暉。考注見犯，北辰收摧，如干明威。云此是北帝曲折祝，諸有曲折者，皆用此法。自不能按，亦可令人按，而己猶内視咽液，啄齒祝之。行之百過，疾消除也。

〔二〕手臂不授者　此段見真誥卷十，云：「手臂不授者，沈風毒氣在脈中，結附痺骨，使之然耳。宜針灸，針灸則愈。又宜按北帝曲折之祝，若行之百過，疾亦消除也。先以一手徐徐按摩臂，良久，畢，乃臨目内視，咽液三過，叩齒三通，正心微祝曰：太上四玄，五華六庭。三魂七魄，天關地精。神符榮衛，天胎上明。四肢百神，九節萬靈。受録玉晨，刊書玉城。玉女侍身，玉童護命。永齊二景，飛仙上清。長與日月，年俱後傾。超騰昇仙，得整太平。流風結痾，注鬼五飛。魍魎塚氣，陰氣相徊。陵我四肢，干我盛衰。太上天丁，龍虎曜威。斬鬼不祥，風邪即摧。考注匿訟，百毒隱非。使我復常，日月同暉。考注見犯，北辰收摧。如有干試，干明上威。畢。若弟子有心者，按摩疾處，皆用此法，但不復令臨目内視，咽液琢齒耳。」

夜卧，先急閉目〔二〕，東向，以手大指後掌，各左右按拭目，就耳門，使兩掌俱交會於項中三九過，存目中各有紫青絳三色氣，出目前，乃陰祝曰：眼童三雲，兩目真君。英明注精，開通清神。太玄雲儀，靈嬌翩翩。保利雙闕，啓徹九門。百節應響，朝液泥丸。身昇玉宮，列爲上真。畢，咽液五十過，乃開目，以爲常。坐起可行之，不必夜，要當以生氣時。云行此一年，耳目便清明。久爲之，徹視千里，羅映神靈。如此則非必夜卧，從子時後至日旦中，有暇便爲之，要當常東向也。

〔二〕夜卧先急閉目　此段見真誥卷九，云：「夜卧，先急閉目，東向，以手大指後掌，各左右按拭目就耳門，使兩掌俱交會於項中，三九過，存目中當有紫青絳三色氣出目前，此是内按三素雲，以灌合童子也。陰祝曰：眼童三雲，兩目真君。英明注精，開通清神。太玄雲儀，靈驕翩翩。保利雙闕，啓徹九門。百節應響，朝液泥丸。身升玉宮，列爲上真。凡四十八字。祝畢，咽液五十過，畢，乃開目以爲常。坐起可行之，不必夜也，以生炁時。一年許，耳目便精明。久爲之，徹視千里，羅映神靈，聽於絶響者也。此亦真仙之高道，不但明目開耳而已。」此段亦見登真隱訣卷中，可參看。

中暮咽液三九過〔一〕，以手急陰按天真，在兩眉内角。山源，鼻下人中小入谷裏。華庭，在兩眉下凹中。陰數三九過，按而祝曰：開通天庭，使我長生。徹視萬里，魂魄反嬰。滅鬼却魔，來致千靈。上昇太上，與日合并。得補真人，列像玄名。云令人致靈徹視，杜遏萬邪。如此亦可以次各按，亦可一時俱按，就按中行祝之。

恒以手按兩眉後小穴中三九過〔二〕，又以手心及指摩兩目下顴上，又以手旋耳行三十過，畢，輒以手逆乘額三九過，從眉中始，上行入髮際中。口傍咽液，多少無數，頭四面亦以兩手乘之，順髮就結，唯令多。都畢，乃以指按目四眥二九，覺令見光分明。勤而行之，唯令數，

〔一〕中暮咽液三九過　此段見真誥卷九：「天真是兩眉之間，眉之角也。山源是鼻下人中之本側，在鼻下小入谷中也。華庭在兩眉之下，是徹視之津梁，天真是引靈之上房。旦中暮恒咽液三九過，急以手三九陰按之，以爲常。令致靈徹視，杜遏萬邪之道也。一日三過行耳。按而祝曰：開通天庭，使我長生。徹視萬里，魂魄返嬰。滅鬼却魔，來致千靈。上升太上，與日合併。得補真人，列象玄名。」此段亦見「疑似道經」第一則，可參看。

〔二〕恒以手按兩眉後小穴中三九過　此段見真誥卷九，云：「常以手按兩眉後小穴中三九過，又以手心及指摩兩目權上，以手旋耳，行三十過，摩唯令數，無時節也。畢，輒以手逆乘額上三九過，從眉中始，上行入髮際中口傍，咽液多少無數也。如此常行，目自清明，一年可夜書。亦可於人中密爲之，勿語其狀。」此段亦見「疑似道經」第一則，可參看。

無時節也。行之一年，可夜書。久爲之，得見百靈。此道出太上寶神經中，已成真人猶不廢之。如此無拘時節，有暇便行。面上常欲兩手摩拭使熱。謂先摩切兩掌令熱，乃以拭面，又順髮向結，兩手更互摩之。

卧起〔一〕，先以手巾帛，拭項中四面及耳後，皆使温温然。又順髮摩頭，又摩掌以治面目。都畢，咽液三十過。

卧起，當平氣正坐〔二〕，先叉兩手，乃度以掩項後，因仰面使項與手爭三四過，仍屈動身體，伸手四極，反張側掣，宣摇百關，爲之各三。謂此精景按摩法，使精和血通，風氣不入，久行之，不死不病。

常欲以手按目近鼻之兩眥〔三〕，閉氣爲之，氣通輒止，吐而復始。恒行之，眼能洞觀。

〔一〕卧起　此段見真誥卷九，云：「卧起，先以手巾若厚帛，拭項中四面及耳後，使圓匝熱温温然也。順髮摩項，若理櫛之無數也。良久，摩兩手以治面目，久行之，使人目明。而邪氣不干，形體不垢膩生穢也。都畢，乃咽液二十過，以導內液。」

〔二〕卧起當平氣正坐　此段見真誥卷九引大洞真經精景案摩篇：「卧起，當平炁正坐，先叉兩手，乃度以掩項後，因仰面視上，舉項使項與兩手爭，爲之三四止，使人精和血通，風氣不入。能久行之，不死不病。畢，又屈動身體，申手四極，反張側掣，宣摇百關，爲之各三。」

〔三〕常欲以手按目近鼻之兩眥　真誥卷九引太上天關三經曰：「常欲以手按目近鼻之兩眥，閉炁爲之，炁通輒止，吐而復始。恒行之，眼能洞觀。」又引石景赤字經曰：「常能以手掩口鼻，臨目微炁，久許時手中生液，追以摩面目。常行之，使人體香。」

耳欲數按抑其左右，令無數。鼻亦欲爾。又常以手掩口鼻，臨目微氣，久時手中生液，追以摩面目，使人體香。

坐常欲閉目内視〔一〕，存見五藏腸胃，久行之，自得分明。常欲閉目而卧〔二〕，安身微氣，乃内視，遠聽四方，令我耳目注萬里之外。精心爲之，乃見百里外事，亦恒聞金石絲竹之聲。初雖無髣髴，久久誠自入妙。謂初先起一方，從近而遠，百里、千里、萬里，竟，更一方始，都徧，又存令通无隔礙也。

櫛頭理髮〔三〕，當向王地。櫛髮之始，微祝曰：泥丸玄華，保精長存。右爲隱月，左爲日根。六合精鍊，萬神受恩。畢，咽液三過。

〔一〕坐常欲閉目内視　真誥卷九引丹字紫書三五順行經曰：「坐常欲閉目内視，存見五藏腸胃。久行之，自得分明了了也。」

〔二〕常欲閉目而卧　真誥卷九引紫度炎光内視中方曰：「常欲閉目而卧，安身微氣，使如卧狀，令傍人不覺也。乃内視，遠聽四方，令我耳目注萬里之外。久行之，亦自見萬里之外事。精心爲之，乃見百萬里之外事也。又耳中亦恒聞金玉之音，絲竹之聲。此妙法也。四方者總其言耳，當先起一方，而内注視聽。初爲之，實無彷彿，久久誠自入妙。」

〔三〕櫛頭理髮　真誥卷九引太極緑經曰：「理髮欲向王地。既櫛髮之始而微祝曰：泥丸玄華，保精長存。左爲隱月，右爲日根。六合清鍊，百神受恩。祝畢，咽液三過。能常行之，髮不落而日生。」亦見登真隱訣卷中。

澡洗時，常存六丁〔一〕，令人所向如願。六丁各隨其旬，亦應向其方面。

當數沐浴〔二〕，浴不患數，患人不能耳。盪鍊尸臭，而真炁來入。每至甲子當沐，不爾，當以幾月旦，使人通靈。

若履殗穢及諸不净處〔三〕，當洗澡浴盥，解形以除之。其法用竹葉十兩，桃皮削取白四兩，以清水一斛二斗，煑令一沸，適寒温，以浴形，即萬殗消除也。謂若浴者益佳〔四〕，但不用此水，以沐浴鍊形之素漿，正宜以浴耳。如便不得以此汁沐頭，更别依常沐法也。又云世間符水、祝漱水含之，近術皆莫比於此方也。如此亦許有符水别法。正一道士乃自有常用，而八吏六甲，别有一符水，於解殗爲勝。今輒附疏於此，幸可兼用之。朱書白紙，如此已著清水中，向王，左手執水器，右手執一劍，叩齒三通，嘘水祝曰：百殗之鬼〔五〕，遠去萬里，不去斬死。西方白童子。輒以劍三叩器邊，又祝，又叩齒，凡三過，止。因取水漱口，自身他身及穢處，所殗便解，不必

〔一〕洗澡時常存六丁　此段見真誥卷九，云：「洗澡時常存六丁，令人所向如願。」亦見登真隱訣卷中。

〔二〕當數沐浴　此段見真誥卷九，云：「數澡洗，每至甲子當沐，不爾，當以幾月旦，使人通靈。浴不患數，患人不能耳，盪鍊尸臭，而真炁來入。」亦見登真隱訣卷中。

〔三〕若履殗穢及諸不净處　此段見真誥卷九引太上九變十化易新經，亦見登真隱訣卷中。

〔四〕謂若浴者益佳　此段注釋與登真隱訣卷中注釋文字不同，亦見上清握中訣，未必登真隱訣佚篇。

〔五〕百殗之鬼　此段祝詞及其後叩齒、漱口云云，亦見於雲笈七籤卷四十五「殗穢忌第五」。原本作大字，今循文意，仍是注釋内容，故改爲小字。中華道藏亦作小字。

須浴。

服仙藥〔一〕，常向本命，服畢，勿道死喪凶事。犯傷胎神，徒服無益。

臨食上勿道死事〔二〕，勿露食物，來衆邪氣。食欲向本命及王氣。

上道法〔三〕，布衣不假人，車服牀寢不共之也。坐卧室宇當令潔浄，則受靈氣，不浄則受故氣。故氣之亂室宇者，所爲不成，所作不立。一身亦當數洗浴澡潔，不爾，仙道無冀。沐浴不數，魄之性也。違魄反真，是錬其濁穢，魄日亡矣。數沐浴，常存六丁，令人所向如願。慎勿道學道學，鬼犯人，亦不懼，立使人病，是體未真故也。

凡寫經書〔四〕，當恒燒香左右。

〔一〕服仙藥　此段見真誥卷九，云：「服仙藥，常向本命。服畢，勿道死喪凶事，犯胎傷神，徒服無益。」亦見登真隱訣卷中。

〔二〕臨食上勿道死事　此段見真誥卷九，云：「臨食上勿道死事，勿露食物，來衆邪炁。」亦見登真隱訣卷中。

〔三〕上道法　真誥卷九云：「上道法，衣巾不假人，不同器皿者，車服牀寢不共之也。」又云：「人卧室宇，當令潔盛，盛則受靈氣，不盛則受故氣。故氣之亂人室宇者，所爲不成，所作不立。一身亦爾，當數洗沐澡潔，不爾無冀。」又云：「沐浴不數，魄之性也，違魄返真，是錬其濁穢，自亡矣。」又云：「勿道學道，道學道，鬼犯人，亦不立，使人病，是體未真故。」以上皆見登真隱訣卷中。

〔四〕凡寫經書　真誥卷十云：「謹寫燒香，先者寫上書，當恒燒香文之左右。」

凡精思，皆燒香於左右。

性躁暴者〔一〕，一身之賊病。每事皆當柔遲，而盡精潔之理。

夫欲學道者〔二〕，皆當勿令人知見所聞，每事盡爾。

存日在心法〔三〕

以月五日、十五日、二十九日夜半，存日從口入在心中，照一心之内，與日共光相合會，良久，當覺心暖，乃祝曰：大明育精，内鍊丹心。光輝合映，神真來尋。咽液九過。又云：行之務欲數，不必拘此數日，可夕夕爲之。云是太虚赤君内法。

服日月象法〔四〕

〔一〕性躁暴者　真誥卷十云：「性躁暴者，一身之賊病。（心閒逸者，）求道之堅梯也。遂之者真去，改之者道來。每事觸類，皆當柔遲而盡精潔之理，如此幾乎道者也。」

〔二〕夫欲學道者　此段見真誥卷十，云：「夫欲學道者，皆當不欲令人知見所聞，每事盡爾。」

〔三〕存日在心法　此段見真誥卷九，云：「以月五日夜半時，日象在心中，日從口入也。使照一心之内，與日共光相合會，畢。當覺心暖，霞暉映驗，良久，祝曰：大明育精，内鍊丹心。光暉合映，神真來尋。畢，咽液九過。到十五日、二十五日、二十九日，復作如上。使人開明聰察，百關鮮徹，面有玉光，體有金澤。行之十五年，太一遺寶車來迎，上登太霄。行之務欲數，不必此數日作也。」

〔四〕服日月象法　正文見真誥卷九，亦見登真隱訣卷中，注釋部分上清握中訣與登真隱訣明顯不同。

男服日象，女服月象，日一勿廢。云書作日月字而服之，不説早晚。今可併朱書青紙作日字，方九分，剪爲數千，每平旦東向，左手執，存爲日形，光芒如法，乃吞入，令住心中。因叩齒咽液各九過。女應以黄書月象，右手執服之。云是東華真人法。

服日芒法〔一〕日月摹别服真形，在隱訣中。

平坐臨目，直存心中有日象，大如錢，赤色，紫光九芒，從心上出喉，至齒間，未出齒而迴還胃中。良久，存見心胃中分明，乃吐氣漱液，服液三十九過，止。一日三爲之。此當以平旦東向，日中南向，晡時西向。

服月芒法〔二〕

夜存月在泥丸中，黄色，有白光十芒，亦未出齒而迴入胃。按此亦應一夜三爲之。當以亥子丑時，月徑一寸，在丹田宫，其十白芒流下口中，咽入喉到胃，令白光照徹，亦應吐氣服液三十九過，卧存之亦可。此西城王君説東華中法，令日月常照身中，則鬼无藏形。行此不止，保見太平。

服三氣法〔三〕

〔一〕服日芒法　正文見登真隱訣卷中。
〔二〕服月芒法　正文見登真隱訣卷中，文字小異。
〔三〕服三氣法　正文見真誥卷九，亦見登真隱訣卷中。

常以平旦向日，臨目，存青氣、白氣、赤氣，各如線，從日下來，直入口中，挹之九十過，自飽便止。此當一吸輒一咽，令三炁入藏府。分流貫澈，數畢炁歇。云此童初范監幼沖受高元君太素内景法〔一〕，事鮮而易驗。

服霧法〔二〕

當以平旦，於靜寢之中，坐卧任意，先閉目内視，髣髴如見五藏，因臨目，口呼出五色炁二十四過，使目見五色氣相纏遶，在面上鬱然，乃又口内此五色氣。五十過。畢，咽液六十過，微祝曰：太霧發暉，靈霧四遷。結炁宛屈，五色洞天。神煙合啓，金石華真。藹鬱紫空，鍊形保全。出景藏幽，五靈化分。合明扇虛，時乘六雲。和攝我身，上昇九天。畢，又叩齒七通，咽液七過，乃開目。此含真臺主女真張微子所受東華法。按此是五藏出炁，而云服霧者，當以所呼出二十四炁是藏炁，藏氣因與外天地霧炁和合來入，故頓納五十過也。

〔一〕云此童初范監幼沖受高元君太素内景法　「幼沖」原作「幼仲」，據真誥改。

〔二〕服霧法　見真誥卷十，亦見登真隱訣卷中。真誥卷十三小字注釋說：「此服霧法，已別抄用，事在第三篇中。」

守玄白法〔二〕

常平旦，坐卧任意，存泥丸中有黑氣，心中有白氣，臍中有黄氣，三氣俱出，如小豆，漸大，纏繞合共成一，以覆身，因變成火，火又燒身，使内外洞徹如一。旦行，至日中乃止，於是服氣一百二十過，都畢。云此杜廣平所受介琰胎精中景黑白内法，却辟萬害，長生不死。先禁房室，及一切内五辛味，行之三十年，遁形隱身，日行五百里。

服開心符法〔三〕

〔二〕守玄白法　見真誥卷十，亦見登真隱訣卷中。真誥卷十九陶弘景説：「猶如日芒、日象、玄白、服霧之屬，而顧（指顧歡）獨不撰用，致令遺逸。今並詮録。各從其例。」陶説日芒、日象、玄白、服霧等修煉法術，依次見於本篇。

〔三〕服開心符法　見真誥卷九，亦見登真隱訣卷中。真誥存有許謐、許翽各自摹繪開心符，與本篇差别不大。登真隱訣則無符，陶弘景注釋説：「符在第六卷符圖訣中。」

每開日，及月旦、十五日、二十七日旦，向王朱書，再拜，祝曰：五神開心，徹聽絶音。三魂攝精，盡守丹心。使我勿忘，五藏遠尋。畢，乃服符，服畢，咽液五過，叩齒五通，勿令人見。云此王君所説，明堂内經開心辟志符，當以朱書白紙，預書十許，乃各以其日，左手執符，拜服之。

遏邪大祝〔二〕

每經危嶮之路，鬼廟之間，諸有疑難之處，當先反舌内向，咽液三過，以左手第二、第三指捻鼻孔下，中鬲内際三十六過，於按中陰數，勿舉指許。叩齒七通，進手心以掩鼻，臨目，微祝曰：朱鳥凌天，神威内張。山源四鎮，鬼精逃亡。神池吐炁，邪根伏藏。魂臺四明，瓊房零琅。玉真巍峩，坐鎮明堂。手暉紫霞，頭建晨光。執詠洞經，三十九章。中有辟邪龍虎，截嶽斬崗。猛獸奔牛，銜刀吞鑲。揭山钁天，神雀毒龍。六領吐火，啖鬼之王。電猪雷父，掣星流横。梟磕駮灼，逆風横行。天禽羅陳，皆在我傍。吐火萬丈，以除不祥。群精啓道，封落山鄉。千神百靈，併手叩顙。澤尉捧燈，爲我燒香。所在所經，萬神奉迎。畢，叩齒三通，乃開目去手。云此出大洞高上大祝法，使天獸來衛，千精震伏。

〔二〕遏邪大祝　見真誥卷十，亦見登真隱訣卷中。

酆都大祝〔一〕

先臨目，存見五藏，令具，叩齒三十六下，乃祝曰：四言輒一啄齒爲節。天蓬天蓬，九元殺童。五丁都司，高刁北公。七政八靈，太上浩凶。長顱巨獸，手把帝鐘。素梟三神，嚴駕夔龍。威劍神王，斬邪滅蹤。紫炁乘天，丹霞赫衝。吞魔食鬼，横身飲風。蒼舌緑齒，四目老翁。天丁力士，威南禦凶。天騶激厲，威北銜鋒。三十萬兵，衛我九重。辟尸千里，去却不祥。敢有小鬼，欲來見狀。钁天大斧，斬鬼五形。炎帝裂血，北斗然骨。四明破骸，天猷滅類。神刀一下，萬鬼自潰。畢，若白日冥夜，及困病得祝，爲恒祝之。鬼有三被此祝，眼睛爛而死。云此酆都北帝祕祝，中皆斬鬼之司名，祕密則爲用。世人得此祝，恒能行，便不死之道。

六宫名祝〔二〕

暮欲卧時，先向北，微祝曰：吾是太上弟子，下統六天之宫，是吾所部，不但所部，乃太上之所主。吾知六天門名，是故長生，敢有犯者，太上斬汝。第一宫，名爲紂絶陰天宫。以次東行，第二宫，名爲大殺諒事宗天宫。第三宫，名爲明晨耐犯武城天宫。第四宫，名爲

〔一〕酆都大祝　見真誥卷十，亦見登真隱訣卷中，並請參見該條注釋。

〔二〕六宫名祝　見真誥卷十，亦見登真隱訣卷中。

恬照罪炁天宮。第五宮，名爲宗靈七非天宮。第六宮，名爲敢司連宛屢天宮。畢，啄齒六下，又祝，凡三過，止，乃卧。辟諸鬼邪之氣。云此定録所告，世人有知酆都六天宮門者，則百鬼不敢爲害。

酆都頌〔一〕

項梁城作酆宮頌曰：紂絶標帝晨，諒事遘重阿，炎如霄中煙，勃若景耀華，武城帶神鋒，恬照吞青河，閶闔臨丹井，雲門鬱嵯峩，七非通奇蓋，連宛亦敷魔，六天横北道，此是鬼神家。夜中微讀之，能辟鬼。此皆六宮門名，故鬼亦畏之。武陽與武城爲異，今但各隨所用而呼之。

又，夜行當啄齒〔二〕，啄齒亦無止限數，殺鬼。邪鬼常畏啄齒聲，若兼之以漱液祝説，益佳。仙方云：常吞液叩齒，使人反少。

世間下土惡彊之鬼〔三〕，多作婦女，以惑試人。若遇此者，便閉氣，思天關之規，衡輔之星，具身神，正顔色，定志意，熟視其眼中童子。闇濁不明者，則鬼試也。急存七星在面前，亦可在頭上，以却之。宜用七星天目祝，并存洞房明堂，日月反規丹，太一真君，亦可用天蓬、朱鳥諸宮也。若

〔一〕酆都頌　見真誥卷十五，亦見登真隱訣卷中。

〔二〕又夜行當啄齒　此段見真誥卷十五，亦見登真隱訣卷中。其中「仙方云：常吞液叩齒，使人反少」，真誥在注釋中。

〔三〕世間下土惡彊之鬼　此段見真誥卷五，亦見登真隱訣卷中。

眼中明徹及方者，仙道人也，便拜請之。不悟真，爲試不過。若遇邪而謂真人，亦試不過。深宜慎之。

服神藥〔一〕，勿向北。亥子日勿唾。出沈羲口訣。

道士結頭理髮〔二〕，及飲食施爲，履屐枕褥，皆勿令非道者見而干犯之。出陳世安口訣。

服食藥物〔三〕，尤不欲食蒜，及石榴子，猪犬肉。出黄元君口訣。

服食，勿食含血物〔四〕，一切肉，敗人功耳。出程偉妻口訣。

求仙不欲見死屍〔五〕，唯父母師主，不得不親臨致哀耳。出李少君口訣。

〔一〕服神藥　此段見真誥卷十，文字略異，云：「沈羲口訣：服神藥，勿向北方，大忌。亥子日不可唾，亡精失氣，減損年命，藥勢如土。」

〔二〕道士結頭理髮　真誥卷十云：「陳安世口訣：道士結頭理髮，及飲食施履屐枕褥，勿令非道士者見其理髮，干其飲食，動其履屐，用其枕褥。彼俗尸魄形中之鬼，來侵我神也。」

〔三〕服食藥物　真誥卷十云：「黄仙君口訣：服食藥物，不欲食蒜及石榴子，豬肝犬頭肉至忌，都絶爲上。」

〔四〕服食勿食含血物　真誥卷十云：「女仙程偉妻口訣：服食勿食血物，食血物，使不得去三屍，乾肉可耳。」

〔五〕求仙不欲見死屍　真誥卷十云：「李少君口訣：道士求仙，不欲見死人尸，損神壞氣之極。人君師父親愛，不得已而臨之耳。」

求仙者〔一〕，勿以三月九日、六月二日、九月六日、十二月三日，與女子相見。此日男女三尸出於目中，更相招引，禍害往來。入室斷隔爲善。出劉綱妻口訣。

求仙〔二〕，勿與女子交接，一交輒傾一年之藥勢。出東海小童口訣。

道士有疾〔三〕，當閉目，内視心，使生火，以燒身令盡，是痛處皆存火燒之。出鳳綱口訣。

學道〔四〕，勿言有道。夜閉目，存眼童子在泥丸中，令内視身神。出東陵聖母口訣。

〔一〕求仙者　真誥卷十云：「女仙人劉綱妻口訣：求仙者勿與女子，三月九日、六月二日、九月六日、十二月三日，是其日當入室，不可見女子。六尸亂則藏血擾潰飛越，三魂失守，神彫氣逝，積以致死。所以忌此日者，非但塞遏淫泆而已，將以安女宫。女宫在申，男宫在寅，寅申相刑，刑殺相加。是日男女三尸，出於目珠瞳之中，女尸招男，男尸招女，禍害往來，喪神虧正。雖人不自覺，而形露已損。由三尸戰于眼中，流血於泥丸也。」

〔二〕求仙　真誥卷十云：「學生之人，一接則傾一年之藥勢。二接則傾二年之藥勢。過三以往，則所傾之藥，都亡於身矣。是以真仙之士，常慎於此，以爲生生之大忌。」

〔三〕道士有疾　真誥卷十云：「鳳綱口訣：道士有疾，閉目内視心，使生火以燒身，身盡，存之使精如彷彿，疾病即愈。是痛處存其火，祕驗。」

〔四〕學道　真誥卷十云：「東陵聖母口訣：學道慎勿言有，多爲山神百精所試。夜卧，閉目存眼童子在泥丸中，令内視身神，長生升天。劉京亦用此術。」

暮卧〔一〕，存日在額上，月在臍上，辟萬邪千鬼。出青牛道士口訣。

入山〔二〕，未至山百步，先却百步，反足，乃登山，山精不敢犯。出吕恭口訣。

行經靈廟間〔三〕，存口中有真人，字赤靈丈人，侍以玉女二人。一女名花正，一女名攝精。丈人著赤袍，玉女黄衣。乃叱咤曰：廟中鬼神速來，使百邪詣赤靈丈人受斬死，衆邪却千里。此三天前驅捕鬼之法。樂巴口訣。

〔一〕暮卧　真誥卷十云：「青牛道士口訣：暮卧，存日在額上，月在臍上，辟千鬼萬邪，致玉女來降，萬禍伏走。祕驗。」

〔二〕入山　真誥卷十云：「吕恭口訣：入山之日，未至山百步，先却行百步，反足，乃登山。山精不犯人，衆邪伏走，百毒藏匿。」

〔三〕行經靈廟間　真誥卷十云：「樂巴口訣：行經山及諸靈廟祠間，存口中有真人字赤靈丈人，侍以玉女二人，一女名華正，一女名攝精，丈人著赤羅袍，玉女二人，上下黄衣。所存畢，乃叱咤曰：廟中鬼神速來，使百邪詣赤靈丈人受斬死。衆精却千里。此是三天前驅使者捕鬼之法。」

此後應入三皇青胎卷中所用符事〔一〕，又禁山符中事〔二〕，並未撰。

上清握中訣卷下

蘇君傳行事訣〔三〕

人頭有九宮，兩眉間上却入三分，爲守寸。有青房、紫户二神居之。一寸爲明堂宮，有明童真官、明鏡神君、明女真官，三人居之。二寸爲洞房宮，有無英、黄老、白元，三人居之。三寸爲丹田泥丸宮，有上元赤子、帝卿二人居之。四寸爲流珠宮，流珠真神居之。五寸爲玉帝宮，玉清神母居之。明堂上一寸爲天庭宮。上清真女居之。洞房上一寸爲極真宮。太極帝妃居之。丹田上一寸爲玄丹宮。太乙真人居之。流珠上一寸爲太皇宮。太上君后居之。凡一頭中有九宮，並各方一寸。其玉帝、天庭、極

〔一〕此後應入三皇青胎卷中所用符事　「三皇」指三皇經。「青胎」，敦煌所出陶公傳授儀之「授受三皇法」提到：「三皇是大經法，今世中有此數卷，皆由鮑葛所傳至此。大者之真字，唯青胎一卷是耳。」則「青胎」似三皇經傳本之一種。另外，無上祕要卷二十五「三皇要用品」中又提到：「朱官青胎之符」，或是三皇符文之一種。

〔二〕又禁山符中事　真誥卷二十記有「掾書西嶽公禁山符」。

〔三〕蘇君傳行事訣　本篇前半正文見於登真隱訣卷上之「九宮」、「明堂」、「洞房」三篇，但今本登真隱訣之「洞房」部分似非完整，其後内容多數不見於登真隱訣。

真、太皇四宮，皆雌一之宮，其經當傳已成真人。其餘五宮已行世，而流珠經尚未見。守一法：立春日夜半，東向平坐，閉氣臨目，握固兩膝上，先存守寸中，左有絳臺，臺中有青房，房中有神，著青衣。名正心，字切方。右有黄闕，中有紫户，紫户中有神，著紫衣。名平静，字法王。手並執流金鈴，仍三呼其名，微祝曰：紫户青房，有二大神。手把流鈴，身坐風雲。俠衛真道，不聽外前。使我思感，通利靈關。出入貞利，上登九門。即見九真，太上之尊。

次存明堂中，左有明童真官，名玄陽，字少青。中央有明鏡神君，名照精，字四明。右有明女真官。名微陰，字少元。頭形並如嬰兒，著緑錦衣，腰帶四赤玉鈴，口銜赤玉鏡，長跪，坐向外，口並吐赤炁，貫我身令帀，及閉目微咽之。又使鳴玉鈴，聲聞太極。吐鏡赤光萬丈，須臾赤炁繞身，變成火燒身，内外同光如一。因三呼名字，叩齒九通。若飢渴，存三君口吐赤炁，灌我口，因吸咽之。若闇行，存三君口出三火光，以照前。若處危難。亦存三君鳴玉鈴，煥而擲之。

次存洞房中，左有無英君，著芙華冠，御紫晨蓋，佩流金鈴，向外坐，乃微祝曰：三元英炁，太玄紫晨。黄闕金室，中有大神。華冠紫蓋，龍衣虎文。出丹入虚，呼陰召陽。天道有真，名曰無英。扶我生我，與我長存。

又存右有白元君，著黄辰華冠，龍文衣，佩神虎符，向外坐，乃微祝曰：太上神精，正當神門。龍衣虎帶，黄辰華冠。把籍持書，是爲白元。與我俱遊，上到陽關。周遊九清，還安黄房。此洞房法。

又常以夜半後，生炁時，按手兩膝，閉炁，冥目内視，咽液百二十徧，存無英君服色，祝説如法。

又以日出，東向再拜，閉氣，冥目内視，咽液百二十過，存白元君服色，祝説如法。

又以甲子日夜半後，披髮傅粉，按手兩膝，服氣咽液百四十過，乃呼二神名字。耳想聞，如人應聲，或有誦經音，則是感應。

立春東向，立夏南向，立秋西向，立冬北向。春分日夜半，正坐東向，冥目，存北斗星下，紫氣大如絃，從上直注我前，令三一、三卿、及我，合七人，我在中央。並覆巿。七星杓指前，鴈行，共乘紫氣，上登陽明星，入中共坐，並吞紫氣三十過。畢，乃悉更緣紫炁來下，還入三宫中。精思存之。心祝曰：三尊上真，太玄高神。陽明主春，萬童開門。丹元主夏，朱紫合煙。陰精主秋，天威六陳。北極主冬，萬邪塞姦。五土季王，戊己天關。所摧皆滅，所向莫干。鍊我七魄，和我三魂。生我五藏，使我得真。登飛上清，浮景七元。長生順往，嘯命千神。

夏至南向，登丹元星。秋西向，登陰精星。冬至北向，登北極星。皆依此法。若六月一日，或十五日，避夏至、秋分。當西南向，俱乘絳紫青黄四氣，共登天關星，吞四色氣各十過。

先從絳始，以次吞。此謂五斗内法。

每建日平旦，存三一從三宮中出，坐我前，如實見之，乃小起，再拜，心祝曰：天尊三帝，守其命門。出遊雲中，六氣玄分。養我五神，正我三魂。五藏自生，長生飛仙。乃存從虚中還三宮中，咽液三十過，止。

除日夜半，密起向北，仰視北斗，存三一從輔星中下來，各入我三宮中，乃還寢静思，存而微祝曰：太上天輔，三帝所遊。三卿扶胥，與真合俱。下入我身，安寂坐無。吐精灌形，魂魄和柔。使我飛仙，雲車行浮。咽液二十過。

每開日夜半，起，坐東向，去巾，亦可解之後櫛之曰。微祝曰：上元三真，真中嬰兒。成愛開煙，上通天台。泥丸堅凝，與天同時。使我飛仙，交行洞臺。咽液十九過，乃巾而寢。更存三一、三卿，各對坐其宫，三一口呼氣三十過，我亦自呼三十徧。此建除開日存一法，亦當如前，以次從守寸始，至三宮名字畢，乃各依全法。

甲午、甲辰、甲寅日夜半，出庭露壇，上方一丈，布席燒香，北向，再拜，坐，按手膝上，仰視北斗，存紫氣從斗出，入我三宮中。三一、三卿與我，俱乘紫氣，上登北極星，恍惚亡身，如昇天之狀。見北極中紫房玉階天宮序列，此七人侍帝前，對坐論道，請乞飛仙，我乃心拜。因是而還寢，北帝是上清太上也。別房在太極中耳。

次北向，存玄丹宫中紫房緑室，朱煙滿内，有太一真君，名規英，字化玄。頭形並如嬰兒，著紫繡錦衣，腰帶流金火鈴，左把北斗星柄，右把北辰綱。向外坐，金牀玉帳，存令分明見之。乃又存北極星，紫氣來下入宫，滿溢出外帀身，通洞合體。又存日來入宫，在紫氣中央，曖曖然。又存太一真君從北極紫氣中來，入日中坐。又存我忽上入，在君前對坐，心起再拜，稽首膝前，問道求仙。因吞紫氣三十過，咽液三十過。又存北斗内有一赤氣如弦，徑下三宫，太一與我，乃俱乘日，行赤氣，上詣斗魁中寢。因是而寢。此法亦獨行，不必待三一也。

月一日、三日、七日、十一日、十五日者夜半，存太一真君，名字服色如前，向外坐，口吐青氣，下入我口中，隨咽之五十過，止，咽液五十過，微祝曰：太上真皇，中皇紫君。厥諱規英，字曰化玄。金牀玉帳，紫繡錦裙。腰帶火鈴，斬邪滅姦。手把星精，項生日真。正坐吐氣，使我咽吞。與我共語，同宴玄丹。鍊濯七魄，和柔三魂。神靈奉衛，使我飛仙。五藏自生，還白童顔。受書上清，司命帝官。所願所欲，百福惟新。存我上入宫，在太一前寢息。因此卧眠。

凡守一，旦起皆咽液三十過，存令赤色，又手拭面耳令熱。自非應存之日者，唯存三一在三宫中安坐而已，至於玄宫，自多存之，勿令脱也。

若忽覺頭頸間色色惡者，惡氣入也。當急卧，臨目，存玄丹宫太一真君，以流火鈴焕而擲之，令惡氣即出耳外，火光亦隨之炯炯，以照一身，良久，平復也。

若忽耳鳴者，是他鬼邪欲入，故守寸三神，令耳神嬌女、雲儀，磬鐘警備也。錯手掩耳，祝曰：赤子在宮，九真在房。請聽神命，亦察不祥。太一流火，以滅萬凶。手指耳門七過。

若臨飲食，皆先存一，飲食然後乃食〔二〕，畢，心祝曰：百穀入胃，與神合氣。填補血液，尸邪亡墜。長生天地，飛登金闕。役使六丁，靈童奉衛。

常伺月初出，向月再拜，心祝曰：太陰玄精，明月夫人。初生流光，照我三宮。神仙上飛，高遊八方。所向所願，與福神中。

八節之日，朱書三元真符，平旦向王，吞服一枚，畢，再拜。祝願隨意所言。朔日初服，十六日止。後節復起如初。又朱書白素錦囊，盛佩頭上。五年，與真一相見。正月朔旦，青書寶章，北向，再拜吞之。又朱書白素，佩左肘。八年，三一俱來相見。

以金長九寸，廣四寸，厚三分，刻書之，以封掌五嶽山精神也。

赤將子鍊形法。夜臨目，向口吸取光，存燒身，使内外洞徹如火。爲之三年，能入火。

此周君訣。守三元真一五斗内法，精止三月，髣髴形見，長生地真。守玄丹真君十四年，與太一同到七元之綱中，十

〔二〕飲食然後乃食　「飲食」二字疑衍。

六年詣上清，給玉童玉女各十八人。

茅君傳行事訣〔一〕

存明堂玄真法。寢靜之室，平旦，瞑目，按手膝上，旦存日，夜存月，並大如鐶，以對口，去之九尺。日色赤，有紫光九芒。月色黄，有白光十芒。芒直如弦，以入口。日月中有太玄上玄丹霞玉女，名纏璇，字密真。冠紫芙蓉，著朱錦帔裙，正向我面，自稱如此。因吐赤氣注我口中，我隨吐隨咽，九十過，覺日月漸來薄面，玉女口亦綴我口上氣液，皆入我口中，乃微祝曰：太霄紫真，明堂陰神。日月生精，玉女纏璇。先自靈誕，厥字密真。首巾紫華，芙蓉靈冠。身披錦帔，朱丹飛裙。出日入月，天光幽芬。口吐絳氣，灌我三元。面覩天井，柔魄制魂。玄液流行，胎精長金。五藏生華，開童反顏。監御萬靈，司命飛仙。存玉女口津液注我口，漱滿，咽之九十過，止。若不得服時，當存二景還明堂中，日左月右，令光輝與目童合映。

又以月旦日、本命日夜半，東向，朱書陽符青紙上，黄書陰符青紙上，乃臨目，存日紫光，月黄氣，在明堂中，明洞一身。以左手執陽符，閉氣，心祝曰：二景流精，光映某形。

〔一〕茅君傳行事訣　其中「存明堂玄真法」亦見於上清明堂元真經訣。

左迴日華，右掇月英。混合二氣，灌溉三田。飛霞玄映，保固靈根。使某長生，天地同存。服之，畢，再拜。

又右手執陰符，閉氣祝曰：黄氣陰華，陽精洞鮮。五神柔鍊，三左固津。二景輝焕，流霞灌真。陰陽通氣，迴黄注丹。舉體遁變，上昇帝宫。服之，畢，再拜。行玄真之道五年，即感太玄玉女下降，任人役使，通靈致真，體生玉映，役命萬神，上昇玉房。

王君傳行事訣〔一〕

生氣時，坐卧任意。叩齒九通，陰祝曰：東方青牙，紫雲流霞。三素徘徊，玄霜玉羅。服食晨暉，飲以朝華。舌舐接上脣外，取津咽液三十過。

次叩齒九通，祝曰：南方朱丹，霞暉太微。九道絳烟，散布景輝。服食靈晨，飲以丹池。舌舐接下脣外，取津咽液三十過。

次叩齒九通，祝曰：西方明石，飛霞金液。服食太明，素雲之精。飲以玉液，神華啓靈。使我登虚，上昇高清。舌舐上脣内，取津咽液三十過。

〔一〕王君傳行事訣　本段内容即太極真人服四極雲牙神仙上方，亦見於上清明堂元真經訣等，登真隱訣載有服雲芽法，佚文參本書「佚文匯綜」部分第一百二十二至一百三十一條。

次叩齒九通，祝曰：北方玄滋，慶靈啓胎。緑霞敷晨，紫蓋蒼旗。服食丹畢，飲以瓊飴。舌舐下唇内，取津咽液三十過。

次叩齒九通，祝曰：戊己之元，黄素五雲。四霞紫觀，八景九晨。二明激暉，七曜靈尊。和精灌氣，服食中元。琳華龍胎，飲以醴泉。舌漱滿口中，齒舌間裏通帀，取津液，隨咽之四十過。

夜半後皆可行。

魏夫人傳行事訣〔一〕

暮燒香，讀黄庭内景經一通。别有經訣一卷。旦夕朝静法。常行事，不須疏。本命甲午後，數得九十日，是甲子，凡二日，平旦，入静燒香，北向，朝太微帝君，微祝曰：糞土小兆男生姓名，謹稽首再拜，朝太微天帝君玉闕紫宫前，當令某長生神仙，所欲所願，萬事成就，司命紫簡，記在玉皇，得爲物宗，登仙度世。再拜。

正月一日後，數一百八十二日，夜半，入静燒香，朝太上玉晨大道君。跪，微祝曰：姓名小兆，謹稽首再拜太上高聖君瓊闕下，乞得告下司命，記籍長生，所向所願，萬物自成，神仙飛仙，得宴九天。再拜。列此三事，皆先潔齋一日，别衣服。先朝静，然後爲之。

〔一〕魏夫人傳行事訣　本段内容似與登真隱訣卷下「入静法」有關，詳該條注釋。

凡入静，皆先潔口閉氣。入户，先前右足著前，進左足，併，乃得趣行耳。出户勿反顧之，漱口而退。讀黄庭萬徧，則自見五藏，長生不死。行此二朝法，使人無疾戹，不死。十八年昇仙。

修行寶神訣〔一〕

掌摩兩掌令熱，以拭面，使帀熱。令有光澤，皺斑不生。出太素丹景經。

月五日、十五日、二十五日、二十九日夜半，存日象從口入，在心中，照心内光明，祝曰：太明育精，内鍊丹心。光暉合映，神真來尋。咽液九過。亦可日日行之，不必此四日也。使人開聰明察，體生金澤。出太上消魔經。

卧起，平坐，先收兩手，乃度以掩項，仰面與爭三四過，乃屈動身體，伸手四極，反張側掣，宣摇百關三過。出太上洞精景經。

恒以手按兩眉後小穴中三九過，又以手心及指摩目下顴上，又以手旋耳行三十過，又以手從眉中逆乘額上，行入髮際三九過。内存赤子，日月雙明，上元歡喜，口傍咽液。使理開血散，皺皰不生。久爲之，徹見百靈。右出裴君説寶神經。

〔一〕修行寶神訣　本段各條皆見於真誥卷九。

上清明堂元真經訣〔一〕

上清明堂元真經訣

白玉龜臺九靈太真元君西王母授説明堂玄真經曰〔二〕：

大上玄玄，二氣洞明。玄真内映，明堂外清。吞息二暉，長生神精。上補司命，監御萬靈。六華充溢，徹見黄寧。此四十字即玄真之本經也，其後皆王母總真更演説行事之法耳，猶如九真中經唯以龍爲主耳。凡四十字，太上刻於鳳臺南軒也。非總真弟子而不教，非司命之挺而不傳矣。玄挺録名，應得主司命録者，皆先受行此道。楊君爲吴越神司，長史當封牧種邑，故並得受之，不必皆總真弟子，此當蓋會事獎誘之言耳。

〔一〕上清明堂元真經訣　劉師培讀道藏記認爲上清三真旨要玉訣及本卷皆爲登真隱訣遺篇。其中上清三真旨要玉訣有經無注，視爲登真隱訣佚文，證據不足，故本書未予採録。上清明堂元真經訣包含夾注，但注釋内容與今存登真隱訣佚文並不相同（參看佚文第一百二十五則），故本篇是否登真隱訣，其實也難論定。收録在此，以供進一步研究。

〔二〕白玉龜臺九靈太真元君西王母授説明堂玄真經曰　上清明堂元真經訣由兩部分構成，前半爲太上明堂玄真經訣，後半爲服四極雲牙神仙上方。

玄真法〔一〕。玉女有太玄上玄之號，而字玄真，故名爲玄真，所謂内映者矣。又是真玄之上法，故東卿云此真玄之道，要而不煩也。存日月在口中，按此初服玉女津液，日月形來入於口，止芒霞來注，至後還明堂中，方使從口入而上昇也。若不存此玉女事，宜用後單行訣者，初便存日月大如鐶，在口中耳。白日存日，夜半存月，亦可存無晝夜，以分别於日月也。亦可晝夜互兼存之。凡諸日月之道，例皆不爾，自不及分爲昏明兩法也。此云白日存日，則通呼一晝，夜半存月，則通呼一夜，非謂正午子時矣。故後訣云晝存日，夜存月也。今若日夜止一過存者，當用日月初出之時，通隨實盡事後便存之。若欲數存者，日夜各三過爲節。晝則向日，夜則向月，並平坐瞑目，接手爲之。天陰止寢室，月不見時，亦向其所在。日色赤，月色黄，日有紫光九芒，月有白光十芒。使日月對口相去九尺，光芒向口，芒直如弦，以入於口也。初存日月在天上，猶如今所見之大，光色如法，冉冉來下，其形漸小，去口九尺，正圓如丸，明耀洞徹。云紫光九芒，即九芒之紫光耳。芒芒皆有光色，各使如數，並從日月之邊周圍分布，直向我之前。假令向來存日，使日之東邊及上下南北之芒皆屈來，并與西芒總如東弦入我口中，勿使四處并列，分散左右也。又存日月中有女子，頭建紫巾，朱錦帔裙，自稱太玄上玄丹霞玉女，諱纏旋，字密真。向存日及光芒都畢，乃又存見日中有一女子，恭坐接手，隱章長三尺許，形色玉麗。頭著紫華芙蓉巾，絳地錦帔，朱丹飛裙，緑素帶，正向我口跪，自稱曰：妾是太玄上玄丹霞玉女，諱纏旋，字密真。因開口吐出赤氣也。口吐赤氣，

〔一〕玄真法　玄真法正文亦見於上清握中訣卷下之「茅君傳行事訣」。

彌滿日月光芒之間，合與芒霞，並盡入注我口。按後祝云出日入月，即是服月時祝，而云口吐絳氣，今服月時存玉女，亦應吐赤氣也。並各與光芒紛紜合會，俱入我口中。比此云芒霞者，猶是先通冠芒外之赤光，所以號丹霞玉女也。雖月芒亦有之也。我主咽之，存女亦隨吐，行之九十咽，畢，存覺令日月之景親薄我面上。存女一吐，我輒一咽。三種之氣，初令三十咽，下命門宮，次三十咽，下絳宮，後三十咽，上泥丸宮。合光流貫四體，洞徹五藏，於是日月之形漸漸而近。光每一咽，輒行一寸，至令九十數畢，乃薄在口上。上至鼻端，下至頤下，光輝洞明，殊覺炎熱。玉女之形，亦隨日小也。令玉女之口歠我口上，使氣液來下入於口中。玉女常在日月中，令頭口正與我口相注，赤氣丹液流入脣齒，未可吞之，至祝竟乃更咽耳。我乃微祝曰：太霄紫真，明堂陰神。日月生精，玉女纏旋。先自虛誕，厥字密真。首巾紫華，芙蓉靈冠。身披錦帔，朱丹飛裙。出日入月，天光幽芬。口吐絳氣，灌我三元。面覩天井，柔魄制魂。玄液流行，胎精長全。五藏生華，開童反顏。監御萬靈，司命飛仙。十一句內，服日時，恐應改韻云「出月入日」也。畢，存玉女之口津液，令注我口中，猶是向者流注不絕，須祝訖，更使隨吐隨咽耳。我又嗽液而隨咽之，又九十過，止。此所吐津猶存赤色，一吐一咽，三宮次第，猶如前法。至乎數訖，玉女舉形，各隨日月入口，含之良久，乃上還明堂中。日時在右黃門之裏，凝思注念，於是都畢也。靜心思感，行之務多，不復有限也。如此則日夜無事便可爲之，不必止三過也。但此明數既多，兼行餘業，思或相稽耳。若存日則不存月，若存月則不存日也。此爲不得一時俱存日月也。要當均存之耳。此謂不得偏行一法，當使日月晝夜所存之數相均等耳。晝則一存日，夜則一存月，晝三存日，夜三存月。若不得服時，當存二景還明堂中，日左月右，令日月光輝與目瞳合照，四映二氣使相通注也。此爲非存服之時，亦當俱思日月在明堂中，赤黄二景，紫白光芒，與兩瞳相通，共照徹身面，光耀九宫，端坐之時常思如此。此一時日月俱合，不復分别晝夜各存之也。所以須非服時存此也，若乃服時，則日月不得同處矣。亦可常存日月在明堂中，不待常所服日月之二景，而兼用之也。此謂非如是向存玉女所居之日月，明堂中常自有分精者耳。坐卧常思，髣髴如見。行之五年，太玄玉女將下降於子，與之寢息。太玄玉女亦能分形爲數十玉女，任子之驅使也。此積感結精，化生象見，精之至也，感之妙應矣。此太玄之號，是日月所居之境。玉女者，亦日月夫人之女也。其感化之形，可共寢宴遊處耳。非爲偶對之接也。前歡口注液之時，若頗有懷於中胷，則必無降眄之由矣。外內夷坦，乃當髣髴，其後分軀散景，雖可役使，而真質故難得以附焉。太元真人初在常山學道，夢見太玄玉女，把玉札而攜之，令往西城，即是此女。後果得受行玄真，明誠感之，深已致先兆也。太上真官用日霞之道，挹二景之法，使人通靈致真，體生玉映，役命萬神，上昇帝房矣。太上真官，謂諸司命之例者也。昔鍾山真人教夏禹之道，是此玄真法耳，但鈔略而已，無纏旋之事也。按劍經序云，夏禹服靈寶，行九真。又五符所載，鍾山真人教禹服日月五星之法，並與今説不同。此云無纏旋之事者，即應是後東卿所授者，初授二弟，亦單法耳。此傳所載，於玄真之事，其理已盡，唯有陰陽二景内真符在金書經中，未行於世也。昔司命受玄真於王母及總真訣，教行之三年，色如女子，日有流光，面生玉澤。司命使以經存之法授二弟，竭誠精思，三年之中，神光乃見爾，乃更受纏旋之事，故得爲定録保命之位矣。

東卿司命曰〔一〕： 先師王君，昔見授太上明堂玄真上經，清齋休粮，存日月在口中。晝存日，夜存月，令大如鐶。日赤色，有紫光九芒，月黄色，有白光十芒。存咽服光芒之液，常密行之無數。若不修存之時，令日月還住面明堂中，日居左，月居右，令二景與目瞳合氣相通也。此道以攝運生精，理和魂神，六丁奉侍，天兵衛護，此上真道也。太上玄真經，先盟而後行，行之後，可聞玉珮金璫之道耳。季偉昔長齋三年，誠竭單思，乃能得之。於是神光映身，然後受書耳。此玄真之道，要而不煩，吾常寶祕，藏之囊肘，故以相示，可慎密者也。此即應是夏禹所受之法也。司命今先授此省易之訣於楊君者，欲令長史行之。于時長史靈池未澄，故且隱玉女之事，後方便示傳記耳，所謂次行玄真者。

明堂玄真自有經，經亦少少耳，大都口訣，正如此而行之。偉昔亦不得經，但按此而行，始乃得經耳。爾欲得，可就偉取。玉珮隱書，非偉所見耳。經即傳上所載者是也。云爾欲得者，謂楊君可求省之耳。玉珮金璫，東卿所祕，既與玄真同類，俱行日月之道，但又恐楊君就二君請之，故及此言也。

夜行及冥卧，心中恐者，存日月還入明堂中，須臾百邪自滅，常爾爲佳。此即與不存服時所存同也。山居幽處，忽有犯試，故宜常存以却之。此訣真誥別授，非傳上所載，既是玄真家事，故取以相從。今能行玉女之道者，則不復修此，是以不復注釋。

〔一〕 東卿司命曰　其下正文皆見於真誥卷九。

右茅傳訣。本四事，今止取一事。

太極真人服四極雲牙神仙上方〔一〕

女弟子魏華存受清虚真人方。十二字本注。

真人挹五方元晨之暉，食九霞之精，所以神光内曜，朱華外陳，體生玉映，形與氣明。行之十年，四極老人、中央元君降下，於子一合，乘雲駕龍，白日登天。五方老人，蓋謂五方自然之精神，非世學之所爲也。十年之妙，何速如之，實虚淡之奇道，吐納之祕法也。

昔太極真人西梁子奉受太上口訣，千歲五傳，不得妄泄。四明科法，依隱書之制，齋五日乃授，立約委歡，跪師金鐶五方，以效天人誓信不宣之券。五日之齋，五方之跪，蓋謂在世之人耳。王君昔在華陰，則一日頓奉明知，山林則是長齋，跪誓則是實心也。西梁真人既傳青精之方，仍復授此法，以其理日相資，虚實兼會矣。五雙爲五方者，謂准五方之用耳。亦或真人呼雙爲方，故復口訣顯之也。口訣五雙鐶也。又用青絲五兩，云是西梁真人法，此本注書口訣者是矣，夫人所宣王君辭也。此本朱注書者，是楊君所書，夫人口授也。東向，叩齒九通，乃陰祝曰：東方青牙，紫雲流霞。三素徘徊，玄霜玉羅。服食晨暉，飲以朝華。

〔一〕太極真人服四極雲牙神仙上方 本篇内容可與佚文第一百二十二至一百三十一則相參。

三韻。祝畢，以舌舐接上脣之外，取津而咽液三十過。一舐接得津輒一咽，存液青色，使入肝中。行之十年，東極老人來至，授子青真，一合俱昇。青真，經名也。

次南向，先叩齒九通，又陰祝曰：南方朱丹，霞曜太微。九道絳煙，散布景輝。服食靈晨，飲以丹池。三韻。祝畢，以舌舐接下脣之外，取津咽液三十過。存液赤色，使入心中。此兩方並舐脣外之液，故皆有接字也。行之十年，南極老人來至，授子丹景，一合上昇。丹景，經名也。

次西向，先叩齒九通，又陰祝曰：西方明石，飛霞金液。服食太明，素靈之精。飲以玉漿，神華啓靈。使我登虛，上昇高清。四韻。「神」或恐是「晨」矣。祝畢，以舌舐上脣之內，取津咽液三十過。存液白色，入肺中。行之十年，西極老人來至，授子素靈威神，一合俱昇。素靈威神，六符名也。

次北向，先叩齒九通，又陰祝曰：北方玄滋，慶雲啓胎。緑霞敷晨，紫蓋蒼旗。服食月華，飲以瓊飴。三韻。祝畢，以舌舐下脣之內，取津咽液三十過。存液玄色，灌入兩腎中。行之十年，北極老人來至，授子玄籙寶明，一合上昇。玄籙寶明，經名也。

次向南坐，仰面，先叩齒九通，又陰祝曰：戊己之元，黄素五雲。四霞紫觀，八景九晨。二明激暉，七曜靈尊。和精灌氣，服食中元。琳華龍胎，飲以醴泉。五韻。祝畢，以舌漱滿一口之中，玄膺内外，齒舌之間，表裏通帀，取津液隨咽之四十過。此亦是漱滿一徧輒一咽之。存液黄色，使入脾中。此四十字，真本作三十，後益丁書，筆迹猶似是真。此當是中央總四方也，猶鎮星門鋒之義耳。行之十年，中央元君上玄黄老君來降，授子黄氣陽精藏天隱月遁景録章青要虎書，俱與四老，一合上昇。此中兼有經符章三編之書也。

此玉經上訣，致五老之道。絶穀去尸，面華色童，寒暑不避，災害無傷，神仙精明，延年進紀，益壽一萬。萬限之期，當得九琳玉液，八瓊飛精，則合終一景，天地同符。此蓋專説雲牙之分耳。

五陰祝皆當叩齒九通，可常修行，不必雞鳴平旦也。夜半平坐寂室，體清神閑，乃可按之。前叩齒唯冠東方，今重明方悉爾也。五嶽名笥，亦方方閉氣。守一之家，若聞此道，事速成也。虚淡内充，守元咽液，所謂真一者也。自求多福者矣。致神以六液五氣，氣已自備焉，故謂自求多福耳。修此道極勿食脯肉，若聞饑，當食麨物，以漸遣穀，不得一日頓棄也。所謂損之又損之，以至於無爲矣。能行此斷穀，又賢乎青精矣，却粒之上道也。然至須静淡無事，專修積年，以取益耳。若兼之以雜業，恐非氣力所堪，自不及食餌相資，表裏交益矣。亦視人四體虚實彊羸，老少之殊，不得一槩更盡用也。夫人昔雖受此法，叙説褒美，而竟不用之，乃可是挺業高絶，要亦宜准傍遥蹤矣。此虚映之道，自然之法，所謂遠取天地之精，近取諸身，此之謂也。

雲牙者，五老之精氣，太極之霞煙，故採暉景之鋒，以充於六液之和，洞徹冥感，萬神來降，幽映相求，不唱而應。是以龍吟萬淵，故景雲落霄。虎嘯靈丘，故衝風四振。陽燧招明，而朱火鬱起。方諸罕陰，而玄流湛溢。自然而然，不覺所測。況學者方棲心注玄，精研道根，穢累豁於中胷，真正存乎三宮。採五晨之散暉，服六醴之霞漿。祝九天之奇寶，吐玄妙之祕言。龍躍發暉，明光七焕。味三華於皓齒，取飽液於脣鋒。內鍊六府，開聰徹明，呼吸天元，魂魄鍊形，朝玄使無，以至於靈。悠悠十年，末乃五神來降，將何足多稱哉。猥以女弱，備經上業，微音絕響，不可廣告，聊叙其妙，以宣同志，苟修德之不逮者，庶不足以呰毀之矣。南嶽夫人叙也。

右王傳訣事。其注非修用之急者，悉略不備寫。

諸天宮府〔一〕

仙都宮室品〔二〕

九天宮　大有宮

〔一〕諸天宮府　此段內容摘録無上祕要卷二十一「仙都宮室品」、卷二十二「三界宮府品」中引用洞真經部分，收録理由見佚文第五則注釋。擬標題「諸天宮府」。其中部分與佚文第五則重複，故不詳注。

〔二〕仙都宮室品　以下見無上祕要卷二十一。

右宫内有上清寶經三百卷，玉訣九千篇，符圖七千章，祕於其所。

九宫

右宫中有神，謂之天皇九神，各治一宫。

玄靈臺　玉房

右五老寶經及十二願玄母八簡三十九章經藏於其内。

金臺　玉室　素靈房

右三九素語，玄丹上化三真洞玄之道藏於其内。

靈都宫　金房　曲室

右太微天帝君祕心丹上仙文之所，元始五老又祕五篇真文於其内。

金臺　玉室　九曲丹房

右高上藏三元玉檢三元布經於其内。

五靈玉都　金華紫房

右五老祕文藏於其内。

无鞅玄臺

右鬱單无量天王治於其内。

玉國珠林　七寶瓊臺
右上上禪善天王治於其内。
玉京靈都宫
右須延天王治於其内。
朱宫瓊臺
右寂然天王治於其内。
元映丹宫　九層玉臺
右不驕樂天王治於其内。
瓊林宫　朱映房
右化應天王治於其内。
七映宫
右梵寶天王治於其内。
九玄玉城　紫瓊玉臺
右迦摩天王治於其内。
崚嶒玉京　大有妙宫　九曲房

右波黎答恕天王治於其内。

九層玉臺

右在九天天關之上，臺上有上皇太真高帝玉名，及後聖爲真人簿録，太虚玉晨監典之。

六層玉臺

右在九天天圖之上，臺上有金簡玉札，及紫鳳丹章十萬篇，太上直玉郎典之。

三層玉臺

右在九天天關之上，臺上有太清寶經三百卷，及真人學仙簿録簡目，太帝監真玉司郎典之。

玉清宫　　真陽宫

右玉皇之所處。

太老寢堂

右八皇老君時入此室。

會方宫

右九老仙皇所處。

散華堂
右四斗七晨道君治於其上。
瑶臺　瓊房
右高上玉帝藏金玄羽章隱音於其内。
七映紫臺
右躡步天綱空常内名藏於其内。
綺合臺　龍山臺　秀朗臺　大暉
右地皇上真之所遊處。
三華房
右陽安元君之所處。
玉清宫
右高上玉帝元始天王太真之館。
紫瑶宫　丹瓊府
右北玄高上虚皇君所居。
納靈宫　化生府

右南朱高上虛皇君所居。

光音宮　八坦府

右西華高上虛皇君所居。

紫微宮　朱雀府

右東明高上虛皇君所居。

金靈宮　鳳嘯府

右中央中舍虛皇君所居。

鳳生宮　洞光府

右五靈上明混生高上君所居。

明範宮　輝華府

右三元元上玄老虛皇元辰君所居。

七瑶宮　北元府

右玄寂元无上虛皇君所居。

鬱林宮　八冥府

右大明靈輝中真元上君所居。

雲霧宮　霄上府

右三元四極玄上元靈君所居

洞霄宮　演真府

右三元晨中黄景虚皇元臺君所居。

反香宮　風滯府

右三元紫映暉神虚生真元胎君所居。

瓊容宮　太丹府

右青精上真内景君所居。

瓊光宮　通靈府

右太陽九氣王賢元君所居。

三界宮府品〔一〕

上清宮　黄金殿　焕明臺　蔆嶒室

〔一〕　三界宮府品　以下見無上祕要卷二十二。

右南極長生司命君當登上清，經于金池，進禮玉庭，遇見元始天王、高上玉皇、三天玉童共處此殿室，得受七十四方三元玉檢，檢仙衆文之所。

太空瓊臺　鶱林紫殿　黄華英房

右元始天王命五老上真、仙都左公出解形之道三元布經，授南極長生司命君之所。

蘂珠日闕館　七映紫房

右太上高聖玉晨道君所居。

瑶臺　金房　玉室

右元始天王藏白羽中林飛天九符於其内。

紫雲屋　黄金殿　鳳闕

右青要帝君所居。

琳琅都　月上館

右元始天王出皇民譜録於其内。

六合紫房

右太上祕三天正法於其内。

清微上館

右元始天王結飛玄之炁，以歷頌三天之所。

洞真堂

右元始天王、太上高聖君説觀身大誡之所。

七映房

右太上大道君付仙都左公藏黄素之書於其内。

寒靈丹殿

右元始天王下教，命五老仙都出玉珮金璫寶經以傳高聖玉晨大道君之所。

九幽紫室

右太上玉帝藏天書玉字十二玄歌之曲於其内。

廣靈堂

右太素三元君所處。

晨燈臺

右元始天王刻書紫微玄宫飛天檢文於其上。

金墉臺

右元始天王刻書元始玄空飛天中書三元玉檢文於其上。

鳳生臺

右九天父母書太真金書九天上空隱文於其上。

三元玄臺

右經八千劫，則三天九靈上微隱文一見於其上。

明真宫　靈暉府

右太初九素金華景元君所居。

紫耀宫　七寶府

右九皇上真司命君所居。

通妙宫　定微府

右天皇上真玉華三元君所居。

天皇宫　玉虚府

右太一上元禁君所居。

金華宫　紫生府

右元虚皇房真晨君所居。

四明宫　八朗府

右太極四真人元君所居。

華晨宮　魁元府

右四斗中真玉晨散華君所居。

七靈宮　機玄府

右辰中黄景元君所居。

金闕宮　玉真府

右後聖太平李真天帝上景君所居。

无量宮　玄闕府

右太虚後聖无影彭室真君所居。

太玄宮　玉堂府

右太玄都九氣丈人主仙君所居。

清虚宮　洞清府

右上清八景老君所居。

方諸宮　青元府

右高晨師王青童君所居。

清元宫　暘谷府

右扶桑大帝九老仙皇君所居。

金靈宫　通氣府

右小有玉真萬華先生主圖玉君所居。

司空宫　仙都府

右玄洲二十七真伯上帝司禁君所居。

玄洞宫　太生府

右太元晨中君所居。

寶素宫　九玄府

右龜山九靈真仙母所居。

常陽宫　九生府

右上始少陽青帝君所居。

洞陽宫　朱陵府

右通陽納陰赤帝君所居。

金門宫　通光府

右少陰西金白帝君所居。
廣靈宮　　北黄府
右通陽太陽黑帝君所居。
黄元宫　　高皇府
右總靈高黄帝君所居。
太微靈都　　瓊宫　　玉房
右太上道君藏神虎真符於其内。
七映朱房
右高聖太真玉帝藏上真寶符於其上。
金華室
右太上大道君所居。
朱臺　　瓊宫　　玉京闕
右太微天帝君所居。
九玄虚生臺
右太微天帝君所登。

鳳臺　瓊房　曲室

右五靈登室步虚保仙符在其内。

洞真殿　玉室　金華房

右太微天帝君清齋於其内。

西華宫

右諸學真人得受以素真經者，則未生之前，已書名於此宫。

太玄上臺

右得受玉清隱書者，則於此臺上皆有玉名。

南陽瓊宫

右南極上元君所居。

崚嶒之臺　九曲之房

右太真丈人太上大道君所居。

金洞素靈館

右九靈金母太素三元君所居。

會月宫

右中黃太一上帝所居。

太素瑤臺　玄雲羽室

右中央黄老君、南極上元君藏高聖八景玉籙於其内。

南極紫房

右上相青童君藏七星移度經於其内。

玄臺

右曲素訣辭憂樂之曲出於其上。

九玄臺　七寶琳房　明霞館

右太真雲霧子清齋於其所。

東華方諸青宫有六門，門内周迴三千里。

東門名青華玉門，主學仙簿録所經出入。

南門名神華玉門，主衆真飛仙所經出入。

西門名玉洞門，主高上衆真玉皇、三十九帝、二十四玉真、西龜王母所經出入。

北門名玉陰門，主真仙及始學者糾犯退降所經出入。

東南門名天關門，主宿命因緑簿録得仙所由出入。

東北門名寒水門，主鬼類轉叙所經出入。

右六門内有三宫，一名方諸青宫，二名玉保青宫，三名玉華青宫。宫内各有宫殿瓊房。

方諸青宫

右上相青童君治於其内。宫中北殿上有玉架，架上有學仙簿録，及玄名年月日深淺，金簡玉札有十萬篇，領仙玉郎典之。

玉保青宫

右玉保王上相大司馬高晨師治於其内。宫中北殿上有金架，架上有金章鳳璽，玉札丹青羽蓋昇仙法服，給成真之人，又有學仙品目，進叙退降簿録，侍仙玉晨典之。

玉華青宫

右東海青華小童治於其内。宫中東架，架上有寳經三百卷，玉訣九千篇，主學仙簿録，應爲真人者授之，玉晨監仙侍郎典之。

金闕宫有四門，門内周迴七千里。

東門名玉景金融門，高上玉清虚皇大真之賓所經出入。

南門名洞寳瓊雲門，主真人飛仙遊宴八極，周行五嶽，出入之所經。

西門名玄景玉寶門，主學仙受署真人，進叙簿録，出入所經。
北門名朔陰極雲門，主真人犯非退降，皇任學仙素簡，所經出入。
右四門門有兩闕，金闕在左，玉闕在右，並高九千丈。金闕以黄金爲柱，刻金，題衆真飛仙之號。玉闕以青玉爲柱，刻玉，題上皇真人之號。他闕悉如此。闕上有九層金臺，虚上玉晨領仙君所居。
金輝紫殿　瓊房玉室
右後聖金闕帝君所居。
青精宫　上華室
右室中有青氣自生，號爲反香之煙，逆風三千里，而此香氣猶徹聞。
西田夜臺
右太帝所居。
瑶臺　丹靈雲宫　九折洞室
右上清總真主録南極長生司命君藏七十四方三元玉檢，檢仙衆文等經於其内。
九玄玉房
右大洞真經三十九章祕於其上。

玉虛七映紫房
　右藏四極明科於其上。
玉晨宮　瓊闕　七靈臺　金晨華闕　太和殿　寥陽殿　蘂珠闈
長錦樓
　右玉晨道君所居。
太微觀　玉闕紫宮
　右太微天帝所居。
雲飆宮　流逸房
　右玉華三元君所處。
瓊琳宮室
　右玉華玉女所居。
紫碧玄臺
　右在絶空之中，南極長生司命君修道之日，得自然降授太霄琅書瓊文帝章等一十二法之所。
絶空宮

右在五雲之中，司禁真伯上帝玉君會仙之所。

羽景堂

右在太无之庭，司禁真伯上帝玉君時宴於此堂。

洞宮　峨嵋宮

右在太无天，峨嵋山諸得真仙道者，名刊於此宮。

洞觀堂

右懸在太无之中，萬華先生時寢此堂。

晨輝宮

右在玉虛天中，玉虛司命所處。

萬華宮

右在玉真天中，小有先生主圖玉君之所治，又藏玉帝之寶經，玉清之隱書。

華景宮

右在太初天中，宮内自生九素之氣，氣煙亂化，祥雲九色。入其煙中者易貌，居其煙中者百變。

黄闕紫房

右在崐崘，天帝之所出入。

紫微宮

右在北溟外羽明野玄隴山，紫微夫人之所居。

洞元三瑶宫

右在委羽山，甯先生、金仙石公、晃夜童子之所居。

墉城金臺　流精闕　光碧堂　瓊華室　紫翠丹房

右在崐崘山，西王母治於其所。

墉臺　墉宫　西瑶上臺

右在崐崘山上，西王母所居。

紫府宫

右在青丘之左風山上，天真神仙玉女遊觀之所。

九靈館　金丹流雲宫　暉景室

右在崐崘山，西王母及真仙女之所遊處。

玉殿

右在玄羽野西隴山，王母三元君所居。

青琳宫　西華堂　丹微房

右在白玉龜山上，西王母所居。

扶桑宫　明真殿　素林臺　積霄房

右在八渟山，太帝君所居。

丹闕黄房　雲景闕　琳霄室　那拂臺

右在方諸東華山，青童君所居。

太丹宫

右在勃陽丹海長離山，上保南極元君所居。

白山宫

右在白水沙洲中山，上傅太素真君所居。

總真宫

右在西城山，上宰王君所居。

紫桂宫

右在玄洲，太上丈人所居。

雲林宫

右在東海滄浪山，右英王夫人所居。

方丈臺

右在東海方丈山，昭靈李夫人所居。

清靈宫

右在西玄山，真人裴君所居。

紫陽宫

右在葛衍山，真人周君所居。

金庭宫

右在桐栢棲山，右弼王真人所居。

太元府　定録府　保命府

右在句曲山，三茅君所居。

紫清宫

右内傅妃領東宫中候真夫人所居。

紫清上宫

右九華真妃所居。

七宮

右在神洲三山，其宮七變，朝化爲金，中化爲銀，暮化爲銅，夜化爲光，或化爲山，或化爲水，或化爲石。

太極宮　委華玉堂

右五靈真君之所處。

紫微玄琳殿

右中央黄老君所居。

丹玕殿

右金闕聖君所居。

太清宮　太素宮

右太素君所居。

太和宮

右太和君所居。

金華樓

右仙真玉籙皆在樓中。

仙真紀傳〔一〕

得鬼官道人名品

鄧攸，晉僕射。

王逸少。

劉慶孫。

〔一〕仙真紀傳　仙苑編珠序云：「松年伏按登真隱訣及元始上真記、道學傳，自開闢以來，皆是聖明帝王作神仙宗，爲造化祖。」又，茅山志叙録說：「按登真隱訣真傳例，列聖道君稱紀，餘真稱傳。」此皆意味着登真隱訣與道學傳一樣，有仙真人物傳記。仙真傳紀部分在今本登真隱訣中完全亡佚，諸書引録佚文尚有二十餘則（見佚文第四十一至第六十三則），其中多數能與無上祕要卷八十三、八十四内容相吻合。所遺憾者，無上祕要此兩卷恰未注明文獻出處，但從内容來看，多數神鬼仙真皆爲上清派獨有，其爲上清派之「神仙傳」，應該没有問題。據真誥卷十七楊羲致許謐信札透露，許謐有編輯仙傳之打算，真誥中亦留下多條神仙人物事跡，但據陶弘景注釋說：「長史此仙傳遂不顯世。」因知許謐仙傳並未成書，换言之，許謐不是無上祕要這兩卷人物傳記之作者。畢竟這是一部上清派神仙目録，原書應不出顧歡真跡、陶弘景登真隱訣之外。故全文引録入「疑似道經」部分，以俟研究，並擬標題「仙真紀傳」。

馬融。
杜瓊。
項梁成。
趙簡子。
楚嚴公。
何曾，字穎考，南巴侯，魏司徒。
劉陶，字正輿，東越大將軍，晉揚州刺史。
曹仁，字子孝，盧龍公，魏武從弟，大將軍。
顧衆，字長始，將軍，晉丹陽僕射。
桓範，字允則，長史。
曹洪，字子廉，大司馬，魏武從弟。
荀顗，字景籍，泰山君，晉太尉。
蔣濟，字子通，南山伯，魏太尉。
魏釗，廬山侯，晉左氏尚書。
陶侃，字士行，西河侯，晉太尉。

蔡謨，字道明，長史，晉揚州司徒。

鮑勛，字叔業，北彈方侯，魏中丞。

韋遵，司馬，晉江州刺史。

許副，南彈方侯。

留贊，司馬，吴將。

嚴白虎，主非使者。

殺鬼地殃日遊三鬼，北帝常使殺人者，無姓名。

王廙，字世將，部鬼將軍，晉荆州刺史。

顧和，字君孝，北帝執蓋郎，晉吏部尚書、領軍。

周魴，字子魚，典柄侯，吴鄱陽太守。

王允之，王敦同堂弟，期門郎。

臧洪，字子源，後漢末東郡太守。

王波，晉尚書令史。

臧洪等二人，北斗君天門亭長。

周撫，字道和，晉益州刺史。

田銀，先亦爲之銀，魏河間太守。
虞譚，字思奥，晉衛將軍。
紀瞻，字思遠，晉驃騎。
此四人北斗南門亭長。
戴淵，字若思，晉驃騎。
公孫度，字昇濟，晉末僭王。
劉封，備養子。
郭嘉，字奉孝，魏武謀臣。
此四人中厩直事。
劉備，字玄德，爲蜀帝者。
韓遂，字文約，爲魏所伐者。
此一人北河侯。
徐庶，字元直，薦諸葛孔明者。
龐德，字令明，魏武將。
夏瑜，字世都，晉武中書監。

王嘉，蜀人，不臣公孫述者。

何晏，字平叔，魏尚書，善老、易者。

李廣，漢武名將。

解結，字仲連，晉尚書。

殷浩，字淵源，晉荆揚刺史。

此八人北帝侍帝晨。

温太真，名嶠，監海開國伯，治東晉驃騎。

杜預，長史，晉安南將軍。

孔文舉，名融，魯國人，後漢中衛大將軍。

唐固，長史，吴尚書僕射。

張繡，司馬，後漢將軍，中衛大將軍。

郭長翔，武昌人，長史。

華歆，魏司徒、太尉、司馬。

庾亮，字元規，右禁監侍帝晨，晉太尉。

司馬馮懷，字祖恩，晉太常。

謝幼輿，名鯤，左禁監，晉太常。

郗鑒，先是北帝南朱陽天門靈關侯，今爲高明司直，晉司空。

顔懷，字思季，中禁晨。

劉秀，漢光武，大禁晨。

晉文公，姓姬，名重耳，水官司命。

齊桓公，姓姜，名小白，三官都禁郎。

周武王，文王子，名發，鬼官北斗君。

吴季扎，吴王壽夢之子，闔閭叔，姬，北明公。

荀彧，字文若，漢尚書令，賓友。

邵奭，南明公，一云東明公。

漢高祖劉季，賓友。

夏啓，禹子，東明公，領斗君師。

孫策伯符，權之兄，賓友。

許肇，右師晨。

周伯仁名顗，晉僕射，中都護。

周文王姬昌，西明公，領北帝師。
晉宣帝司馬懿，賓友。
曹操，北帝太傅，魏武帝。
秦始皇，北帝上相。
慶甲，炎帝大庭氏，酆都北大帝君。
右件七十八人，並是鬼官之任。

得地仙道人名品

王延，范强、傅晃、徐衛。
此四人武解得道。
鮑靚，字太玄，瑯琊人，晉元明帝時爲南海太守，陰君授其解法，得道。
李東，曲阿人，晉元明帝時爲祭酒，甚清勤，得道。
此二人文解得道。
馮夷，華陰人，南仙人云：馮夷得道，以遊大川。
琴高，太清真人云：琴高乘朱鯉於重淵。

此二人洞淵仙人得道。
何充，字次道，晉尚書令，有陰德，在南宫承華臺已得道，受書行至南嶽中。
李廣利，漢貳師將軍，有陰德，行忠孝，得道，在南宫受化。
辛玄，字延期，隴西定谷人，辛隱之子，辛毗七世祖也。好道，行度秦川溺死，西王母、酆都北帝愍之，勑命三官攝取形骸，還成人，度名南宫。今差領東海侯，禁元中郎將，爲吴越鬼神之司。
比干，紂之叔父，剖心諫死，在戎山。
李善，後漢家客，抱主兒逃難者，在少室。
務光，不受湯讓，投水死者。
宋金漂女，乞伍子胥食，投水死者。
此七人南宫鍊化者。
謝稚堅。
王伯遼。
繁陽子，漢越騎校尉。
何苗，字叔達，即何進弟。

馮良，南陽冠軍人，年六十乃學道。
郎宗，字仲綏，北海安丘人，爲吴令。
王叔明。
鮑元治。
尹蓋婦。
　此九人鹿跡、華山絶洞主者。
張祖常，彭城人。
劉平河，漢末九江人，平河長，行醫術救人。
吕子華，山陽人，陰君弟子，師東卿。
蔡天生，上谷人，少爲嘯父，遇河伯授道。
龍伯高，後漢人，本隱士，師定録。
　此五人方山下洞主者。
杜契，字廣平，京兆杜陵人，建安時渡江，受行玄白法，能隱形，居大茅山東。
一女弟子孫寒華，孫賁女。
一男弟子陳世景，孫休侍郎。

徐宗度，晉陵人，吕悌司馬，善氣禁。
晏賢生，步隲外甥。
趙熙，漢幽州刺史，即素父。
此六人山外去來者。
竇瓊英，竇武妹。
韓太華，韓安國姊，李廣利婦。
劉春龍，漢宗正劉奉先女。
李奚子，晉東平太守李忠祖母。
王進賢，晉尚書令王衍女，愍太子妃。
郭叔香，王脩母。
趙素臺，漢幽州刺史趙熙女。
鄭天生，鄧伯母。
許科斗，許長史婦，陶成女。
李惠姑，齊人，夏侯玄婦。
張姜子，西州人，張濟妹。

施淑女，山陽人，施續女。

此十二人高業才勝者。

黄景華，漢司空黄瓊女，受命來教諸女人道法。

此一人，九宫真人協晨夫人爲師。

張微子，漢昭帝大匠張慶女。

傅禮和，桓帝外甥侍郎傅建女。

此二人易遷館含真臺女真爲主。

王少道，漢山陽太守王遂兒。

范叔勝，北地人，魏文帝黄門郎。

李伯山，漢白馬令李沖父。

此三人童初府蕭閑堂中學。

范幼沖，遼西人，漢尚書郎，解地理。

魏末李整，河内人，常道鄉公傅臣，初在洛陽，後來方山採石腦。

此二人監。

夏馥，字子治，陳留人，桐柏之弟子。

周愛友，汝南安城人，河南尹周暢之女。

張桃枝，沛人，司隸朱寓之母。

此三人明晨侍郎。

趙威伯，東郡人。

樂長治，咸陽人。

鄭稚政，戴孟弟子。

唐公房，蜀西山人，李八百弟子。

此四人丞。

劉寬，字文饒，弘農人，後漢南陽太守，司徒太尉，仁和善政，年七十三，入太華山，服丹，來爲童初府師正侯。

張玄賓，定襄人，魏武時舉茂才，善論空無，入天柱山，來爲理禁伯職。

淳于斟，字叔顯，會稽上虞人，桓帝時除縣令，後入山，服丹，來爲典柄執法郎職。

劉翊，字子翔，後漢書云：子翔潁川人，世富，以濟窮爲事，爲陳留太守，去職入山，度名東華，任右理中監職。

韓崇，字長季，吴郡毗陵人，漢明帝時宛陵令，汝南太守，年七十四隱解，入大霍山，又來爲左理中監職。

桃浚，字公仲，錢唐人，少爲郡幹佐，後爲交趾太守，棄世入增城山得道，來兼此職，句曲茅山下華陽洞宫北河司命禁保侯。

赤魯，本姓黄，名初平，南嶽赤君也。入金華山尋弟，而改姓易名。

劉安之，裴君爲冀州時作别駕，棄官相隨。

叔田公，先居雷平山北柳汧下，今謂田公泉。雷周時養龍，在雷平山東者。

周君二弟，俱讀素書七卷，萬遍未畢之時，起看白鹿，還失書，更受餘法得仙。

張兆期與人共合丹，成，不敢服，出山去，後服茯苓，爲地仙。

劉奉林，周時人，三合丹不成，在委羽山施存，一號壺公，又號婉瓮子，孔子弟子三千之數，得道變化，受行運火符，在中嶽及少室，即費長房之師。

謝允，歷陽人，戴孟弟子，晉成帝時得道。戴孟本姓燕，名濟，字仲微，漢明帝末入華陰山及武當山，受裴君玉珮金鐺經，又受石精金光符，復有太微黄書，能周旋名山。云止得不死，非仙人。

姜伯子、鄭思遠，即葛玄之弟子，晉永康元年，入括蒼山去。

葛玄，字孝先，丹陽句容人，初在長山，又入蓋竹山，善於變幻，能乘虎使鬼，无所不至，幾當受職。

謝稚堅，一云在鹿迹山爲洞主，一云與毛伯道共合丹，不敢服，一云與葛玄常相逐。

郭聲子、黄子陽，一云魏人，食桃皮，事司馬季主，一云與葛玄常相隨。

翁道遠、姜伯真，一云在猛山學道，採藥，仙人令向日正心，一云在方山北取石腦服之，一云許遠遊之徒。

許邁，字叔玄，小名映，改名遠遊，仙侯同生第三兄。少好道，棄家遊山，於臨安西山，後入赤山，被三試得過，又移蓋竹山，度名東華，玄爲地仙。

龍幼節、李開林。

此二人許遠遊之友也。

趙道玄、傅太初。

此二人渡江入臨海赤山中，許遠遊後隨之。

王世龍，許遠遊之師。

陳仲林、許道、居林子、趙叔道。

此四人以漢末入竹葉山。

劉綱妻，善氣禁劾召。

嚴青，善劾召。

介琰，白羊公弟子，爲孫權所殺，尸解去，入建安方山，並能禁劾。

白羊公，西嶽公弟子。

介象，吴時人，善氣禁，服甘草丸。

劉根，善劾召，受服甘草丸。

崔文子，善以藥救人病者。

商丘子，高邑人，牧猪，服菖蒲不老。

稷丘子，武帝時在泰山下。

脩羊公，漢景帝時臺上化爲白石者。

梁伯鸞，名鴻，漢末人，遁海濱者。

劉少翁，入太華山，拜禮得道。

范丘林，漢樓船將軍衛行道之婦，保命趙丞受六甲師。

唐公成，鶴鳴山。

張季連、趙叔達、郭子華。

此三人在霍山，欲師司命君者。

刁道林，方山龍伯高之師。
周正時，方山劉平阿之師。
鄧雲山、唐覽、西河蒯公，此應是子訓者，亦張理禁之師。
鄭子真，云康成孫，在陽翟山。
東郭幼平，秦時人，久隱城山得道，即桃北河之師。
惠車子，淳于典柄之師。
青谷先生，劉上師之師。
石長生，周明晨之師。
赤鬚先生，夏明晨之師。
山圖公子，周哀王時大夫，張禁保之師。
林屋仙人王瑋玄，楚莊王侍郎，受術於王君，韓左監之師。
龍威丈人，吴王闔閭使入包山洞，得五符者。
盧生、侯公、石生。
此三人秦始皇使入海者。
支子元，作道人裴君小時師。

蔣先生，支子元師。
趙太子，受服朮丸者。
扁鵲，治趙太子者。
子容、子明、子義、子戲、子游。
　子容等五人，弟子。
中嶽李先生，樂丞之師。
中嶽仙人宋來子，先爲楚市長，遇馮延壽者。
　右件一百三十九人地仙，有姓名。此皆内爲陰德，外行忠孝，但世功未就，不得上昇三境，且爲地仙之任，昇進之科别有年限。

得地真道人名品

真人樊子明，張理禁之師。
白水仙都朱交甫。
杜陵朱夫人、宜安宋姫。
　此二人並受西梁真人青精方，而不書位號，未知何仙真，且在地真之例。

九疑山女真羅郁，昇平年中來降羊權，自稱萼緑華，今在湘東山，已年九百歲。

左元放，名慈，漢魏時人，李仲甫弟子，服鑪火九華丹，晉初來華陽洞，積年復出，今已受職。

王真，上黨人。孟君，京兆人。魯女生，在中嶽。

王真等三人受行五斗真一之道。

許虎牙，名聰，字元暉，仙侯第二子，栖身信向。永康縣令，衛尉丞，輔國司馬，受楊君守一之道。

傅道流，北地人，漢靈帝殿中將軍。

言城生，吴人，劉聖公時生，爲武當都尉。

李叔勝，涿郡人，漢元帝時生。

賈玄道，河東人，周威王時生。

此四人並得地真，在泰山支子小陽山中，受東卿司命節度，主試學道者。

范安遠。

荀中侯，名不顯。

王附子，三官大理守，如今廷尉監職。

李豐，三官大理都，魏中書令。爲司馬。

此四人主三官之獄，如今廷尉卿職。

鮑元節，東海人，岱神侯，領羅酆右禁司，主領使鬼神司二宫，及試教學真者。

茅衷，字思和，司命君小弟，所受行與中君同，而受書爲三官保命司，治良常山，帶北洞口，鎮陰宫門，總括岱宗，領死記生，勸導童蒙，治法百鬼。

定録君已度在太清，茅衷等二人主司察三官，領教男女學人。

得九宫道人名品

許肇，字阿，仙侯七世祖，先在酆都爲東明公右師晨。

許副，字仲先，仙侯父也。先在酆都爲彈方侯。

此二人仙侯既修大洞，今並已上補九宫之仙。

右保召奭，即周成王太保召公，封於燕，周公弟，先在酆都爲南明公，年限未滿，而多陰德，故先得上補此位。

孫登、麋長生。

此二人周太賓弟子。

西嶽公黄盧子，姓葛，名越，禁人，善氣禁，能召龍使虎，後乘龍昇天，以符法傳弟子。

白羊公朱孺子，吴末入赤水山，服菊花术餌，受西歸子入室存泥丸法，西王母遣迎在積石臺。

虞翁生，會稽人，吴時入海中狼伍山，受介君食日精法，行雲氣迴形之道，太帝遣迎在暘谷山。

趙廣信，陽城人，魏末來到小白山，受服氣法守玄中之道，七八十年後，合九華丹，一服，太一道君遣迎在東華。

平仲節，河東人，來括蒼山受行心玄具百神行洞房，積四十五年，中央黄老君遣迎在滄浪靈臺。

鄭景世、張重華。

此二人晉初人，俱在潛山中受行守五藏吞日法，服胡麻及玄丹，北玄老君太一遣迎在玄洲。

張禮正，後漢末人。治明期，魏末人。

此二人俱在衡山中受服王君虹景丹，積四十三年，又守一三十年，東華遣迎在方諸飆室爲上仙。

尹虔子、張石生、李方回。

　　此三人並晉武時人，俱在華山受蒸丹餌法，服丹霞之道，五十年，太一遣迎在玄洲，爲高仙人，石生爲源伯。

鄧伯元，吴。王玄甫，沛人。

　　此二人俱霍山受服青精石飯，吞丹景，思洞房，積二十四年，太帝遣迎在北玄圃臺，受書爲中真。

管成子、蘇門先生、周壽陵。

　　此三人是虔子等師。

孟德然，鄭景世等師。

宋君，平仲節師。

李法成，趙廣信師。

　　此六人亦或在太清者，亦或在地真、地仙者，不可品定。雖是後諸人之師，而修學成道，未必爲勝。

朱陵嬪、丁淑英、郗綜婦。

　　此三人好行陰德。

協晨夫人、黄景華。

此二人在易遷中。

文德右仙監張叔隱，受青精方者。

仙伯辛彦雲，胡姓安，名法曇，赤君弟子。

右仙公王遥，有胡姓竺，名石賓，赤君弟子。

左仙公郭四朝，燕人，兄弟四人得道，四朝最長。先治句曲，司三官，領羅酆帥晨侯六百年，職滿上補九宫左仙公，領玉臺執蓋郎。

真人虞尹章，上洛人，受青精方者。

右真公郭少金，撰甘草丸者。

右保司展上公，高辛時人，於伏龍地種李者。尚書一人，度在太極。

九宫上相二人，度在上清。

右件四十一人，得九宫中真仙，亦應有進太清、太極，或猶在地真者。

得太清道人名品

飛天丈人。

太一中皇。

玄上玉童。

猛獸先生。

此四條主天下山川鬼神禽獸，應是自然之神，非人學所得。

西嶽丈人。

三天玉童。

洛水神女。此應是宓妃。

此三條亦應是人學所得。

五嶽君，此職五百年一代。

河侯、河伯。

又有河伯少女者，非必胎生，皆化附而已。

此三條是得道人所補。

五帝，東方靈威仰。

西方曜魄寶。

南方赤飄弩。

北方隱侯局。

中央含樞紐。

又各有五方天官、大夫、玉女、諸靈官。

此太清之五帝，亦是自然之神，非太常所使五方天帝君者。二十四官君將吏，定有二十五官，以應身中二十五神，千二百官君將吏。此並氣化結成，非人學所得。

却飛使者。

九龍使者。

九天真王使者。

高仙啓天使者。

遊天使者。

太清使者。

六乙使者。

六丙使者。

六丁使者。

六壬使者。

六癸使者。

此十一使者號，多是自然之神，非盡世學。

高上將軍四人，領天帝兵十萬人。

衡山使者領天帝十萬人。

上天力士。

天丁力士。

此四將軍使天兵號。

登天上籙玉女四人。

上天玉女四人。

三天玉女百人。

百等玉女。

北宫玉女。

五帝玉女。

太素玉女。

青腰玉女官十人。

青天益命玉女。
天來玉女。
平天玉女。
白素玉女十人。
六戊玉女。
神丹玉女。
五流玉女侍人。
此十五玉女神女號。
五仙夫人。
郭内女夫。
此二夫人女號。
百神氣丈人。
百千神氣丈人。
永安丈人。
九道丈人。

飛真丈人。
益命丈人。
大氣丈人。
南上丈人。
北上丈人。
太玄丈人。
北陵丈人。
九氣丈人。
天帝丈人。
太上丈人。
　此十四人丈人號。
夜光大夫。
和適大夫。
　此二大夫號。
司命元君定録紫臺真人。

監山真人。
定氣真人。
景雲真人。
此四真人號，並有姓名。
北斗真符、九天郎吏、大精生神、八威、司命、司厄、司危。
此七真雜號。
司禄君。
三天萬福君。
七星瑶光君。
摩病上元君。
上虚君。
太一元君。
此六君號。
四海司陰王。
九都去死王。

飛真虚王。

佐命君王。

四天君王。

昌命天王。

左東无上王。

此七王號。

九氣丈人，此太清之丈人，上三天東宫之真官章奏所關，主諸神鬼之職。

九老仙都君，此太清之仙都，非玄洲者。

天帝君，此太清中東宫之一帝。

太上丈人，此太清丈人中之尊者。

太上老君，此太清老君中之尊者。

南上大道君，此太清南宫之道君。

上皇太上北上大道君，此太清北宫之太上高真。

此七條並太清之高真，領理兆民者，悉應是學道所得。

皇人，此爲太帝所使，在峨嵋，黄帝往受真一五牙者。

玄成清天上皇，此太清玄成清天中之皇君。

元始天王，此蓋太清元始天中之王，西王母初學道之師。

此三條太清之尊位，不領兆民。

右件九十九條，係太清中略有位號，无姓名德業，或是世學所得，或是自然之神。

葛洪，於羅浮山合太清金液，服之隱化。

欒巴，後漢豫章、桂陽太守，脩劒兵解之道，入鶴鳴山中。

鮑察，上黨人，鮑宣五世孫，受道於王君。

華子期，九江人，受用里先生靈寶赤杯方。

帛和，字仲理，王西城弟子，受三皇天文，太清丹方。

徐福，秦時人。

尹軌，字公度，晉時人，善煮石。

張巨君，授許季山易法。

黑羽。疑是墨翟。

徐福等四人並見二星。

王魯，是魏明帝城門校尉范王伯綱女〔一〕。
趙愛兒，劉虞別駕漁陽趙該姊。
郭芍藥，漢渡遼將軍東平郭騫女。
　此三人並受行靈飛六甲之道。
仇季子，咽金液而臭聞百里。
鹿皮公，吞玉華而蟲流。
　此二人並服丹而尸解。
徐季道，受仙人五神事者。
趙叔期，尋卜師受胎精中記者。
周君，受老君素書七卷，讀萬遍得道者。
郭聲子，洛市作卜師者。
郭崇子，彭祖弟子，轡惡人者。
劉偉道，中山人，服金丹者。

〔一〕范王伯綱女　真誥卷十四云：「王魯連者，魏明帝城門校尉范陽王伯綱女也。」無上祕要有脱訛。

莊伯微，合服金汋者。
李明，句曲山下合丹升玄洲者。
劉道恭、毛伯道。
此二人共合丹服，託死而仙。
燕昭王、甯仲君、張子房、臧延甫、劉子先、趙伯玄。
此六人並服丹而解化得仙者。
赤將子，黄帝時人，授西嶽公禁山符，又服火法。
青鳥公、黄山居。
此二人彭祖弟子。
東方朔，服初神丸仕漢武帝者。
方明、力牧、昌宇。
此三人黄帝臣。
甯封，服石腦而赴火，則作火解。
淮南八公，即是八老先生。
東園公、綺里季、夏黄公、用里先生。

此四人商山四皓。

樂子長，齊人，吴羌時受韓君靈寶五符，乃敷天書，藏於東海勞盛山中，爲吴王所得。

韓終，秦時人，爲霍林仙人。

鳳綱，能作藥起死者。

彭鏗，殷時人，善房中之道，道授彭真人。

陰長生，南陽人，師馬君，受太清丹法。

馬明生，臨淄人，遇太真夫人以靈丸，後師安期生，受服太清丹，在世五百年，去世。

墨翟，宋人，善機巧，咽虹丹以投水，似作水解。

秦叔隱、馮翊。

此二人華山仙伯。

劉千壽，沛人，少室仙伯，北臺郎。

趙祖陽，涿郡人，潛山真伯。

張上貴，楚人，九疑仙侯。

白石生，煮石方者，東華左仙卿。

周大賓、姜叔茂。

此二人秦人，蓬萊左卿。

賈寶安，鄭人，蓬萊右公。

宋晨生，與張理禁共論空者，蓬萊左公。

李抱祖，岷山人，受青精䭀飯者，太清右公。

王道寧，常山人，主西方録善籍，保舉學道，嶓冢真人，左禁郎。

茅季偉，受行上清下真品經，又服太極九轉丹，受書爲地真上仙，句曲真人，定録右禁郎。

山世遠，晉人，傳説讖記者，太和真人。

魏顯仁，大梁真人。

陰友宗，岷山真人。

韓偉遠，受宋德玄靈飛六甲者，九疑真人。

洪崖先生，青城真人。

傅先生，南嶽真人。

馮延壽，西嶽真人。

孟子卓，中嶽真人。

宋德玄，周時人，行靈飛之道，中嶽真人。
高丘子，中嶽真人。
衍門子，中元仙卿。
叔度，胡姓康，名獻，師赤君，五嶽司西門。
鄧離子，師赤君，小有仙王。
李元容，師赤君，太清仙王。
趙車子，太清仙王。
茅初成，一名本初，司命君高功，師鬼谷先生，入華陰山學道，乃乘雲駕龍，白日昇天。
鬼谷先生，周時人，在城陽山鬼谷中。
正一真人三天法師張道陵，學道，至漢安元年壬午歲五月一日於鶴鳴山仙官來降，授以正一盟威之教，施化領民之法，流行以至于今，號天師。
又，妻亦得道，爲女師。至孫魯，傳襲道法，魏武拜爲鎮南將軍。真受云張鎮南之夜解者是，爲系師。
有弟子二十四人，入室弟子王長、趙昇，餘者皆不顯。
右件八十五人，係太清中真仙姓名事迹粗顯者，今亦應進登太極者。

得太極道人名品

韋編郎莊周，受長桑微言，作内外篇，隱抱犢山，服火丹，白日昇天。

長桑公子，莊周師，授扁鵲起死方者。

此二人真仙。

被衣，王倪師。

王倪，齧缺師。

齧缺，許由師。

巢父，洗耳師。

支離，問柳生者。

蒲衣，莊子云猶是被衣。

雲間老君，姓李，字伯陽，是太清之老君也。

尹喜，周函谷關令。

許由，不受堯禪者。

卞隨，投水者。

華封，祝堯者。

子州、善卷、石户、北人、馬皇，治龍病者。

安公，姓陶，乘赤龍。

大項，項橐者。

秦佚，吊老聃化者。

接輿，上峨嵋號陸通者。

伯昏，臨危引弓者。

庚桑，善化導者。

蕭史，善吹簫者。

弄玉，秦穆公女，奔蕭史者。

二女，白水陽見禹者。

邯鄲張君，前漢末人。

劉京，張君弟子。

此二十七人，並受行飛步之道，非盡太極，猶多有在太清者。

蘇林，字子玄，濮陽曲水人，師涓子道，學受三元真一，遊徧人間數百年，玄洲遣迎，雲車羽蓋，驂駕龍虎，錫玄洲上卿。領太極中候大夫。

涓子，名未顯，青童弟子，蘇君之師。少餌术精，受守一玄丹之道，中黄四司大夫，領北海公。

郭幼度，陸渾真人，太極監。

范伯華，幽人，戎山真人，右仙公。

淳于太玄，石城人，陽洛真人，領西歸傳。

李翼，字仲甫，京兆人，與茅司命俱事王君。

左元放，師西嶽卿，嗣司命，別主西方録籍。

王忠，正一上玄玉郎。

鮑丘，太極宫官，南陵玉女。

司馬季主，漢時人，受西靈子都劍解之道，託形枕席，在委羽山大有宫服明丹之華，挹扶晨之暉。真授云：如似作劍兵解法。兵解則不得在太極。弟子四人：

一人鮑陽，廣甯人，脩劍解，託死於山澗。

一人王養伯，太原人，與張良共採藥不反。

一人劉偉惠，潁川人，漢景帝公車司馬劉諷也。尸解，託形杖履於桑樹之下。

一人段季正，代郡人，本隱士，託形尸解，渡南鄭秦川而溺死。

太玄仙女西靈子都，季主之師。

八老先生，姓名未顯，應是淮南八公，此中亦有在太清者。

洞臺清虚七真人，姓名未顯，同在王屋山宫，此中亦有在上清限者。

絳文期，玄洲仙都，降南真於陽洛山者。

蓋公子，太極高仙伯延。

張奉，字公先，河内人，先爲東華北河司命禁保侯。

激子久在東華宫，已爲太極所署，又領九宫尚書令，太極仙侯。

黄觀子學道，服金丹，讀洞經得道，太極左卿。

范明期受西梁飿飯，紫陽既右真人。紫陽有左右，則周君爲左真人，位秩高此，已在上清。

青精先生。

大宛北谷子。

此二人受西梁飿飯得道。

朱火丹陵宫龔仲陽。

龔幼陽。

此兄弟二人受青童君仙忌真記得道。

東極老人扶陽公子。

西極老人袁靈子期。

南極老人丹陵上真。

北極老人玄上仙皇。

中元老人中央上玄子。

此五人，脩五辰所致五方老人。

東極真人陵陽子明。

北極真人安期生。

此二人并赤君、王君，號爲四極真人。

文始先生。

西歸子。

半車童子。

此三人並栢成之師友。

栢成子高，脩步綱之道。真授云：栢成納氣而腸胃三腐，似爲解化之迹。

風后，黄帝之師。

周穆王，姓姬，成王之曾孫，遊行天下，宴瑶池，會王母。

夏禹，姓姒，名文命，承舜王天下，受鍾山真公靈寶九行九真，又行玄真法得道。

帝舜，姓姚，名重華，服北戎長胡所獻千轉紫霜得道。

王子者，黄帝之曾孫，受靈寶五符。又詣鍾山受九化十變之經，以隱遁日月，遊行星辰，脩劍解之道。

玄帝顓頊，黄帝之孫，遊行四海，埋寶鼎於洞山，受靈寶五符得道。

黄帝軒轅，姓公孫，行步綱之道，用劍解之法，隱變橋陵，駕龍玄圃，乘雲閬風得道。

太極左公北洛先生，八真限。

五老上真仙都左公，撰靈書紫文者。

玄和陰陵上帝，是太極中天之帝。

清和宫天帝君，是太極中天之帝。

第一中央黄老君，在左最尊，已度上清。

第二紫陽左仙公中華公子石路虛成。

第三西梁子文，授王清虛青精䭀飯、雲牙者。
第四安度明，初降南真於脩武縣中者。
此四人，太極金闕四帝君，後聖李君在左，最尊，已度上清，餘三帝是太極之天帝。
右件九十三人係太極真仙，今亦有進上清者。

甘草丸方〔二〕

第一者，甘草六兩。第二者，丹砂三兩，好者。第三者，大黄五兩。第四者，乾地黄七兩。第五者，白术十兩。第六者，五味五兩。第七者，人參五兩。第八者，伏苓四兩。第九者，當歸三兩。第十者，天門冬四兩。第十一者，木防己二兩。第十二者，豬苓三兩。第十三者，細辛二兩。第十四者，決明子二兩。

右十四物，並令得精新上藥，不用陳久者。先各細擣，不篩，乃秤散，取兩數足，乃入

〔二〕甘草丸方　佚文第八十七、第一百一十六則皆提到甘草丸，處方載三洞珠囊卷三，雖没有陶注，但實爲登真隱訣所引據之本經，故收入「疑似道經」中，下四鎮丸、青精䭀飯方皆類此。本條三洞珠囊有小標題「甘草丸方出南嶽魏夫人傳」。

臼。以次内甘草，擣一千杵。次内丹砂，又擣一千杵。自從次第，一種以次内臼，輒擣一千杵，凡十四種藥，合藥一萬六千杵，都合三萬杵。藥成，以蜜丸，食後服如梧桐子大十丸。寧從少起，亦可服三十丸。此藥内滅病，無毒，無所禁忌，食一年，乃大得其益，無責旦夕之急效也。俗中女服之，令人多子，無傷病也。久服神仙不死矣。合藥當在别室潔處，不得令雜人多目見之。亦當沐浴齋戒三四，可擣治之。百患千病，治之皆愈，不能一一紀所善之名也。其服食吐納事，諸經大有，此不更録也。

長生四鎮丸〔二〕

太一神仙，生五藏，填六腑，養七竅，和九關，鍊三魂，曜二童，保一身，長生萬歲四鎮丸方。

〔二〕　長生四鎮丸　據佚文第一百一十四則，本草圖經禹餘糧條有「謹按，陶隱居登真隱訣載長生四鎮丸」云云，原處方見於雲笈七籤卷七十七，雲笈七籤標題爲「九真中經四鎮丸」，今據本草圖經引文，改稱「長生四鎮丸」。

太一禹餘粮四兩，定六腑，鎮五藏〔一〕。

真當歸一兩，以和禹餘粮，止關節百病。

薰陸香一兩，以和當歸，薰五藏内。

人參一兩，補六腑津液，助禹餘粮之勢。

鷄舌香一兩。除胃中客熱，止痰悶。

凡五種，以禹餘粮爲主，四物從之。先内禹餘粮，擣一百杵，次内四物，合和爲散。

丹砂四大兩，攝魂魄，鎮三神，理和氣。

甘草一兩，以和丹砂，潤肌膚，去白髮。

青木香一兩，以助甘草，去三蟲伏尸。

乾地黄一兩，以和百髓，滿腦血。

詹糖香一兩。補目瞳，薰下關。

凡五種，以丹砂爲主，四物從之。先内砂，擣一百杵，次内四物，爲散。

〔一〕鎮五藏　原本作「填五藏」，據本草圖經引登真隱訣改。以下茯苓之「填七竅」、麥門冬之「填神精」，循此例徑改爲「鎮七竅」、「鎮神精」，以與太一禹餘糧之「鎮五藏」、丹砂之「鎮三神」共爲「四鎮」，且符「四鎮丸」命名之本意，不復一一注明。

茯苓四大兩，鎮七竅，補久虚，和靈關。

白术一兩，以和茯苓，潤神氣，明目瞳。

乾薑一兩，以輔术勢，除熱痰，開三關，去寒熱。

防風一兩，補濕痹，除穢滓，止饑渴。

雲母粉一兩。澤形體，面生光，補骨血。

凡五種，以茯苓爲主，四物從之。先内茯苓，擣一百杵，次内四物，成散。

麥門冬四兩，去心。鎮神精，養靈液，固百骨。

乾棗膏一兩，以助麥門冬，凝血脉，去心穢。

附子一兩，炮。益腦中氣，填臟内冷，去痰。

胡麻一兩，熬。和喉舌液，填下關泄，澤三神。

龍骨一兩。潤六液，養窮腸，烏髮止白。

凡四鎮神丸，合二十種藥，令精上者。其五物爲一部，皆令成散。先取禹餘粮部，擣三千杵。次入丹砂部，擣四千杵。次内茯苓部，擣五千杵。次内麥門冬部，擣六千杵。又内白蜜四升，擣七千杵。又内白蠟十二兩，擣八千杵。更下鍊蜜，令可丸。若剛硬，更下蜜令柔。復擣三萬杵，藥成。丸如鷄子中黄許大，分爲細丸而服之。以正月、九月、十一月上建日合之，滿日起服之。百日中籌量服五丸，當先一日不食，後日平旦乃服，服畢，然後乃飲食如故。千日之後，二百日中服七丸。二千日之後，三百日中服二十丸。三千日之後，四百日中服三十丸。計爲率。鎮神守中，與天地相畢。此藥萬年不敗，若常服此藥，一切不同服雜藥餌之輩。若欲合此藥，先禁戒七日，永不得入房室，無令鷄犬小兒婦人見。修合之時，當燒香，設一神席於東面，爲太一帝君、太一君、太一上元君坐位，心常存呼呪之。服藥時，當亦心存之，以向月王。此所謂四大以鎮四神，除百病，令人不老。遠視萬里之外，白髮却黑，齒落重生，面目悦澤，皮理生光。服之一年，宿疾皆除。二年易息，三年易氣，四年易脉，五年易體，六年易筋，七年易骨，八年易齒，九年易形，十年役使鬼神，威御虎狼，毒物不敢近。

太極真人青精乾石䭀飯上仙靈方〔一〕

王君注解

青精上仙靈方，太極法，使二千二百歲中得傳十人，無其人，祕之勿泄。一日有其人，聽頓授之十人，過限不得復授。受之者皆立盟約，誓啓不宣漏。貽有方之師，青帛三十尺，金鐶兩雙，代歃血之信。傳非其人，宣泄寶丈，身考三官，死爲下鬼，摙濛山之石，填積夜之河。凡受書，齋十日，授者亦然，然後乃得對傳之。

太極真人曰：夫受生炁於五穀者，結胎育物，必抱穀氣之流精也。含真萬化，亦陶五穀之玄潤也。若子寄形於父母，將因所生而攝其生矣。不緣所生之始本，而頓廢其所因者，未嘗不枯竭於偏見，斷年命以雕傷乎。當宜因其所由，順其精源，凝滌柔和，微而散根，使榮衛易錬於日用，六府化穀於毫漸也。故因穀以斷穀者，乃衛明之良術，緣本以去本者，

〔一〕太極真人青精乾石䭀飯上仙靈方　見雲笈七籤卷七十四，登真隱訣佚文與本方有關者甚多，詳佚文第九十七至第一百零七則。

乃攝生之妙迹耶。於是扇南燭之東暉，招始牙之朱靈，五液夷泯，關百通盈，神樂三宮，魂柔魄寧。復以晨漱華泉，夕飲靈精，鳴鼓玉池，呼吸玄清。華腴童於規方，胃滿填乎空青。所以千竿一啓，壽隨年榮，歲與藥進，飛步仙庭也。服盡一劑者，命不復傾。五雲生身，體神氣清。亦能久食，百關流亭。亦能終歲不飢，還老反嬰。遇食即食，不食即平。真上仙之妙方，斷穀之奇靈矣。

生白粳米一斛五斗，更舂治，折取一斛二斗。得稻名有青者，如豫章西山青米，吴越青龍稻米是也。青米理虛而受藥氣，故當用之。盛治，勿令鷄犬穢物臨見之。南燭草木葉五斤，燥者用三斤。或都用三斤亦可，雜用莖及皮並佳。多取，令淹漉一斛二斗米耳，不待斤兩之制度也。以意消息之。其樹是木，而葉似草，故號南燭草木也。一名猴藥，一名男續，一名後卓，一名惟那木，一名草木之王。生嵩高、少室、抱犢、鷄頭山，名山皆有之，非但數處而已。江左吴越多，其土人名之曰猴菽，或染叔，粗與其名相髣髴也。煑取汁，極令清冷，以漉米。米釋，炊之。灑護皆用此汁，當令飯正作紺青之色乃止。預作高格，暴令乾。若不辦雜得他藥者，但作此亦可服。日二升，勿服血食。亦以填胃補髓，消滅三蟲，爲益小遲，但當不及衆和者耳，亦神仙食也。上元寶經曰：子食草木之王，氣與神通。子食青燭之津，命不復殞。此之謂也。合藥之始，當先齋三日，乃得爲之。尤禁房室穢漫，藥不行也。此上真之方，不同他事。山林諸道士，但按此而用耳。若不辨諸雜物，及貧者，又或無米，但單服此葉，或擣爲散，或以蜜丸服之，皆得仙也。近易之草，而俗人不知，知猶不用，可不哀哉。初欲服者，要當先作和者三二劑，劑盡，無復和，乃單行耳。先宜填胃關故也。有資力者，自可常和而服之，得効尤速，百害災病不復犯也。單以米合猶爲小遲，要自愈於胡麻、朮、桂之單行也。服之使人童顔聰明，延年無病，又不令人有憂思之心矣。禁食血肉生之物，若噉脯不害也。若無和而單行者，當三蒸三曝，極令乾，旦以清水漬二升，或一升，再服之如食狀，亦可水送餐。及以葉擣此飯爲屑，以和白蜜，重擣萬杵，丸如梧桐子大，日再服，服五十丸乃佳，有愈於乾飯之益也。其日遇食亦食，無苦也。如不得食，平平耳。又常當漱玉池之華，以益六液。

和用空青七兩，精鮮者。先細擣，重絹羅之。夫空青者，虚曜而益真，填胃而明眼，强筋而補液，增精而童顔，上仙品石也。若施之以房室，則氣穢而神亡，害殺立驗，可不慎哉。又用丹砂一斤，精徹者。先細擣，絹簁之。夫丹砂者，朱明而陽煥，填骨而益血，强志而補腦，增氣而理肺，使人百節通利，關樞調和，上仙品石也。忌血食，履殗濁，及房室，犯之者上氣，生癥積骨枯之病。又用伏苓二斤，白好而不冰者。以水五升，煑之三沸，焙乾而細擣，重絹簁之。伏苓者，通神而致靈，和魂而鍊魄，明目而益肌，厚腸而開心。又與南燭二炁相養，調榮理衛，亦可單以乾飯，和之尤良。禁食酸，及猪犬肉，忌見血腥，犯之者藥勢不行，無益於身。單乾飷飯合茯苓擣篩，蜜丸，如前服之，良。又用荆木杪、輭葉、華，陰乾者五兩，乾葉益佳。細擣千下，重絹簁之。荆木葉華，通神見鬼精。取荆之時，勿令鷄犬見也。

凡合此藥者，皆宜静密，勿以藥名字以語不同志者，所將使人不得不示之耳。慎之。

凡四物，擣簁都畢，又合内臼中，重擣一萬杵，畢，乃以合溲青乾飯中，善令調市〔一〕。盛以布或絹囊，著甑中蒸之，微火半日許，令釜中水多少如乾飯斗數。數反側囊四面，令通熱市。若釜中水竭而飯不市者，更以意增水微火也。畢，出囊飯，著高格，日中曝之，取令極燥。以藥溲乾飯訖，又以清酒合溲飯，令浥浥耳，然後内囊中。當得大甑内囊飯，畢，以盖密甑上，勿令氣泄塵入。又曝飯，當善分解之，勿令相滯，令極乾，歷歷可耳。亦可擣之爲屑，丸以白蜜，梧桐子大，日服八十丸，日再服，使人長生延年。

又和用白蜜二斗，清酒一斛。右二物，皆令精好。以蜜投酒中，攪之調和，畢，以薄溲

〔一〕善令調市　按，「市」乃是「韍」，古代禮服之一種。本篇多處用「市」字，皆不符此解釋，疑此「市」爲「帀」之訛，「調市」即是「調帀」，通帀也。

餌飯於大器中，皆令通市浥浥爾，乃出，日中曝，令極乾，乾復內如前。凡一斛二斗，令作十過溲飯，或七八過溲之，取令浥浥調市。亦務欲薄溲使調，而數於日中暴也。用酒溲餌飯都畢，乃內囊中，復蒸如前。畢，出乾令燥，於此亦可擣而丸，服如梧桐子大。日再服八十丸。

又和用一斗酒，一斗清水，若井花水，淋沃之，極令清徹。以南燭葉一斤，或二斤，漬之，或煑之一沸，出，令汁正作紺青色，小令濃也。又內白蜜五升，或一斗，著青汁中，攪令勻。和畢，又以溲餌飯如前，溲令調市，日中乾之，唯欲多溲乾也。須盡清汁乃止。又輒復蒸，畢，日中乾之極燥，青精餌飯之道都畢矣。

若釜甑蒸之不相容者，亦可分蒸之也。合藥當用月之上旬，於寅卯日別安釜竈也。若藥歷歷者，但服五合，送以飲。若藥相結謾不解者，乃擣蜜丸，計五物，合爲八十丸，平旦一服，或再。藥成，封著密器中，數出乾暴之，若作丸，亦當頓作之也。服畢，聽得食脯。初服之始，不便絶穀也。當減穀，以二升半爲限。一年後減爲二升，三年後減爲一升，四年後減爲半升，減之以至都盡。至於五年，令人輕明，大驗。自此以後，亦能一日九食，亦能終歲不食。食麨乃易爲減。服餌飯，百害不能傷，疾病不能干，去諸思念，絶滅三尸，耳目聰明，行步輕騰。十年之後，青精之神，給以使之，令坐在立亡，能隱化遯變，招致風雨。一劑輒益筭一千，長服不死。凶年無穀，或窮不能得米者，皆單服南燭，或和茯苓。或以蜜和南燭，或雜松栢葉，會用相參，非但須穀也，但當不得名之飷飯耳。皆宜參以吐納咽液，以和榮衛，常當如此。飷飯須雲牙之用，雲牙不須飷飯而行事也。若和用古秤者，日服二合半耳。服不患多，唯患不可供，故二合半以自節限耳。初服藥，不便斷穀也。此上仙之名方，去食之妙道矣。